# 基础会计与实务

主　编　孙桂春　韩　潇　孙美娇
副主编　王建立　王　莉　寿震坤

北京理工大学出版社
BEIJING INSTITUTE OF TECHNOLOGY PRESS

**版权专有　侵权必究**

### 图书在版编目（CIP）数据

基础会计与实务 / 孙桂春，韩潇，孙美娇主编. －－北京：北京理工大学出版社，2019.8（2024.7 重印）

ISBN 978－7－5682－7337－4

Ⅰ．①基… Ⅱ．①孙… ②韩… ③孙… Ⅲ．①会计学－高等学校－教材 Ⅳ．①F230

中国版本图书馆 CIP 数据核字（2019）第 158797 号

| | |
|---|---|
| 责任编辑：李玉昌 | 文案编辑：李玉昌 |
| 责任校对：周瑞红 | 责任印制：施胜娟 |

出版发行 / 北京理工大学出版社有限责任公司
社　　址 / 北京市丰台区四合庄路 6 号
邮　　编 / 100070
电　　话 /（010）68914026（教材售后服务热线）
　　　　　（010）68944437（课件资源服务热线）
网　　址 / http://www.bitpress.com.cn
版 印 次 / 2024 年 7 月第 1 版第 4 次印刷
印　　刷 / 廊坊市印艺阁数字科技有限公司
开　　本 / 787 mm×1092 mm　1/16
印　　张 / 15
字　　数 / 390 千字
定　　价 / 45.00 元

图书出现印装质量问题，请拨打售后服务热线，负责调换

# 前　　言

党的二十大报告关于中国式现代化理论的深刻阐述和全面建设社会主义现代化国家的战略部署，提出"坚持以经济建设为中心，坚持四项基本原则，坚持改革开放，坚持独立自主、自力更生，坚持道不变、志不改，既不走封闭僵化的老路，也不走改旗易帜的邪路，坚持把国家和民族发展放在自己力量的基点上，坚持把中国发展进步的命运牢牢掌握在自己手中"，党的二十大赋予了以经济建设为中心新的时代内涵和实践要求。

（1）实践性强。本教材以企业实际发生的经济业务为例，以真实的会计凭证为载体，理论联系实际，通俗易懂，每个项目增加了会计工作岗位任务，突出会计职业特征，充分体现"学中做、做中学"的教学理念，能够满足高职院校财经类专业技术技能人才培养的需求。

（2）内容新颖。本教材共包括10个项目，每个项目细分为多个任务，在原有知识体系的基础上增加了任务导入、知识导读、会计名人、知识链接、项目小结、项目考核、任务实施等内容，教材内容设计新颖，有利于激发学生的学习兴趣，有利于培养学生发现问题、分析问题、解决问题的能力。

（3）课证融通。本教材在注重理论知识和实践操作的同时，将1+X证书、初级会计师考试内容融入其中，能够满足学生的考证需求，拓展学生就业创业本领。

（4）资源丰富。本教材配套资源包括题库、课件、电子教案及微课等资源，着力打造集成在线教学资源的立体化教材，有利于教师改进教学方式，强化教学互动，提高学生自主学习能力，有利于实施线上线下混合式教学模式改革。

本书由孙桂春、韩潇、孙美娇任主编，孙桂春负责全书的统稿和最后定稿工作；由王建立、王莉、寿震坤任副主编。全书共分10个项目，具体编写分工如下：项目1由王建立编写；项目2由孙美娇编写；项目3、4、5、6及会计岗位综合模拟实训由孙桂春编写；项目7由寿震坤编写；项目8、9由韩潇编写；项目10由王莉编写。特别感谢赵洁老师，承担部分微课的录制和后期制作。

本书可作为高职院校会计、财务管理等专业的学生用书，建议授课时数60~90学时，各专业在使用时，可根据专业特点选择教材内容，另外，本书也可作为财会人员的自学参考用书。

由于编者水平有限，书中难免存在不足之处，敬请读者提出修改意见，以便再次修订时改进，在此表示感谢！

编　者

# 目　　录

项目1　会计认知 ··········································································· 001
　【知识目标】 ············································································· 001
　【技能目标】 ············································································· 001
　【案例导入】 ············································································· 001
　任务1.1　认识会计 ····································································· 001
　任务1.2　会计基本假设 ······························································· 007
　任务1.3　会计基础与会计信息质量要求 ·········································· 009
　任务1.4　会计核算方法与会计循环 ················································ 012
　任务1.5　会计准则体系 ······························································· 014
　【项目小结】 ············································································· 016
　【项目考核】 ············································································· 016
　【任务实施】 ············································································· 019

项目2　会计要素与会计等式 ··························································· 022
　【知识目标】 ············································································· 022
　【技能目标】 ············································································· 022
　【案例导入】 ············································································· 022
　任务2.1　会计要素 ····································································· 022
　任务2.2　会计等式 ····································································· 030
　【项目小结】 ············································································· 033
　【项目考核】 ············································································· 033
　【任务实施】 ············································································· 037

项目3　会计科目与账户 ································································· 039
　【知识目标】 ············································································· 039
　【技能目标】 ············································································· 039
　【案例导入】 ············································································· 039
　任务3.1　会计科目 ····································································· 040
　任务3.2　账户 ·········································································· 044
　【项目小结】 ············································································· 047
　【项目考核】 ············································································· 048
　【任务实施】 ············································································· 051

项目 4　会计记账方法 ········································································· 053
　　【知识目标】 ··············································································· 053
　　【技能目标】 ··············································································· 053
　　【案例导入】 ··············································································· 053
　　任务 4.1　认识会计记账方法 ························································· 054
　　任务 4.2　借贷记账法 ································································· 055
　　【项目小结】 ··············································································· 063
　　【项目考核】 ··············································································· 063
　　【任务实施】 ··············································································· 067

项目 5　借贷记账法下主要经济业务的账务处理 ······································· 069
　　【知识目标】 ··············································································· 069
　　【技能目标】 ··············································································· 069
　　【案例导入】 ··············································································· 069
　　【知识导读】 ··············································································· 069
　　任务 5.1　资金筹集业务的账务处理 ··············································· 070
　　任务 5.2　固定资产业务的账务处理 ··············································· 073
　　任务 5.3　材料采购业务的账务处理 ··············································· 077
　　任务 5.4　生产业务的账务处理 ····················································· 082
　　任务 5.5　销售业务的账务处理 ····················································· 088
　　任务 5.6　利润形成与分配业务的账务处理 ······································· 091
　　【项目小结】 ··············································································· 097
　　【项目考核】 ··············································································· 097
　　【任务实施】 ··············································································· 098

项目 6　会计凭证 ··············································································· 103
　　【知识目标】 ··············································································· 103
　　【技能目标】 ··············································································· 103
　　【案例导入】 ··············································································· 103
　　任务 6.1　认识会计凭证 ······························································ 104
　　任务 6.2　原始凭证 ···································································· 105
　　任务 6.3　记账凭证 ···································································· 112
　　任务 6.4　会计凭证的传递与保管 ·················································· 122
　　【项目小结】 ··············································································· 124
　　【项目考核】 ··············································································· 125
　　【任务实施】 ··············································································· 126

项目 7　会计账簿 ··············································································· 131
　　【知识目标】 ··············································································· 131
　　【技能目标】 ··············································································· 131

【案例导入】 131
  任务 7.1　认识会计账簿 131
  任务 7.2　会计账簿的启用与登记要求 136
  任务 7.3　会计账簿的格式与登记方法 137
  任务 7.4　对账与结账 144
  任务 7.5　错账查找与更正的方法 146
  任务 7.6　会计账簿的更换与保管 149
【项目小结】 149
【项目考核】 150
【任务实施】 154

项目 8　财产清查
【知识目标】 159
【技能目标】 159
【案例导入】 159
  任务 8.1　认识财产清查 160
  任务 8.2　财产清查的方法 162
  任务 8.3　财产清查结果的处理 167
【项目小结】 172
【项目考核】 173
【任务实施】 175

项目 9　财务报告
【知识目标】 177
【技能目标】 177
【案例导入】 177
  任务 9.1　认识财务报告 177
  任务 9.2　资产负债表 181
  任务 9.3　利润表 192
【项目小结】 196
【项目考核】 197
【任务实施】 199

项目 10　账务处理程序
【知识目标】 201
【技能目标】 201
【案例导入】 201
  任务 10.1　认识账务处理程序 201
  任务 10.2　记账凭证账务处理程序 202
  任务 10.3　汇总记账凭证账务处理程序 204

任务10.4　科目汇总表账务处理程序……………………………………………206
　　【项目小结】……………………………………………………………………………207
　　【项目考核】……………………………………………………………………………208
附录　会计岗位综合模拟实训……………………………………………………………211
参考文献……………………………………………………………………………………230

# 项目 1
# 会计认知

**【知识目标】**

1. 了解会计的产生与发展；
2. 理解会计的含义、基本职能、会计核算的基本前提；
3. 理解会计基础、会计信息质量要求。

**【技能目标】**

1. 能够计算、分析不同会计基础的收入、费用；
2. 能够分析会计信息质量要求。

**【案例导入】**

### 经济越发展　会计越重要

随着社会主义市场经济的发展，会计的地位将更加突出。从国际上看，会计是全世界通用的商业语言，为国际经济交往提供了十分重要的媒介和手段，在国际交流与合作中发挥着重要作用。会计是现代社会必不可少的一部分。几乎任何一个单位，包括以营利为目的的企业组织和不以营利为目的的非企业组织（如政府机关、事业单位等），其内部都设立相应的会计部门，并由具备相关专业知识的会计人员从事会计活动。会计在经济建设中有着不可替代的地位，经济越发展，会计就越重要。那么究竟什么是会计？会计有哪些职能？如何完成经济组织的会计核算？带着这些问题，让我们一起走进会计。

## 任务 1.1　认识会计

### 一、会计的产生与发展

会计是在社会生产实践中产生的一种管理活动。随着社会生产的发展和管理要求的不断提高，会计经历了一个从简单到复杂、从低级到高级的发展过程。

生产活动是人类最基本的实践活动。人类在生产活动中，一方面创造出物质财富，取得一定的劳动成果；另一方面发生各种劳动耗费，消耗一定的人力和物力。为了提高生产效率，人类需要不断改进生产技术，加强生产管理。基于这种客观要求，人们在进行生产活动的同时，需要对劳动耗费和劳动成果进行记录、计算和比较，以便了解和控制生产活动过程，于是就产生了会计。会计大致经历了古代会计、近代会计和现代会计三个发展阶段。

### （一）古代会计阶段

在我国，远在原始社会后期，就有"结绳记事""刻竹记数"等原始计算、记录的方法，这可以说是会计的萌芽。"会计"一词最早出现于西周时期。东汉时期，随着造纸术的发明，出现了用来登记会计事项的"计簿"或"簿书"的账册。唐宋时期是我国封建社会的繁荣时期，会计上发明了"四柱清册"，"四柱"是指"旧管""新收""开除"和"实在"。四柱之间的平衡关系是：旧管 + 新收 – 开除 = 实在。相当于现代会计中的"上期结存 + 本期收入 – 本期支出 = 本期结存"。明末清初，商业和手工业趋向繁荣，出现了以四柱为基础的"龙门账"。它把全部账目划分为"进"（各项收入）、"缴"（各项支出）、"存"（各项资产）和"该"（资本及各项负债）四大类，运用"进" – "缴" = "存" – "该"的平衡公式，计算盈亏，分别编制"进缴表"和"存该表"，两表计算得出的盈亏数应当相等，称为"合龙门"。清代，随着资本主义生产关系的萌芽，又产生了"天地合账"，要求一切账项都要在账簿中记录两笔，既登记"来账"，又登记"去账"，以反映同一账项的来龙去脉。账簿分上下两格，上格记收，称为"天"，下格记付，称为"地"，上下两格所记数额必须相等，即所谓"天地合"。"龙门账"和"天地合账"的应用，对我国会计由单式记账法向复式记账法转变起了重要作用。

### （二）近代会计阶段

会计方法经历了由单式记账法向复式记账法转变的过程，它是经济发展的客观要求。从单式记账法发展到复式记账法，是近代会计形成的重要标志。随着商品经济的发展，特别是资本主义生产的发展，生产规模日趋扩大，经济活动日趋复杂，生产社会化程度日益提高，会计也随之有了长足发展。1494年，意大利数学家卢卡·帕乔利出版了《算术、几何及比例概要》一书，书中第一次全面系统地总结了复式记账法，它是会计发展史上一个重要的里程碑，标志着近代会计的开始。从此，复式记账法在资本主义国家得到广泛应用。18世纪末至19世纪初，英国工业革命完成，工厂制度确立，并出现了股份公司，这在客观上要求建立一套与之相适应的会计方法。在这一时期，由于经济日益复杂化，使会计不仅在技术上，而且在理论上都取得了较大进步，使会计从一门应用技术发展成为一门独立的学科。同时，由于股份公司的所有权与经营权相分离，公司的股东及其他与公司有利益关系的方面，要求了解公司的真实财务信息，要求公司定期提供有关公司财务状况和经营成果的会计报告。而财务会计报告的真实性和完整性只有经过独立的会计师鉴证才能得到一定程度的保证，这样，一大批专门从事审计查账业务的会计师在英国应运而生，还成立了一批会计师协会。从此，会计的服务对象扩大了，会计核算的内容也扩展了，会计的作用得到社会承认。

### （三）现代会计阶段

从 20 世纪 50 年代至今为现代会计阶段。在这一阶段，由于科学技术的发展，会计的服务对象和服务内容不断扩展。各国的经济法律、法规不断完善，也促进了会计技术的规范和发展。计算机技术应用到会计领域，出现了电算化会计。财务会计和管理会计逐渐成为相对独立的两个领域。

财务会计是以提供定期的财务报表为手段，以公认的会计原则为核算依据，以企业外部的投资人、债权人等为主要服务对象，完整地、总括地报告财务状况和经营成果的会计。

管理会计是管理知识与会计知识有机结合的产物，以强化企业经营管理、实现最优经济效益为根本目的，以企业内部决策、管理部门为主要服务对象，采用灵活多样的方法和手段，对会计、统计等资料进行深加工和再利用，为正确进行最优决策和有效经营提供有用的信息，实现对企业整个经济活动过程的控制和对各个责任的考评。

## 二、会计的职能

会计的职能是指会计作为经济管理活动所具有的功能或能够发挥的作用。核算和监督是会计的基本职能。

### （一）基本职能

1. 会计核算职能

会计核算职能，又称为反映职能，是指以货币为主要计量单位，对特定主体的经济活动进行确认、计量和报告，如实反映特定主体的财务状况、经营成果和现金流量等信息，为有关方面提供所需的会计信息。记账、算账和报账是会计核算职能的主要形式。

会计核算贯穿于经济活动的全过程，是会计最基本的职能。会计核算的内容包括：

（1）款项和有价证券的收付；

（2）财物的收发、增减和使用；

（3）债权、债务的发生和结算；

（4）资本、基金的增减；

（5）收入、支出、费用、成本的计算；

（6）财务成果的计算和处理；

（7）其他需要办理会计手续、进行会计核算的事项。

**2. 会计监督职能**

会计监督职能，又称为控制职能，是指对特定主体的经济活动和相关会计核算的真实性、合法性和合理性进行审查。真实性审查，是指检查各项会计核算是否根据实际发生的经济业务进行。合法性审查，是指检查各项经济业务是否符合国家有关法律法规，遵守财经纪律，执行国家各项方针政策，以杜绝违法乱纪行为。合理性审查，是指检查各项财务收支是否符合客观经济规律及经营管理方面的要求，保证各项财务收支符合特定的财务收支计划，实现预算目标。会计监督职能主要是通过价值指标进行的，对单位经济活动的全过程进行监督，包括事前、事中、事后监督。

**3. 会计核算和监督职能的关系**

会计核算职能与监督职能是相辅相成、辩证统一的。会计核算是会计监督的基础，没有会计核算所提供的各种信息，会计监督就失去了依据；而会计监督又是会计核算质量的保证，只有核算，没有监督，就难以保证核算所提供信息的真实性和可靠性。

### （二）拓展职能

随着社会经济的发展和经济管理的现代化，会计的职能也会随之发生变化，一些新的职能不断出现。一般认为，会计职能除了具有会计核算、监督两个基本职能之外，还有预测经济前景、参与经济决策和评价经营业绩等其他职能。

**1. 预测经济前景**

预测经济前景是指根据财务会计报告等信息，定量或定性地判断、推测经济活动的发展变化规律，以指导和调节经济活动，提高经济效益。

**2. 参与经济决策**

参与经济决策是指根据财务会计报告等信息，运用定量和定性分析方法，对备选方案进行经济可行性分析，为企业生产经营管理等提供决策信息。

**3. 评价经营业绩**

评价经营业绩是指利用财务会计报告等信息，采用适当的方法，对企业一定经营期间的资产运营、经济效益等经营成果，对照相应的评价标准，进行定量、定性的对比分析，并做出真实、客观、公正的综合评判。

## 三、会计的对象

会计的对象是指会计核算和监督的内容。凡是特定主体能够以货币表现的经济活动，都是会计核算和监督的内容，也就是会计的对象。以货币表现的经济活动通常又称为价值运动或资金运动。

对于工业企业而言，资金指的是企业所拥有的各项财产物资的货币表现，在生产经营过程中，资金的存在形态不断地发生变化，构成了企业的资金运动，表现为资金投入、资金运用（也称为资金的循环与周转）和资金退出三个过程，既有一定时期内的显著运动状态（表现为收入、费用、利润等），又有一定日期的相对静止状态（表现为资产与负债及所有者权益的恒等关系）。资金的投入是资金运动的起点，投入企业的资金包括投资者投入的资金和债权人提供的资金，前者形成企业的所有者权益，后者形成企业的负债（属于债权人权益）。投入企业的资金在形成企业的所有者权益和负债的同时形成企业的资产，一部分形成流动资产，另一部分形成非流动资产。

资金的循环与周转是资金运动的主要组成部分，企业将资金运用于生产经营过程就形成了资金的循环与周转，分为供应过程、生产过程、销售过程三个阶段。

供应过程是生产的准备过程，在供应过程中，随着采购活动的进行，企业的资金从货币资金形态转化为储备资金形态。生产过程既是产品的制造过程，又是资产的耗费过程。在生产过程中，在产品完工之前，企业的资金从储备资金形态转化为生产资金形态，在产品完工后又由生产资金形态转化为成品资金形态。销售过程是产品价值的实现过程，在销售过程中，销售产品取得收入，企业的资金从成品资金形态又转化为货币资金形态。由此可见，随着生产经营活动的进行，企业的资金从货币资金形态开始，依次经过供应过程、生产过程和销售过程三个阶段，分别表现为储备资金、生产资金、成品资金等不同的存在形态，最后又回到货币资金形态，这种运动过程称为资金的循环。资金周而复始地不断循环，称为资金的周转。

资金的退出指的是资金离开本企业退出资金的循环与周转，主要包括偿还各项债务、上缴各项税金以及向所有者分配利润等，是资金运动的终点。

企业、行政事业单位在社会再生产过程中所处地位不同，担负的任务不同，经济活动的方式和内容也不同，因而其会计对象的具体内容也不相同。

## 四、会计目标

会计目标亦称会计目的，是要求会计工作完成的任务或达到的标准，即向财务会计报告使用者提供与企业财务状况、经营成果和现金流量等有关的会计信息，反映企业管理层受托责任履行情况，有助于财务会计报告使用者做出经济决策。其主要包括以下两个方面的内容。

### （一）向财务会计报告使用者提供决策有关信息

企业编制财务报告的主要目的是满足财务报告使用者的信息需要，有助于财务报告使用者做出经济决策。财务会计报告使用者主要包括以下方面：

1. 投资者

投资者需要通过对将要投资或者已经投资企业财务报表的分析，来综合评价被投资企业的财务状况、创利业绩和未来获利能力，判断其投资的安全性和内在风险，据此做出投资决策。

2. 债权人

债权人通过会计信息，了解债务人的资产质量、获利能力和偿债能力，以此确定是否贷款给债务人以及贷款的金额、时间等。

### 3. 企业管理者

会计信息是企业管理者管理企业，进行经济决策的重要依据。企业管理者关注企业的财务状况和经营成果，据此可以分析已做出的各项经济决策正确与否，从而发现经营管理中存在的问题，以便做出科学决策，提高企业的经济效益。

### 4. 政府相关部门

政府相关部门对企业的某些经济行为依法履行直接的管制权。国家税务部门通过对财务报告的审阅了解企业纳税情况；政府财政、审计部门通过查阅企业的财务报告，可以了解企业会计事务的规范情况。

### 5. 社会公众

社会公众是潜在的投资者，他们根据企业公布的财务会计信息，估算投资预期成本和收益以及投资风险的大小，以做出合理的投资决策。

## （二）反映企业管理层受托责任的履行情况

在现代公司制度下，企业所有权和经营权相分离，企业管理层是受委托人之托经营管理企业及各项资产，负有受托责任，即企业管理层所经营管理的企业各项资产基本上均为投资者投入的资本（或者留存收益作为再投资）或者向债权人借入的资金所形成的，企业管理层有责任妥善保管并合理、有效地运用这些资产。因此，会计应当反映企业管理层受托责任的履行情况，有助于评价企业的经营管理责任和资源使用的有效性。

# 五、会计的含义

## （一）会计的概念

会计是以货币为主要计量单位，运用专门的方法，反映和监督一个单位经济活动的一种经济管理工作。

## （二）会计的基本特征

### 1. 会计以货币作为主要计量单位

会计计量单位包括货币计量单位和非货币计量单位。非货币计量单位主要有实物计量单位和劳动（时间）计量单位。而货币可以作为衡量所有财产物资、劳动消耗和收入成果的尺度。因此，会计在日常核算时以货币为主要计量单位，再辅之以其他计量单位，对会计事项进行确认、计量和报告。

### 2. 会计采用一系列专门方法

会计方法包括会计核算方法、会计分析方法和会计检查方法。会计核算是会计的基本环节；会计分析是建立在会计核算的基础之上，只有掌握准确的会计核算资料，才有可能得出正确的会计分析结果；而会计检查则是对会计工作质量的检验。

**3. 会计具有核算和监督两个基本职能**

会计核算职能，是指以货币为主要计量单位，对特定主体的经济活动进行确认、计量和报告；会计监督职能，是指对特定主体的经济活动和相关会计核算的真实性、合法性、合理性进行审查。

**4. 会计是一种经营管理活动**

会计是一种经营管理活动，为企业经营管理提供各种数据资料，而且通过各种方式直接参与经营管理，对企业的经济活动进行核算和监督。

**5. 会计是一个经济信息系统**

会计作为一个经济信息系统，将企业经济活动的各种数据转化为货币化的会计信息，这些信息是企业经营管理者和利益相关者进行相关经济决策的重要依据。

# 任务1.2 会计基本假设

会计基本假设

会计基本假设是对会计核算所处时间、空间环境等所作的合理假定，是企业会计确认、计量和报告的前提。这种限定并不是凭空的主观臆断，而是建立在会计所处的客观经济环境基础之上的，是设计和选择会计方法的重要依据。例如，会计的核算范围究竟有多大，对各项会计要素应采用什么计价基础，如何保证各有关方面及时获得会计信息，等等。对于这些问题，在进行会计核算时，必须面对客观经济环境做出合理判断，即明确会计核算的基本前提，反之，会计核算的原则、方法和程序就无从建立起来。会计核算的基本前提是人们在长期的会计实践中逐步认识和总结而形成的。会计基本假设是企业会计确认、计量、报告的前提，是对会计核算所处的时间、空间环境等所作的合理假定，主要包括会计主体、持续经营、会计分期和货币计量。

## 一、会计主体

会计主体，又称会计实体、会计个体，是会计人员核算和监督的特定单位，它确定了会计工作的空间范围。

会计工作的目的是反映一个单位的财务状况、经营成果和现金流量，为包括投资者在内的各有关方面的决策服务。只有明确了会计核算的对象，将会计所要反映的对象与包括所有者在内的其他经济实体区别开来，才能保证会计核算工作正常开展，实现会计目标。

会计主体不同于法律主体。一般来说，法律主体必然是一个会计主体，但是会计主体不一定是法律主体。会计主体既可以是一个企业，也可以是若干企业组成的集团公司，还可以是一个企业内部的某个部门。

## 二、持续经营

持续经营是指在可以预见的将来，企业将会按照当前的规模和状态继续经营下去，不会停业和大规模削减业务。明确这个基本前提，就意味着会计主体将按照既定用途使用资产，按照既定的合约条件清偿债务，会计人员就可以在此基础上选择会计原则和会计方法。

由于持续经营是根据企业发展的一般情况所作的设定，而任何企业都存在破产、清算的风险，也就是说，企业不能持续经营的可能性总是存在的。为此，需要企业定期对其持续经营基本前提做出分析和判断。如果可以判断企业不会持续经营，就应当改变会计核算的原则和方法，并在企业财务会计报告中给予相应披露。

## 三、会计分期

会计分期又称会计期间，是指将会计主体持续的生产经营活动划分为若干相等的会计期间，以便分期结算账目和编制财务会计报告，从而及时向有关方面提供会计主体财务状况、经营成果和现金流量等信息。

我国的《企业会计准则》规定，会计期间分为年度和中期。会计年度一般采用公历年度，即从每年1月1日至12月31日为一个会计年度。中期是指短于一个完整的会计年度，半年度、季度和月度均称为会计中期。

## 四、货币计量

货币计量是指在会计核算过程中以货币作为计量单位，记录、反映会计主体的生产经营情况。为了全面完整地反映企业的生产经营活动，会计核算客观上需要一种统一的计量单位作为其计量尺度。在市场经济条件下，货币是商品的一般等价物，是衡量商品价值的共同尺度，会计核算必然选择货币作为其计量单位，以货币形式来反映企业生产经营活动的全过程。会计核算采用货币计量，使会计核算的对象——企业的生产经营活动统一地表现为货币资金运动，从而能够综合地反映企业的经营成果和财务状况及其变动情况。

我国的会计核算以人民币为记账本位币。对于业务收支以外币为主的外商投资企业，允许其选定某种外币作为记账本位币进行会计核算，但这些企业对外提供财务报表时，应当提供以人民币为计量单位的财务报表。对于我国在境外设立的企业，一般是以当地的货币进行经营活动，通常也是以当地的货币进行日常会计核算，但在向国内报送财务报表时应当换算成人民币，以反映其经营成果和财务状况。

上述会计核算的四项基本前提，具有相互依存、相互补充的关系。会计主体确立了会计核算的空间范围，持续经营与会计分期确立了会计核算的时间范围，而货币计量则为会计核算提供了必要手段。没有会计主体，就不会有持续经营；没有持续经营，就不会有会计分期；没有货币计量，就不会有现代会计。

# 任务 1.3  会计基础与会计信息质量要求

## 一、会计基础

### （一）会计基础的概念

会计基础是指会计确认、计量和报告的基础，也是确认会计主体的收入、费用归属的会计期间、从而确定损益的标准。会计基础主要有两种，即权责发生制和收付实现制。

### （二）会计基础的种类

1. 权责发生制

权责发生制，又称应收应付制、应计制，是按照权利的实现和责任的发生确认收入和费用的归属期间，而不是以款项实际收付作为记账基础。

权责发生制

凡是应属于本期的收入和费用，不管其款项是否收付，均作为本期的收入和费用入账；反之，凡不属于本期的收入和费用，即使已收到或付出款项，都不应作为本期的收入和费用入账。

我国会计准则规定，企业会计核算应采用权责发生制。

2. 收付实现制

收付实现制，又称现金收付制、现金制，是指会计对各项收入和费用的确认是以款项（包括现金和银行存款）的实际收付为标准。

凡属本期实际收到款项的收入和支付款项的费用，不管其是否应归属于本期，都应作为本期的收入和费用入账；反之，凡本期未实际收到款项的收入和未付出款项的支出，即使应归属于本期，也不应作为本期的收入和费用入账。

在我国，政府会计由预算会计和财务会计构成。其中，预算会计采用收付实现制，国务院另有规定的，依照其规定；财务会计采用权责发生制。

## 二、会计信息质量要求

会计信息是会计的系统产品，会计信息质量要求是对企业财务报告中所提供会计信息质量的基本要求，只有符合特定要求的会计信息，才能够满足使用者的要求。根据我国《企业会计准则——基本准则》的规定，会计信息质量的要求包括可靠性、相关性、可理解性、可比性、实质重于形式、重要性、谨慎性和及时性等八个方面。

1. 可靠性（真实性、客观性）

可靠性要求企业应当以实际发生的交易或者事项为依据进行确认、计量和报告，如实反映符合确认和计量要求的各项会计要素及其他相关信息，保证会计信息真实可靠、内容完整。

会计信息必须以可靠为基础，如果财务报告所提供的会计信息是不可靠的，就会对信息使用者的决策造成误导甚至损失。为了贯彻可靠性要求，企业应当以实际发生的交易或者事项为依据进行确认、计量，将符合会计要素定义及其确认条件的资产、负债、所有者权益、收入、费用和利润等如实反映在财务报表中，不得根据虚构的、没有发生的或者尚未发生的交易或者事项进行确认、计量和报告。

2. 相关性

相关性要求企业提供的会计信息应当与投资者等财务会计报告使用者的经济决策需要相关，有助于财务会计报告使用者对企业过去、现在或者未来的情况做出评价或者预测。

会计信息是否有用，是否具有价值，关键是看其与使用者的决策需要是否相关，是否有助于决策或者提高决策水平。相关的会计信息应当能够有助于使用者评价企业过去的决策，证实或者修正过去的有关预测，因而具有反馈价值。相关的会计信息还应当具有预测价值，有助于使用者根据财务报告所提供的会计信息预测企业未来的财务状况、经营成果和现金流量。例如区分收入和利得、费用和损失，区分流动资产和非流动资产、流动负债和非流动负债以及适度引入公允价值等，都可以提高会计信息的预测价值，进而提升会计信息的相关性。

3. 可理解性

可理解性，又称清晰性，要求企业提供的会计信息应当清晰明了，便于财务会计报告使用者理解和使用。

企业编制财务报告、提供会计信息的目的在于使用，而要使使用者有效使用会计信息，应当能让其了解会计信息的内涵，弄懂会计信息的内容，这就要求财务报告所提供的会计信息应当清晰明了，易于理解。只有这样，才能提高会计信息的有用性，实现财务报告的目标，满足向投资者等财务报告使用者提供决策有用信息的要求。

会计信息毕竟是一种专业性较强的信息产品，在强调会计信息的可理解性要求的同时，还应假定使用者具有一定的有关企业经营活动和会计方面的知识，并且愿意付出努力去研究这些信息。对于某些复杂的信息，如交易本身较为复杂或者会计处理较为复杂，但其对使用者的经济决策相关的，企业就应当在财务报告中予以充分披露。

4. 可比性

可比性要求企业提供的会计信息应当相互可比。包括两层含义：

（1）同一企业不同时期可比（纵向可比）。

为了便于投资者等财务报告使用者了解企业财务状况、经营成果和现金流量的变化趋势，比较企业在不同时期的财务报告信息，全面、客观地评价过去、预测未来，从而做出决策。会计信息质量的可比性要求同一企业不同时期发生的相同或者相似的交易或者事项，应当采用一致的会计政策，不得随意变更。但是，满足会计信息可比性要求，并非表明企业不得变更会计政策，如果按照规定或者在会计政策变更后可以提供更可靠、更相关的会计信息，可以变更会计政策。有关会计政策变更的情况，应当在附注中予以说明。

（2）不同企业相同会计期间可比（横向可比）。

为了便于投资者等财务报告使用者评价不同企业的财务状况、经营成果和现金流量及其变动情况，会计信息质量的可比性要求不同企业同一会计期间发生的相同或者相似的交易或者事项，应当采用规定的会计政策，确保会计信息口径一致、相互可比，以使不同企业按照一致的确认、计量和报告要求提供有关会计信息。

5. 实质重于形式

实质重于形式要求企业应当按照交易或者事项的经济实质进行会计确认、计量和报告，不仅仅以交易或者事项的法律形式为依据。

企业发生的交易或事项在多数情况下，其经济实质和法律形式是一致的。但在有些情况下，会出现不一致。例如，以融资租赁方式租入的资产虽然从法律形式来讲企业并不拥有其所有权，但是由于租赁合同中规定的租赁期相当长，接近于该资产的使用寿命，租赁期结束时承租企业有优先购买该资产的选择权，在租赁期内承租企业有权支配资产并从中受益等，因此，从其经济实质来看，企业能够控制融资租入资产所创造的未来经济利益，在会计确认、计量和报告上就应当将以融资租赁方式租入的资产视为企业的资产，列入企业的资产负债表。

6. 重要性

重要性要求企业提供的会计信息应当反映与企业财务状况、经营成果和现金流量有关的所有重要交易或者事项。

在会计核算过程中，对交易或事项应当区别其重要程度，采用不同的核算方法。对于重要的交易或事项，需单独核算，分项反映，力求准确，并在财务报告中重点说明；对于不重要的交易或事项，在不影响会计信息真实性的前提下，可适当简化会计核算或合并反映。

在实务中，如果会计信息的省略或者错报会影响投资者等财务报告使用者据此作出决策的，该信息就具有重要性。重要性的应用需要依赖职业判断，企业应当根据其所处环境和实际情况，从项目的性质和金额大小两方面加以判断。

7. 谨慎性

谨慎性要求企业对交易或者事项进行会计确认、计量和报告应当保持应有的谨慎，不应高估资产或者收益、低估负债或者费用。

在市场经济环境下，企业的生产经营活动面临着许多风险和不确定性，如应收款项的可收回性、固定资产的使用寿命、无形资产的使用寿命、售出存货可能发生的退货或者返修等。会计信息质量的谨慎性要求，需要企业在面临不确定性因素的情况下作出职业判断时，应当保持应有的谨慎，充分估计到各种风险和损失，既不高估资产或者收益，也不低估负债或者费用。

8. 及时性

及时性要求企业对于已经发生的交易或者事项,应当及时进行确认、计量和报告,不得提前或者延后。

会计信息的价值在于帮助所有者或者其他方面做出经济决策,具有时效性。即使是可靠、相关的会计信息,如果不及时提供,就失去了时效性,对于使用者的效用就大大降低甚至不再具有实际意义。在会计确认、计量和报告过程中贯彻及时性:一是要求及时收集会计信息,即在经济交易或者事项发生后,及时收集整理各种原始单据或者凭证;二是要求及时处理会计信息,即按照会计准则的规定,及时对经济交易或者事项进行确认或者计量,并编制出财务报告;三是要求及时传递会计信息,即按照国家规定的有关时限,及时地将编制的财务报告传递给财务报告使用者,便于其及时使用和决策。

# 任务1.4  会计核算方法与会计循环

## 一、会计核算方法体系

会计核算方法是指对会计对象进行连续、系统、全面、综合的确认、计量、和报告采用的各种方法,主要包括设置会计科目和账户、复式记账、填制与审核会计凭证、登记会计账簿、成本计算、财产清查、编制财务会计报告等一系列专门方法。

### (一) 设置会计科目和账户

设置会计科目和账户是指对会计对象的具体内容进行科学合理分类,以便明晰核算和监督会计对象的一种专门方法。进行会计核算之前,首先应当将错综复杂的会计对象的具体内容进行科学分类,通过分类反映和监督,才能提供管理所需要的各种信息。每个会计账户只能反映一定的经济内容,将会计对象的具体内容划分为若干项目,即设置若干个会计账户,就可以使所设置的账户既有分工、又互相联系地反映会计对象的内容,提供管理所需要的各种信息。

### (二) 复式记账

复式记账法是一种专门的记账方法,是指对每一项经济业务均以相等的金额在两个或两个以上的相关账户中同时登记的一种记账方法。复式记账法能全面反映经济业务的来龙去脉,它使每项经济业务所涉及的两个或两个以上的账户之间产生对应关系,同时,在对应账户中所记录的金额又相互平衡。

### (三) 填制和审核会计凭证

会计凭证简称凭证,是记录经济业务、明确经济责任的书面证明,是登记账簿的依据。填制和审核凭证，是会计核算的专门方法之一。经济业务是否发生、执行和完成，要看是否取得或填制了会计凭证。对已经完成或发生的经济业务，都应该由经办人或有关部门填制凭证，而且所有凭证必须经过会计机构或有关部门审核，在确认符合有关法律、制度、规定而又正确无误的情况下，才能据以登记账簿。填制和审核凭证可以为经济管理提供真实可靠的会计信息。

### （四）登记会计账簿

登记账簿亦称记账，就是把所有的经济业务按其发生的顺序，分门别类地计入有关账簿。账簿是用来全面、连续、系统地记录各项经济业务的簿籍，也是保存会计信息的重要工具。通过账簿的登记，可使会计凭证中分散记录的经济业务内容系统化，能够更加适应经济管理的需要。所以，登记账簿是会计核算的主要方法。

### （五）成本计算

成本计算是以一定的产品为对象，对其在各生产经营过程中所发生的各种费用，按照产品的种类和数量进行归集和分配，并计算各对象的总成本和单位成本的一种专门方法。

准确计算成本可以掌握成本构成情况，考核成本计划的完成情况，而且对于挖掘生产经营潜力、促进企业降低成本、提高经济效益等，都具有重要意义。

### （六）财产清查

财产清查是通过实物盘点、往来款项的核对，来检查财产物资和货币资金实有数额的方法。在财产清查中发现财产、资金账面数额与实存数不符时，应该及时调整账簿记录，使账面数与实存数保持一致，并查明账实不符的原因，明确责任。因此，财产清查是保证会计核算资料的真实性、正确性的一种手段。

### （七）编制财务会计报告

财务会计报告是根据账簿记录，按照规定格式，定期编制的反映会计主体财务状况、经营成果和现金流量的总结性书面报告。通过编制财务会计报告，可对分散在账簿中的日常核算资料进行综合、分类、加工、整理，为会计信息使用者提供所需的总括性会计信息。财务会计报告提供的资料是进行会计分析、会计检查的重要依据。编制财务会计报告是会计核算的一种专门方法，是企业对外提供会计信息的主要形式。

## 二、会计循环

会计循环是指按照一定的步骤反复运行的会计程序。从会计工作流程看，会计循环由确认、计量和报告等环节组成；从会计核算的具体内容看，会计循环由填制与审核会计凭证、设置会计科目和账户、复式记账、登记会计账簿、成本计算、财产清查、编制财务会计报告等组成，填制与审核会计凭证是会计循环的起点。

## 任务 1.5　会计准则体系

### 一、会计准则的构成

会计准则是反映经济活动、确认产权关系、规范收益分配的会计技术标准，是生成和提供会计信息的重要依据，也是政府调控经济活动、规范经济秩序和开展国际经济交往的重要手段。会计准则具有严密和完整的体系。我国已颁布的会计准则有《企业会计准则》《小企业会计准则》和《事业单位会计准则》。

### 二、企业会计准则

我国的企业会计准则体系包括基本准则、具体准则、应用指南和解释公告等。2006 年 2 月 15 日，财政部发布了《企业会计准则》，自 2007 年 1 月 1 日起在上市公司范围内实行，并鼓励其他企业执行。

#### （一）基本准则

基本准则是企业进行会计核算工作必须遵守的基本要求，在会计准则体系中具有重要地位，其主要内容包括：

（1）财务会计报告目标；
（2）会计基本假设；
（3）会计基础；
（4）会计信息质量要求；
（5）会计要素分类及其确认、计量原则；
（6）财务会计报告。

#### （二）具体准则

具体准则是根据基本准则的要求，对具体业务事项做出的规定，分为一般业务准则、特殊业务准则和报告类准则。一般业务准则是规范各类企业一般业务确认、计量的准则，包括存货、固定资产、无形资产、长期股权投资、收入、所得税等准则。特殊业务准则可分为各行业共有的特殊业务准则和特殊行业的特殊业务准则。报告类准则主要规范普遍适用于各类企业的报告类准则，如财务报表列报、现金流量表、中期财务报表、合并财务报表等准则。

### （三）会计准则应用指南

会计准则应用指南是根据基本准则、具体准则制定的，用以指导会计实务的操作性指南，是对具体准则相关条款的细化和对有关重点难点问题提供操作性规定。

### （四）企业会计准则解释

企业会计准则解释，主要针对企业会计准则实施中遇到的问题做出相关的解释。

## 三、小企业会计准则

2011年10月18日，财政部发布了《小企业会计准则》，要求符合适用条件的小企业自2013年1月1日起执行，并鼓励提前执行。《小企业会计准则》一般适用于在我国境内依法设立、经济规模较小的企业。

## 四、事业单位会计准则

2012年12月6日，财政部修订发布了《事业单位会计准则》，自2013年1月1日起在各级各类事业单位实行，该准则对我国事业单位的会计工作予以规范。

《事业单位会计准则》的主要特点：

（1）事业单位采用收付实现制进行会计核算，部分经营业务可以采用权责发生制核算；

（2）事业单位会计要素分为资产、负债、净资产、收入、支出（或费用）五类；

（3）事业单位会计报表至少包括资产负债表、收入支出表（或收入费用表）和财政补助收入支出表。

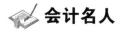 会计名人

### 中国注册会计师第一人——谢霖

谢霖（1885—1969）教授，江苏武进人，是我国会计界先驱，知名会计学者，我国会计师制度的创始人，会计改革实干家和会计教育家，中国的第一位注册会计师，中国会计改革的先驱，中国会计师制度的拓荒者。曾担任中国银行、交通银行总会计、中央银行秘书长职务，还兼任湖南明德大学、北京大学、上海商学院、光华大学、复旦大学、四川大学、四川省会计专科学校等院校教授以及光华大学商学院会计系主任、光华大学成都分校副校长等重要职务。

## 【项目小结】

本项目主要从认识会计的角度，介绍了会计的基础知识。会计基本职能包括核算和监督职能；会计基本前提包括会计主体、持续经营、会计分期和货币计量。

会计核算方法包括设置会计科目和账户、复式记账、填制与审核会计凭证、登记会计账簿、成本计算、财产清查、编制财务会计报告；会计信息质量要求包括可靠性、相关性、可理解性、可比性、实质重于形式、重要性、谨慎性和及时性等八个方面。

## 【项目考核】

### 一、单项选择题

1. 在会计核算的基本前提中，确定会计核算空间范围的是（    ）。
   A. 会计主体　　　　B. 持续经营　　　　C. 会计分期　　　　D. 货币计量

2. 会计是以货币为主要计量单位，反映和监督一个单位经济活动的一种（    ）。
   A. 方法　　　　　　　　　　　　　　B. 手段
   C. 信息工具　　　　　　　　　　　　D. 经济管理活动

3. 根据权责发生制原则，以下属于本期的收入或费用的是（    ）。
   A. 支付明年的房屋租金
   B. 本期已经收款，但商品尚未销售
   C. 当期按照税法规定预交的税费
   D. 商品在本期销售，但货款尚未收到

4. 以货币为主要计量单位，通过确认、计量、报告等环节，对特定主体的经济活动进行记账、算账、报账，为有关方面提供会计信息的是（    ）。
   A. 会计核算职能　　　　　　　　　　B. 会计监督职能
   C. 会计计划职能　　　　　　　　　　D. 会计预测职能

5. 会计以（    ）为主要计量单位。
   A. 货币　　　　　　B. 实物　　　　　　C. 工时　　　　　　D. 劳动耗费

6. 会计的基本职能是（    ）。
   A. 预测和决策　　　　　　　　　　　B. 核算和监督
   C. 管理生产经营活动　　　　　　　　D. 分析和考核

7. 下面关于会计职能的说法中，错误的是（    ）。
   A. 会计核算与监督是会计的两大基本职能，它们之间是辩证统一的关系
   B. 会计监督是会计核算的基础，没有监督，会计核算很难提供真实的会计信息
   C. 会计还具有参与经济决策、评价经营业绩的职能
   D. 会计监督是会计核算质量的保证，会计核算是会计监督的基础

8. 企业会计分期的基础是（    ）。
   A. 会计主体　　　　　　　　　　　　B. 权责发生制

C. 持续经营　　　　　　　　　D. 货币计量

9. 会计核算上将以融资租赁方式租入的资产视为企业的资产，所反映的会计信息质量要求是（　　）。
   A. 可理解性　　　　　　　　　B. 谨慎性
   C. 实质重于形式　　　　　　　D. 可靠性

10. 下面关于会计对象的说法中，不正确的是（　　）。
    A. 会计对象是指会计所要核算与监督的内容
    B. 特定主体能够以货币表现的经济活动，都是会计核算和监督的内容
    C. 企业日常进行的所有活动都是会计对象
    D. 会计对象就是社会再生产过程中的资金运动

11. 下列有关会计主体的表述中，不正确的是（　　）。
    A. 会计主体是指会计所核算和监督的特定单位和组织
    B. 会计主体就是法律主体
    C. 由若干具有法人资格的企业组成的企业集团也是会计主体
    D. 会计主体界定了从事会计工作和提供会计信息的空间范围

12. 会计日常核算工作的起点是（　　）。
    A. 填制和审核会计凭证　　　　B. 财产清查
    C. 设置会计科目　　　　　　　D. 登记会计账簿

13. 企业对于已经发生的交易或者事项，应当及时进行会计确认、计量和报告，不得提前或者延后，这体现的是（　　）。
    A. 及时性　　B. 相关性　　C. 谨慎性　　D. 重要性

14. 对期末存货采用成本与可变现净值孰低计价，其所体现的会计核算质量要求是（　　）。
    A. 及时性　　B. 相关性　　C. 谨慎性　　D. 重要性

15. 强调某一企业各期提供的会计信息应当采用一致的会计政策，不得随意变更的会计核算质量要求的是（　　）。
    A. 可靠性　　　　　　　　　　B. 相关性
    C. 可比性　　　　　　　　　　D. 可理解性

16. 企业提供的会计信息应有助于财务会计报告使用者对企业过去、现在或者未来的情况做出评价或者预测，这体现了会计核算质量要求是（　　）。
    A. 相关性　　　　　　　　　　B. 可靠性
    C. 可理解性　　　　　　　　　D. 可比性

17. 不属于会计信息质量要求的是（　　）。
    A. 可比性　　　　　　　　　　B. 权责发生制
    C. 实质重于形式　　　　　　　D. 重要性

18. 下列项目中，不属于会计核算具体内容的是（    ）。
    A. 制订企业计划　　　　　　　　B. 收入的计算
    C. 资本的增减　　　　　　　　　D. 财务成果的计算

19. 确认办公楼租金 60 万元，用银行存款支付 10 万元，50 万元未付。按照权责发生制和收付实现制分别确认费用（    ）。
    A. 10 万元，60 万元　　　　　　B. 60 万元，0 万元
    C. 60 万元，50 万元　　　　　　D. 60 万元，10 万元

20. 在可预见的未来，会计主体不会破产清算，所持有的资产将正常营运，所负有的债务将正常偿还。这属于（    ）。
    A. 会计主体假设　　　　　　　　B. 持续经营假设
    C. 会计分期假设　　　　　　　　D. 货币计量假设

## 二、多项选择题

1. 下列各项中，属于会计信息质量要求的有（    ）。
    A. 会计核算方法一经确定不得变更
    B. 会计核算应当注重交易或事项的实质
    C. 会计核算应当以实际发生的交易或事项为依据
    D. 企业会计核算应当以权责发生制为基础

2. 下列会计处理方法中，符合权责发生制基础的有（    ）。
    A. 销售产品的收入只有在收到款项时才予以确认
    B. 产品已销售，货款未收到也应确认收入
    C. 本期应付职工薪酬即使本期未付给职工也应计入本期费用
    D. 职工薪酬只能在支付给职工时计入当期费用

3. 根据《企业会计准则》的规定，企业的会计期间包括（    ）。
    A. 年度　　　B. 中期　　　C. 一期　　　D. 多期

4. 下列项目中属于会计核算方法的有（    ）。
    A. 成本计算　　　　　　　　　　B. 设置会计科目和账户
    C. 会计主体　　　　　　　　　　D. 会计分期

5. 下列项目中属于会计中期的有（    ）。
    A. 季度　　　B. 月度　　　C. 年度　　　D. 半年度

6. 会计报表是根据账簿记录，按照规定的格式，定期编制反映会计主体（    ）的总结性报告。
    A. 财务状况　　　　　　　　　　B. 核算方法
    C. 经营成果　　　　　　　　　　D. 现金流量

7. 下列项目中，属于会计信息质量要求的有（    ）。
    A. 真实性　　　B. 及时性　　　C. 相关性　　　D. 重要性

8. 下列各项中，属于会计职能的有（　　）。
   A. 预测经济前景　　　　　　　　B. 参与经济决策
   C. 评价经营业绩　　　　　　　　D. 实施会计监督

9. 下列项目中，可以作为一个会计主体进行核算的有（　　）。
   A. 销售部门　　B. 分公司　　C. 母公司　　D. 企业集团

10. 下列关于货币计量的表述中，正确的有（　　）。
    A. 货币计量是指会计主体在会计核算过程中采用货币作为主要的计量单位
    B. 我国企业的会计核算一般以人民币为记账本位币
    C. 在特定情况下，企业可以选择人民币以外的某一货币作为记账本位币
    D. 在境外设立的中国企业向国内报送的财务会计报告，应当折算为人民币

11. 我国的企业会计准则体系包括（　　）。
    A. 基本准则　　B. 具体准则　　C. 应用指南　　D. 解释公告

12. 会计核算的基本程序包括（　　）。
    A. 会计确认　　B. 会计监督　　C. 会计计量　　D. 会计报告

13. 资金运动的内容包括（　　）。
    A. 资金的投入　　　　　　　　B. 资金的循环
    C. 资金的退出　　　　　　　　D. 资金的周转

14. 下列关于会计监督的说法，正确的有（　　）。
    A. 对特定主体的经济活动的真实性、合法性和合理性进行审查
    B. 主要通过价值指标来进行
    C. 包括事前监督和事中监督，不包括事后监督
    D. 会计监督是会计核算质量的保障

15. 根据权责发生制原则，应计入本期的收入和费用的有（　　）。
    A. 前期提供劳务未收款，本期收款
    B. 本期销售商品一批，尚未收款
    C. 本期耗用的水电费，尚未支付
    D. 预付下一年的报刊费

## 【任务实施】

### 实训一　练习不同会计基础下本期收入、费用的计算

资料：某企业 2021 年 6 月的收入、费用资料如下：
(1) 销售产品一批，售价 50 000 元，货款存入银行。
(2) 预付下半年租金 12 000 元。
(3) 本月计提短期借款利息 3 000 元，尚未支付。

(4) 收到上月销售商品应收的销货款 6 000 元。

(5) 收到购货单位预付货款 15 000 元，下月交货。

(6) 支付上月水电费 2 000 元。

(7) 销售产品一批，销售价 100 000 元，货款尚未收到。

(8) 本月发生水电费 1 500 元，尚未支付。

要求：根据权责发生制和收付实现制，分别确定本月的收入和费用，填列表 1-1：

表 1-1  收入、费用表

| 业务序号 | 权责发生制 | | 收付实现制 | |
|---|---|---|---|---|
| | 收入 | 费用 | 收入 | 费用 |
| 1 | | | | |
| 2 | | | | |
| 3 | | | | |
| 4 | | | | |
| 5 | | | | |
| 6 | | | | |
| 7 | | | | |
| 8 | | | | |
| 合计 | | | | |

## 实训二  练习不同会计基础下本期收入、费用的划分

资料：A 公司 2021 年 7 月发生下列经济业务：

(1) 7 月 5 日出售甲产品，销售价格 4 000 元，货款存入银行。

(2) 7 月 8 日出售乙产品，销售价格 10 000 元，货款尚未收到。

(3) 7 月 10 日用银行存款支付生产车间 7 月至 12 月的租金 6 000 元。

(4) 7 月 30 日计提本月银行借款利息 1 000 元。

(5) 7 月 31 日收到 6 月销货款 4 000 元，款项存入银行。

(6) 7 月 31 日收到购货单位预付货款 8 000 元存入银行，合同约定下月交货。

要求：根据权责发生制和收付实现制，分别确定本月的收入和费用，填列表 1-2：

表1-2 收入、费用表

| 业务序号 | 权责发生制 | | 收付实现制 | |
|---|---|---|---|---|
| | 收入 | 费用 | 收入 | 费用 |
| 1 | | | | |
| 2 | | | | |
| 3 | | | | |
| 4 | | | | |
| 5 | | | | |
| 6 | | | | |
| 合计 | | | | |

# 项目 2
# 会计要素与会计等式

【知识目标】

1. 掌握会计的六大要素及其内容；
2. 理解并掌握会计等式的内涵；
3. 理解会计计量属性。

【技能目标】

1. 能够熟练区分各会计要素的内容；
2. 能够熟练分析经济业务对会计等式的影响。

【案例导入】

内蒙古蓝天服装有限公司 2020 年 6 月 30 日财务状况如下：资产总额为 500 万元，其中固定资产为 300 万元。负债总额为 200 万元，其中偿还期限在一年以上的银行借款 150 万元。2020 年 1-6 月的经营成果如下：收入总额为 160 万元，全部为销售服装收入，费用支出为 90 万元。

请结合本任务所学知识，分析内蒙古蓝天服装有限公司 2020 年 6 月末财务状况及上半年的经营成果。

## 任务 2.1 会计要素

### 一、会计要素的含义及分类

#### （一）会计要素的含义

会计要素是根据交易或事项的经济特征所确定的财务会计对象的基本分类。会计对象的基本分类，是设定会计报表结构和内容的依据，也是设置会计科目、会计账户并进行确认和计量的依据。

### (二) 会计要素的分类

会计对象即企业的生产经营活动，是一个非常笼统和抽象的概念，无法据此进行会计核算，所以必须对其进行合理分类，以便能对企业的经济活动进行明晰核算。

我国《企业会计准则——基本准则》将会计要素划分为资产、负债、所有者权益、收入、费用、利润六大类，其中，前三类属于反映财务状况的会计要素，在资产负债表中列示，后三类属于反映经营成果的会计要素，在利润表中列示。

## 二、会计要素的确认

资产要素

### (一) 资产

1. 资产的含义与特征

资产是指企业过去的交易或者事项形成的、由企业拥有或者控制的、预期会给企业带来经济利益的资源。资产具有以下特征：

(1) 资产必须是企业过去的交易或事项形成的。就是说，资产必须是现实的资产，而不能是预期的资产，预期在未来发生的交易或者事项不形成资产。

(2) 资产必须是企业拥有的或者控制的经济资源。这是指企业享有某项资源的所有权，或者虽然不享有某项资源的所有权，但该资源能被企业所控制。

(3) 资产必须能够直接或间接地给企业带来经济利益。若某项资源已经不能再给企业带来经济利益，那么就不能确认为企业的资产。

2. 资产的确认条件

将一项资源确认为资产，需要符合资产的定义，并同时满足以下两个条件：

(1) 与该资源有关的经济利益很可能流入企业。从资产的定义可以看到，能否带来经济利益是资产的一个本质特征，但在现实生活中，由于经济环境瞬息万变，与资源有关的经济利益能否流入企业或者能够流入多少实际上带有不确定性。因此，资产的确认还应与经济利益流入的不确定性程度的判断结合起来，如果根据编制财务报表时所取得的证据，与资源有关的经济利益很可能流入企业，那么就应当将其作为资产予以确认；反之不能确认为资产。

(2) 该资源的成本或者价值能够可靠地计量。只有当有关资源的成本或者价值能够可靠地计量时，资产才能予以确认。在实务中，企业取得的许多资产都是发生了实际成本的，例如，企业购买或者生产的存货，企业购置的厂房或者设备等，对于这些资产，只要实际发生的购买成本或者生产成本能够可靠计量，就视为符合了资产确认的可计量条件。

3. 资产的分类

资产可以按照不同标准进行多种分类，但比较常见的是按照流动性进行分类。资产按流动性可以分为流动资产和非流动资产。

流动资产是指可以在1年或者超过1年的一个营业周期内变现或耗用的资产，主要包括库存现金、银行存款、交易性金融资产、应收及预付款、存货等。有些企业的经营活动比较特殊，经营周期可能长于1年，如造船企业、大型机械制造企业等，其从购买原材料至建造完工，从销售实现到收回货款，周期比较长，往往超过1年，此时就不能以1年内变现作为流动资产的划分标准，而是以经营周期作为流动资产的划分标准。

企业的资产除了流动资产之外，还有非流动资产，主要包括持有至到期投资、长期股权投资、固定资产、在建工程、无形资产等。

长期股权投资主要是指企业持有的对其子公司、合营企业及联营企业的权益性投资及企业持有的对被投资单位不具有控制、共同控制或重大影响，并且在活跃市场中没有报价、公允价值不能可靠计量的权益性投资。

固定资产是指同时具有以下特征的有形资产：
（1）为生产商品、提供劳务、出租或经营管理而持有的；
（2）使用寿命超过一个会计年度。

无形资产是指企业拥有或者控制的没有实物形态的可辨认非货币性资产。例如，专利权、非专利技术、商标权、著作权、土地使用权、特许权等。

### （二）负债

1. 负债的含义及特征

负债是指企业过去的交易或者事项形成的、预期会导致经济利益流出企业的现时义务。负债具有以下特征：

（1）负债是由过去的交易或事项形成的，只有过去的交易或者事项才形成负债，企业将在未来发生的承诺、签订的合同等交易或者事项，不形成负债。

（2）负债是企业承担的现实义务，而不是潜在的义务。现时义务是指企业在现行条件下已承担的义务。未来发生的交易或者事项形成的义务，不属于现时义务，不应当确认为负债。

（3）负债的清偿预期会导致经济利益流出企业。在履行现时义务清偿负债时，导致经济利益流出企业的形式多种多样，例如：用现金偿还或以实物资产形式偿还；以提供劳务形式偿还；以部分转移资产、部分提供劳务形式偿还；将负债转为资本等。

2. 负债的确认条件

将一项现时义务确认为负债，需要符合负债的定义，还需要同时满足以下两个条件：

（1）与该义务有关的经济利益很可能流出企业。在实务中，履行义务所需流出的经济利益带有不确定性，尤其是与推定义务相关的经济利益通常需要依赖于大量的估计。因此，负债的确认应当与经济利益流出的不确定性程度的判断结合起来，如果有确凿证据表明，与现时义务有关的经济利益很可能流出企业，就应当将其作为负债予以确认；反之，如果企业承担了现时义务，但是会导致企业经济利益流出的可能性很小，就不符合负债的确认条件，不应将其作为负债予以确认。

（2）未来流出的经济利益的金额能够可靠地计量。负债的确认在考虑经济利益流出企业的同时，对于未来流出的经济利益的金额应当能够可靠计量。

3. 负债的分类

按照偿还期限对负债进行分类，可以分为流动负债和非流动负债。

流动负债是指预计在一个正常营业周期中清偿、主要为交易目的而持有、自资产负债表日起1年内（含1年）到期应予以清偿、企业无权自主地将清偿推迟到资产负债表日后1年以上的负债。主要包括短期借款、应付账款、应付票据、预收账款、应付职工薪酬、应交税费、应付利息、应付股利、其他应付款等。

非流动负债是指偿还期在1年或者超过1年的一个营业周期以上的负债，包括长期借款、应付债券、长期应付款等。

## （三）所有者权益

1. 所有者权益的含义和特征

所有者权益是指企业资产扣除负债后由所有者享有的剩余权益。公司的所有者权益又称为股东权益。

所有者权益是所有者对企业资产的剩余索取权，它是企业的资产扣除债权人权益后应由所有者享有的部分，既可反映所有者投入资本的保值增值情况，又体现了保护债权人权益的理念。所有者权益具有以下特征：

（1）除非发生减资、清算或分派现金股利，企业不需要偿还所有者权益；

（2）企业清算时，只有在清偿所有的负债后，所有者权益才返还给所有者；

（3）所有者凭借所有者权益能够参与企业利润的分配。

2. 所有者权益的确认条件

所有者权益体现的是所有者在企业中的剩余权益，因此，所有者权益的确认和计量主要依赖于资产和负债的确认和计量。例如，企业接受投资者投入的资产，在该资产符合资产确认条件时，就相应地符合所有者权益的确认条件；当该资产的价值能够可靠计量时，所有者权益的金额也就可以确定。

3. 所有者权益的分类

所有者权益的来源包括所有者投入的资本、其他综合收益、留存收益等，通常由股本（或实收资本）、资本公积（含股本溢价或资本溢价、其他资本公积）、其他综合收益、盈余公积和未分配利润等构成。

所有者投入的资本，是指所有者投入企业的资本部分，它既包括构成企业注册资本或者股本的金额，也包括投入资本超过注册资本或股本部分的金额，即资本溢价或股本溢价，这部分投入资本作为资本公积（资本溢价或股本溢价）反映。

其他综合收益，是指企业根据会计准则规定未在当期损益中确认的各项利得和损失。

留存收益，是指企业从历年实现的利润中提取或形成的留存于企业的内部积累，包括盈余公积和未分配利润。

 **知识链接**

负债与所有者权益的联系与区别

所有者权益和负债同属"权益"。"权益"是指对企业资产的求偿权。它包括投资人的求偿权和债权人的求偿权两种。但二者又有区别，主要表现在以下5个方面：①性质不同。表现为负债是债权人对企业资产的求偿权，是债权人的权益，债权人与企业只有债权债务关系，到期可以收回本息；而所有者权益则是企业所有者对企业净资产的求偿权，没有明确的偿还期限。②偿还责任不同。表现为企业的负债要求企业按规定的时间和利率支付利息，到期偿还本金；而所有者权益则与企业共存亡，除非企业发生减资、清算，企业不需要偿还给所有者。③享受的权利不同。债权人通常只享受收回本金和利息的权利，既没有参与企业经营管理的权利，也没有参与企业收益分配的权利；而企业的所有者通常既具有参与企业经营管理的权利，也具有参与企业收益分配的权利。④清偿顺序不同。在企业清算时，负债具有优先清偿权，而所有者权益只有全部清偿负债后才返还给所有者。⑤风险和收益的大小不同。债权人承担的风险小，所获得的收益也较小；而所有者承担的风险较大，相应地，收益也较高，当然，也有可能要承担更大的损失。

### （四）收入

1. 收入的含义和特征

收入是指企业在日常活动中形成的、会导致所有者权益增加的、与所有者投入资本无关的经济利益的总流入。日常活动是指企业为完成其经营目标所从事的经常性活动以及与之相关的活动。收入具有以下特征：

（1）收入是企业在日常活动中形成的。日常活动，是指企业为完成其经营目标所从事的经常性活动。例如，工业企业制造并销售产品、商业企业销售商品、咨询公司提供咨询服务、软件开发企业为客户开发软件、安装公司提供安装服务、商业银行对外贷款、租赁公司出租资产等活动，均属于企业为完成其经营目标所从事的经常性活动，由此形成的经济利益的总流入构成收入。

（2）收入会导致企业所有者权益的增加。由于收入是经济利益的总流入，所以收入能引起所有者权益的增加。收入可能表现为企业资产的增加，或负债的减少，或二者兼而有之。收入为企业带来经济利益的形式是多种多样的，既可能表现为资产的增加，如增加银行存款、形成应收款项；也可能表现为负债的减少，如减少预收账款；还可能表现为二者的组合，如销售实现时，部分冲减预收的货款，部分增加银行存款或应收款项。

（3）收入是与所有者投入资本无关的经济利益的总流入，不包括为第三方或客户代收的款项。企业为第三方或者客户代收的款项，如增值税、代收利息等，一方面增加企业的资产，另一方面增加企业的负债，因此，不增加企业的所有者权益，也不属于本企业的经济利益，不能作为本企业的收入。

2. 收入的确认条件

企业收入的来源渠道多种多样，不同收入来源的特征虽然有所不同，但其收入确认条件却是相同的。当企业与客户之间的合同，同时满足下列条件时，企业应当在客户取得相关商品控制权时确认收入：

（1）合同各方已批准该合同并承诺将履行各自义务；

（2）该合同明确了合同各方与所转让商品或提供劳务相关的权利和义务；

（3）该合同有明确的与所转让商品或提供劳务相关的支付条款；

（4）该合同具有商业实质，即履行该合同将改变企业未来现金流量的风险、时间分布或金额；

（5）企业因向客户转让商品或提供劳务而有权取得的对价很可能收回。

3. 收入的分类

收入按照企业从事日常活动的重要性，可分为主营业务收入、其他业务收入等。其中，主营业务收入是指企业为完成其经营目标从事的经常性活动实现的收入。如工业企业制造并销售产品、商业企业销售商品、保险公司签发保单、咨询公司提供咨询服务、软件开发企业为客户开发软件、安装公司提供安装服务、商业银行对外贷款、租赁公司出租资产等实现的收入。这些活动形成的经济利益的总流入构成收入，属于企业的主营业务收入。其他业务收入是指与企业为完成其经营目标所从事的经常性活动相关的活动实现的收入。例如，工业企业对外出售不需用的原材料、对外转让无形资产使用权等。这些活动形成的经济利益的总流入也构成收入，属于企业的其他业务收入。

收入可以按照企业从事日常活动的性质，分为销售商品收入、提供劳务收入、让渡资产使用权收入等。

## （五）费用

1. 费用的含义和特征

费用是指企业在日常活动中发生的、会导致所有者权益减少的、与向所有者分配利润无关的经济利益的总流出。它具有如下特征：

（1）费用是企业在日常活动中发生的。费用必须是企业在日常活动中所发生的经济利益总流出。日常活动所产生的费用通常包括营业成本（主营业务成本和其他业务成本）、税金及附加、销售费用、管理费用、财务费用等。将费用界定为日常活动所发生的，目的是为了将费用与损失相区分，企业非日常活动所发生的经济利益的流出不能确认为费用，而应当计入损失。

（2）费用会导致所有者权益的减少。与费用相关的经济利益的流出应当会导致所有者权益的减少，不会导致所有者权益减少的经济利益的流出不符合费用的定义，不应确认为费用。

（3）费用是与向所有者分配利润无关的经济利益的总流出。费用的发生会导致经济利益的流出，从而导致资产的减少或者负债的增加（最终也会导致资产的减少），其表现形式包括现金或现金等价物的流出。企业向所有者分配利润也会导致经济利益的流出，而该经济利益的流出属于投资者投资回报的分配，是所有者权益的直接抵减项目，不应确认为费用，应当将其排除在费用的定义之外。

2. 费用的确认条件

费用的确认除了应当符合定义外，还至少应当符合以下条件：

（1）与费用相关的经济利益应当很可能流出企业；

（2）经济利益流出企业会导致资产的减少或者负债的增加；

（3）经济利益的流出额能够可靠计量。

3. 费用的分类

费用包括生产费用和期间费用两类。

（1）生产费用。生产费用，是指与生产产品有关的费用，包括直接材料、直接人工、制造费用等。这些费用计入产品成本，并从产品的销售收入中得到补偿。生产费用又可根据计入产品的方式不同，划分为直接费用和间接费用。

①直接费用，是指为生产某种产品发生的直接人工费、材料费等。直接费用可根据原始凭证直接计入该种产品成本。

②间接费用，是指企业为生产多种产品而发生的各种费用，生产车间的制造费用就是间接费用，应按一定的标准进行分配记入各种产品成本。

（2）期间费用。期间费用是指企业本期发生的，不能直接或间接归入产品生产成本，而应直接计入当期损益的各项费用，包括管理费用、销售费用和财务费用。

①管理费用是企业行政管理部门为组织和管理生产经营活动而发生的各种费用。

②销售费用是企业在销售商品、自制半成品和提供劳务过程中发生的各种费用，以及专设销售机构的各项经费。

③财务费用是企业为筹集生产经营所需资金而发生的费用。

## （六）利润

1. 利润的含义和特征

利润是指企业在一定会计期间的经营成果。通常情况下，如果企业实现了利润，表明企业的所有者权益将增加；反之，如果企业发生了亏损（即利润为负数），表明企业的所有者权益将减少。因此，利润往往是评价企业管理层业绩的一项重要指标，也是投资者等财务报告使用者进行决策时的重要参考依据。

2. 利润的确认条件

利润反映的是收入减去费用、利得减去损失后的净额，因此，利润的确认主要依赖于收入和费用，以及利得和损失的确认，其金额的确定也主要取决于收入、费用、利得和损失金额的计量。

3. 利润的来源构成

利润包括收入减去费用后的净额、直接计入当期损益的利得和损失等。其中收入减去费用后的净额反映的是企业日常活动的业绩，直接计入当期利润的利得和损失反映的是企业非日常活动的业绩。

直接计入当期利润的利得和损失，是指应当计入当期损益、最终会引起所有者权益发生增减变动的、与所有者投入资本或者向所有者分配利润无关的利得或者损失。其中，利得是指由企业非日常活动所形成的、会导致所有者权益增加的、与所有者投入资本无关的经济利益的流入；损失是指由企业非日常活动形成的、会导致所有者权益减少的、与向所有者分配利润无关的经济利益流出。企业应当严格区分收入和利得、费用和损失之间的区别，以便更加全面地反映企业的经营业绩。

## 三、会计要素计量属性及其应用原则

### （一）会计要素计量属性

会计计量是为了将符合确认条件的会计要素登记入账并列报于财务报表而确定其金额的过程。企业应当按照规定的会计计量属性进行计量，确定相关金额。

会计计量属性反映的是会计要素金额的确定基础，主要包括历史成本、重置成本、可变现净值、现值和公允价值。

1. 历史成本

历史成本，又称实际成本，是指为取得或制造某项财产物资实际支付的现金或者现金等价物的金额。在历史成本计量下，资产按照购置时支付的现金或者现金等价物的金额，或者按照购置资产时所付出的对价的公允价值计量；负债按照因承担现时义务而收到的款项或者资产的金额，或者承担现时义务的合同金额，或者按照日常活动中为偿还负债预期需要支付的现金或者现金等价物的金额计量。

2. 重置成本

重置成本，又称现行成本，是指按照当前市场条件，重新取得同样一项资产所需要支付的现金或者现金等价物的金额。在重置成本计量下，资产按照现在购买相同或者相似的资产所需支付的现金或者现金等价物的金额计量；负债按照现在偿付该项负债所需支付的现金或者现金等价物的金额计量。

3. 可变现净值

可变现净值是指在正常的生产经营过程中，以预计售价减去进一步加工成本和销售所必需的预计税费、费用后的净值。在可变现净值计量下，资产按照其正常对外销售所能收到现金或者现金等价物的金额扣减该资产至完工时估计将要发生的成本、估计的销售费用以及相关税费后的金额计量。

4. 现值

现值是指对未来现金流量以恰当的折现率进行折现后的价值，是考虑货币时间价值的一种计量属性。在现值计量下，资产按照预计从其持续使用和最终处置中所产生的未来净现金流入量的折现金额计量；负债按照预计期限内需要偿还的未来净现金流出量的折现金额计量。

5. 公允价值

公允价值是指市场参与者在计量日发生的有序交易中，出售一项资产所能收到或者转移一项负债所需支付的价格。

### （二）会计计量属性的应用原则

企业在对会计要素进行计量时，一般应当采用历史成本，如果采用重置成本、可变现净值、现值、公允价值计量的，应当保证所确定的会计要素金额能够持续取得并可靠计量。

# 任务 2.2　会计等式

会计等式，又称会计恒等式、会计方程式或会计平衡公式，它是表明各会计要素之间基本关系的等式。

## 一、会计等式的表现形式

### （一）财务状况等式

财务状况等式，又称基本会计等式或静态会计等式，是用以反映企业某一特定时点资产、负债和所有者权益三者之间平衡关系的会计等式。

任何企业和行政、事业单位，为了完成其各自的任务，都必须拥有一定数量的资产，作为从事经济活动的基础。这些资产在经济活动中分布在各个方面，表现为不同的占用（实物资产或非实物资产的无形资产）形态，如房屋、建筑物、机器、设备、原材料、产成品、货币资金等。这些资产都是从一定的来源取得的，资金取得或形成的来源渠道，在会计上称作负债和所有者权益。资产、负债和所有者权益是财产资源这一同一体的两个方面，因而客观上存在必然相等的关系。即从数量上看，有一定数额的资产，必定有一定数额的负债和所有者权益；反之，有一定数额的负债和所有者权益，也必定有一定数额的资产。这就是说，资产与负债和所有者权益之间在数量上必然相等。这一平衡关系用公式表示如下：

$$资产 = 权益$$
$$= 债权人权益 + 所有者权益$$
$$= 负债 + 所有者权益$$

这一平衡关系反映了企业某一特定时点资产、负债和所有者权益三者之间的数量关系，反映了企业资产的归属关系，它是设置账户、复式记账和编制资产负债表等会计核算方法的理论依据。

### (二)经营成果等式

经营成果等式,也称动态会计等式,是用以反映企业一定时期收入、费用和利润之间恒等关系的会计等式。企业开展生产经营活动是为了实现盈利。为了追求利润,企业必须取得收入,同时必然会产生相应的费用。通过收入和费用的配比,就可以计算企业在一定会计期间的利润,确定盈利水平。收入、费用、利润的会计等式用公式表示即为:

$$收入-费用=利润$$

企业在一定时期所获得的收入扣除所发生的各项费用后的余额,表现为利润。这一等式反映了资金在动态情况下,收入、费用、利润之间的关系,它是编制利润表的理论依据。

### (三)财务状况与经营成果相结合的等式

从企业产权关系看,利润最终归所有者。若企业获得利润,将使所有者权益增加;若企业发生亏损,将使所有者权益减少。因此,在会计期间的任一时刻,上述会计等式又可扩展为:

$$资产=负债+所有者权益+利润$$
$$=负债+所有者权益+收入-费用$$

会计期间终了,企业的利润按规定进行分配后,上述扩展式又表现为:

$$资产=负债+所有者权益$$

## 二、经济业务对会计等式的影响

经济业务又称会计事项,是指在经济活动中使会计要素发生增减变动的交易或事项。

企业任何一项经济业务的发生,必然会引起资产、负债或所有者权益等要素的增减变化,但都不会破坏上述会计等式的平衡关系。也就是说,企业在任何时日所拥有的资产总额总是等于它的权益(负债与所有者权益)总额。下面举例说明企业经济业务对会计基本等式的影响。

【例2-1】 内蒙古蓝天服装有限公司2021年4月30日的资产、负债和所有者权益的状况如表2-1所示。

表2-1 资产负债表    单位:元

| 资产 | 金额 | 负债及所有者权益 | 金额 |
| --- | --- | --- | --- |
| 库存现金 | 800 | 短期借款 | 6 000 |
| 银行存款 | 26 000 | 应付账款 | 42 000 |
| 应收账款 | 35 000 | 应交税费 | 8 000 |

续表

| 资产 | 金额 | 负债及所有者权益 | 金额 |
|---|---|---|---|
| 原材料 | 42 000 | 长期借款 | 18 000 |
| 库存商品 | 40 000 | 实收资本 | 260 000 |
| 固定资产 | 200 000 | 资本公积 | 9 800 |
| 合计 | 343 800 | 合计 | 343 800 |

该企业1月发生以下经济业务：

（1）用银行存款2 000元购买材料，这项业务的发生，只会引起资产内部两个项目之间以相等金额一增一减的变动。这一增一减，只表明资产形态的转化，而不会引起资产总额的变动，更不涉及负债和所有者权益项目，因此，资产与权益的总额仍保持平衡关系。

（2）向银行借入短期借款1 000元，直接偿还应付账款。这项业务的发生，只会引起两个负债项目之间以相等金额一增一减的变动。这一增一减，只表明资金来源渠道的转化，即从"应付账款"转化为"短期借款"，既不会引起负债和所有者权益总额发生变动，也没有涉及资产项目。因此，资产与负债和所有者权益的总额仍保持平衡关系。

（3）接受其他企业投资的设备一台，价值26 000元。这项业务的发生，一方面使企业固定资产增加，另一方面使企业的实收资本增加，即所有者权益增加。资产项目和权益项目以相等的金额同时增加，双方总额虽然均发生变动，但仍保持平衡关系。

（4）用银行存款8 000元偿还长期借款。这项业务的发生，使一个资产项目的金额和一个负债项目的金额同时减少。从而使双方总额均发生变动，但仍保持平衡关系。

以上变动对"资产＝负债＋所有者权益"平衡公式的影响如下：

资产期初总额343 800＝（负债＋所有者权益）期初总额343 800

银行存款（1）－2 000　　短期借款（2）＋1 000

银行存款（4）－8 000　　应付账款（2）－1 000

原材料（1）＋2 000　　长期借款（4）－8 000

固定资产（3）＋26 000　　实收资本（3）＋26 000

资产期末总额361 800＝（负债＋所有者权益）期末总额361 800

企业经济业务按其对财务状况等式的影响不同可以分为以下九种类型：

①资产与负债要素同时等额增加。例如：公司买入一批原材料，货款未付。

②资产与负债要素同时等额减少。例如：【例2－1】（4）。

③资产与所有者权益要素同时等额增加。例如：【例2－1】（3）。

④资产与所有者权益要素同时等额减少。例如：公司用银行存款返还投资者的投资。

⑤资产要素内部项目等额有增有减，负债和所有者权益要素不变。例如：【例2－1】（1）。

⑥负债要素内部项目等额有增有减，资产和所有者权益要素不变。例如：【例2－1】（2）。

⑦所有者权益要素内部项目等额有增有减，资产和负债要素不变。例如：公司将资本

公积转增资本。

⑧一项负债增加，一项所有者权益等额减少，资产要素不变。例如：公司已决定分配利润，但利润尚未支付。

⑨一项负债减少，一项所有者权益等额增加，资产要素不变。例如：A 公司将欠 B 公司的一笔债务转为对 A 公司的投资。

上述九类基本经济业务的发生均不影响财务状况等式的平衡关系，具体可分为三种类型：基本经济业务⑤⑥⑦⑧⑨使财务状况等式左右两边的金额保持不变；基本经济业务①③使财务状况等式左右两边的金额等额增加；基本经济业务②④使财务状况等式左右两边的金额等额减少。

## 【项目小结】

本项目包括会计要素和会计等式。会计要素是根据交易或事项的经济特征所确定的财务会计对象的基本分类。我国《企业会计准则——基本准则》将会计要素划分为资产、负债、所有者权益、收入、费用、利润六大类，其中，前三类属于反映财务状况的会计要素，属于静态要素，在资产负债表中列示，后三类属于反映经营成果的会计要素，属于动态要素，在利润表中列示。会计等式是表明各会计要素之间基本关系的等式。

企业任何一项经济业务的发生，必然会引起资产、负债或所有者权益等要素的增减变化，但都不会破坏会计等式的平衡关系。也就是说，企业在任何时日所拥有的资产总额总是等于它的权益（负债与所有者权益）总额。企业经济业务按其对财务状况等式的影响不同可以分为九种类型。

## 【项目考核】

### 一、单项选择题

1. 下列项目中，引起资产和负债同时减少的经济业务是（　　）。
   A. 以银行存款支付前欠货款　　B. 以现金支付办公费用
   C. 购买材料，货款尚未支付　　D. 收回应收账款存入银行
2. 下列项目中，引起资产内部有增有减的经济业务是（　　）。
   A. 向银行取得借款存入银行存款户
   B. 以现金支付职工工资
   C. 收回前欠货款存入银行
   D. 收到投资者投入的货币资金
3. 下列项目中，引起负债内部有增有减的经济业务是（　　）。
   A. 以银行存款上缴税金　　B. 开出应付票据抵付应付账款
   C. 以银行存款偿还银行借款　　D. 收到外商投资的设备
4. 下列项目中，引起所有者权益内部有增有减的经济业务是（　　）。
   A. 收到国家投入的固定资产　　B. 以银行存款偿还长期借款
   C. 将资本公积转增资本　　D. 以厂房对外单位投资

5. 以银行存款交纳税金，所引起的变动为（　　）。
   A. 一项资产减少，一项所有者权益减少
   B. 一项资产减少，一项负债减少
   C. 一项所有者权益增加，一项负债减少
   D. 一项资产增加，另一项资产减少
6. 下列各项中，属于负债项目的有（　　）。
   A. 制造费用　　　B. 管理费用　　　C. 应收账款　　　D. 预收账款
7. 现金、应收账款、存货、机器设备属于企业会计要素中的（　　）要素。
   A. 资产　　　B. 负债　　　C. 所有者权益　　　D. 费用
8. 下列项目中属于资产内容的是（　　）。
   A. 预付账款　　　B. 预收账款　　　C. 实收资本　　　D. 投资收益
9. 未分配利润属于会计要素中的（　　）要素。
   A. 负债　　　　　　　　　　　B. 所有者权益
   C. 收入　　　　　　　　　　　D. 利润
10. 下列会计等式错误的是（　　）。
    A. 资产 = 负债 + 所有者权益
    B. 收入 – 费用 = 利润
    C. 资产 – 费用 = 负债 + 所有者权益 + 收入
    D. 资产 = 负债 + 所有者权益 + 收入 – 费用
11. 下列属于资产要素的是（　　）。
    A. 原材料　　　B. 预收账款　　　C. 实收资本　　　D. 资本公积
12. 广义的权益一般包括（　　）。
    A. 资产和负债　　　　　　　　B. 所有者权益
    C. 债权人权益和所有者权益　　D. 权益和负债
13. （　　）是对会计对象的基本分类。
    A. 会计科目　　　B. 会计原则　　　C. 会计要素　　　D. 会计方法
14. 下列各项中，不属于收入要素内容的是（　　）。
    A. 销售商品取得的收入　　　　B. 提供劳务取得的收入
    C. 出租固定资产取得的收入　　D. 营业外收入
15. 所有者权益在数量上等于（　　）。
    A. 全部资产减去全部负债后的净额
    B. 所有者的投资额
    C. 实收资本和资本公积之和
    D. 实收资本和未分配利润之和
16. 一个企业的资产总额与权益总额（　　）。
    A. 必然相等　　　　　　　　　B. 有时相等
    C. 不会相等　　　　　　　　　D. 只有在期末时相等

17. 资产按照预计从持续使用和最终处置中所产生未来净现金流入量的折现金额计量，所采用的计量属性是（　　）。

    A. 历史成本　　　B. 重置成本　　　C. 可变现净值　　　D. 现值

18. 某公司期初资产总额为 20 万元，当期期末负债总额比期初减少 2 万元，期末所有者权益比期初增加 6 万元，则该企业期末资产总额为（　　）。

    A. 18 万元　　　B. 28 万元　　　C. 24 万元　　　D. 26 万元

19. 某公司资产总额 6 万元，负债总额 3 万元，用银行存款 2 万元偿还短期借款，并用银行存款 1.5 万元买设备，则该公司的资产为（　　）。

    A. 8.5 万元　　　B. 4 万元　　　C. 3 万元　　　D. 2.5 万元

20. 企业在日常活动中形成的，会导致所有者权益增加，但与所有者投入资本无关的经济利益的总流入称为（　　）。

    A. 资产　　　B. 负债　　　C. 所有者权益　　　D. 收入

## 二、多项选择题

1. 下列反映财务状况的会计要素有（　　）。

    A. 资产　　　B. 负债　　　C. 所有者权益　　　D. 收入

2. 下列反映经营成果的会计要素有（　　）。

    A. 资产　　　B. 收入　　　C. 费用　　　D. 利润

3. 下列属于流动资产项目的是（　　）。

    A. 银行存款　　　B. 应收账款　　　C. 存货　　　D. 无形资产

4. 下列只能引起资产内部项目发生增减变动的经济业务有（　　）。

    A. 将现金 2 000 元存入银行

    B. 用银行存款 100 000 元购入一辆汽车

    C. 从银行取得短期借款 200 000 元存入银行

    D. 接受某外商投入资金 50 000 元存入银行

5. 企业的收入具体可表现为（　　）。

    A. 资产的增加

    B. 负债的减少

    C. 部分资产的增加和部分负债的减少

    D. 负债的增加

6. 所有者权益包括（　　）。

    A. 实收资本　　　B. 资本公积　　　C. 盈余公积　　　D. 未分配利润

7. 下列经济业务中属于资产减少负债减少的有（　　）。

    A. 从银行提取现金　　　　　　B. 国家向企业投资设备

    C. 以银行存款归还借款　　　　D. 以银行存款交纳税金

8. 期间费用包括（　　）。

    A. 管理费用　　　B. 制造费用　　　C. 财务费用　　　D. 销售费用

9. 若一项经济业务发生后引起银行存款减少 5 000 元，则相应有可能引起（　　）。

A. 固定资产增加 5 000 元　　　　　　B. 短期借款增加 5 000 元

C. 应付账款减少 5 000 元　　　　　　D. 预收账款减少 5 000 元

10. 下列经济业务发生后，使资产和权益总额不变的项目有（　　）。

A. 以银行存款 5 000 元，偿还前欠购料款

B. 从银行取得借款 20 000 元，存入银行

C. 以银行存款 3 000 元，购买材料

D. 从银行提取现金 8 000 元

11. 下列项目中，属于资产要素特点的有（　　）。

A. 必须是过去的交易或事项引起

B. 必须是有形的

C. 预期能给企业带来经济利益

D. 必须是企业拥有或控制的

12. 下列属于非流动负债的项目有（　　）。

A. 长期应付款　　B. 长期借款　　C. 其他应付款　　D. 应付债券

13. 下列属于负债要素的项目有（　　）。

A. 短期借款　　B. 预收账款　　C. 预付账款　　D. 应交税费

14. 下列项目中，属于费用要素特点的有（　　）。

A. 企业在日常活动中发生的经济利益总流出

B. 会导致所有者权益减少

C. 与向所有者分配利润无关

D. 会导致所有者权益增加

15. 下列项目中，属于费用要素的有（　　）。

A. 管理费用　　B. 预付账款　　C. 在途材料　　D. 销售费用

16. 下列经济业务中，能引起会计等式左右两边会计要素同时变动的有（　　）。

A. 收回应收货款　　　　　　　　B. 归还借款

C. 收到投入资金　　　　　　　　D. 购买商品，支付货款

17. 流动负债是指（　　）。

A. 预计在一个正常营业周期中偿还

B. 主要为交易目的而持有

C. 企业无权自主地将清偿推迟至资产负债表日以后 1 年以上的负债

D. 自资产负债表日起 1 年内（含 1 年）到期应予以偿还

18. 下列属于会计计量属性的有（　　）。

A. 重置成本　　B. 可变现净值　　C. 公允价值　　D. 现值

19. 下列关于会计要素的表述中，正确的有（　　）。

A. 收入是企业在日常活动中形成的

B. 费用是企业在日常活动中发生的

C. 收入会导致所有者权益的增加

D. 费用会导致所有者权益的减少
20. 下列选项中，以"资产 = 负债 + 所有者权益"这一会计等式为理论依据的有（　　）。
    A. 平行登记　　　　　　　　　B. 复式记账
    C. 编制资产负债表　　　　　　D. 成本计算

## 【任务实施】

### 实训一　练习对会计要素进行分类，并掌握它们之间的关系

资料：某企业月末各项目余额如表 2-2 所示。

表 2-2　某企业月末余额表

| 项目 | 金额/元 | 资产 | 负债 | 所有者权益 |
|---|---|---|---|---|
| 银行存款 | 120 000 | | | |
| 出纳保管的现金 | 1 500 | | | |
| 投资者投入资本 | 7 000 000 | | | |
| 向银行借入 2 年期的借款 | 600 000 | | | |
| 向银行借入半年期的借款 | 500 000 | | | |
| 仓库里存放的原材料 | 519 000 | | | |
| 应付供应商货款 | 80 000 | | | |
| 机器设备 | 2 000 000 | | | |
| 房屋及建筑物 | 920 000 | | | |
| 仓库里存放的产成品 | 194 000 | | | |
| 应收客户的货款 | 100 000 | | | |
| 以前年度尚未分配的利润 | 750 000 | | | |
| 正在加工中的产品 | 75 500 | | | |
| 对外长期投资 | 5 000 000 | | | |
| 合计 | | | | |

要求：(1) 判断资料中各项目的资产、负债、所有者权益类别。
(2) 计算资产总额、负债总额、所有者权益总额，并检查三者间的关系。

### 实训二　分析经济业务的类型

资料：红星企业 2018 年 1 月份发生下列经济业务：
(1) 从银行取得期限为 6 个月的借款 30 000 元，直接归还前欠货款。
(2) 从银行提取现金 1 000 元备用。
(3) 收到国家投入的价值 50 000 元的机器设备，已交付使用。

（4）收到 A 公司支付的上月所欠货款 50 000 元，存入银行。
（5）以银行存款归还上月所欠的信达公司材料款 10 000 元。
（6）经批准以资本公积 100 000 元转增资本。
要求：分析经济业务属于哪一种变化类型。

### 实训三　练习经济业务的发生对会计等式的影响

资料：某企业 2018 年 6 月 1 日资产为 600 000 元，负债为 110 000 元，所有者权益为 490 000 元。本月发生下列经济业务：
（1）购入材料一批已入库，金额 5 000 元，货款暂欠。
（2）购入材料一批已入库，金额 3 000 元，款项以银行存款支付。
（3）从银行借入资金 30 000 元，存入银行。
（4）收到购货单位归还所欠货款 20 000 元，存入银行。
（5）收到投资者投入资金 200 000 元，存入银行。
（6）以银行存款 50 000 元偿还短期借款。
（7）接收投资设备一台，价值 30 000 元。
（8）从银行取得借款 5 000 元，直接偿还前欠材料款。
（9）以银行存款 20 000 元交纳上月税金。
（10）将盈余公积 10 000 元转增资本。
要求：根据资料逐项分析上述经济业务发生后对资产、负债和所有者权益三个要素增减变动的影响；月末分别计算资产、负债和所有者权益三个要素的总额，并列出会计等式。

### 实训四　练习经济业务的发生对会计等式的影响

资料：蓝天公司 2018 年 5 月份有关项目的月初余额如下：

| | | | |
|---|---|---|---|
| 银行存款 | 108 000 元 | 库存现金 | 2 520 元 |
| 原材料 | 275 580 元 | 库存商品 | 261 400 元 |
| 固定资产 | 642 500 元 | 短期借款 | 368 000 元 |
| 实收资本 | 950 000 元 | 应收账款 | 28 000 元 |

假定蓝天公司 2018 年 5 月份发生以下经济业务：
（1）从银行提取 3 000 元现金备用；
（2）收到外商投入资本 200 000 元，存入银行；
（3）收到长江公司交来的货款 8 000 元存入银行，结清前欠货款；
（4）用银行存款 50 000 元归还到期的短期借款。
要求：计算分析月初及月末资产、负债、所有者权益的数量关系。

# 项目 3
# 会计科目与账户

## 【知识目标】

1. 理解会计科目的作用及设置原则；
2. 掌握会计科目的分类、账户的分类及账户的基本结构；
3. 掌握会计科目与账户的关系；
4. 熟记会计科目表中的会计科目；

## 【技能目标】

1. 能够准确划分会计科目及账户的类别；
2. 能够分析账户的基本结构及T形结构；
3. 能够依据公式计算账户的期末余额。

## 【案例导入】

内蒙古蓝天服装有限公司2021年9月1日总分类科目和明细分类科目余额如下表所示，请同学们结合本任务所学知识，理解表格中各科目余额的含义。

**总分类科目和明细分类科目余额表**

2021年9月1日　　　　　　　　　　　　　　　　单位：元

| 科目名称 | 借方余额 | 科目名称 | 贷方余额 |
| --- | --- | --- | --- |
| 库存现金 | 5,000 | 应付账款 | 300,000 |
| 银行存款 | 800,000 | －美乐公司 | 200,000 |
| 应收账款 | 500,000 | －佳华公司 | 100,000 |
| －民族公司 | 200,000 | 短期借款 | 200,000 |
| －华夏公司 | 300,000 | 应付利息 | 5,000 |
| 原材料 | 39,000 | 应交税费 | 106,100 |
| －涤纶 | 10,000 | －未交增值税 | 51,000 |
| －纯棉 | 24,000 | －应交城建税 | 3,570 |
| 辅助材料 | 5,000 | －应交教育费附加 | 1,530 |

续表

| 科目名称 | 借方余额 | 科目名称 | 贷方余额 |
| --- | --- | --- | --- |
| 生产成本 | 35,000 | —应交所得税 | 50,000 |
| —男装 | 20,000 | 应付职工薪酬 | 100,000 |
| —女装 | 15,000 | 其他应付款 | 19,900 |
| 库存商品 | 42,000 | 实收资本 | 1,800,000 |
| —男装 | 18,000 | 资本公积 | 300,000 |
| —女装 | 24,000 | 盈余公积 | 200,000 |
| 长期股权投资 | 100,000 | 本年利润 | 300,000 |
| 固定资产 | 2000,000 | 利润分配 | 100,000 |
| 累计折旧 | −380,000 | | |
| 在建工程 | 190,000 | | |
| 无形资产 | 100,000 | | |
| 合计 | 3,431,000 | 合计 | 3,431,000 |

# 任务 3.1  会计科目

会计科目

## 一、会计科目的概念与分类

### （一）会计科目的概念

会计科目，简称科目，是对会计要素的具体内容进行分类核算的项目名称。资产、负债、所有者权益、收入、费用和利润等六大会计要素是会计核算和监督的内容。对一个企业来说，经济业务是复杂多样的，若会计只对这六大会计要素进行核算和监督，显得过于粗略，难以满足各有关方面对会计信息的需要。因此，就有必要采用一定的形式，对每一会计要素所反映的具体内容作进一步的划分，设置会计科目。例如，企业的银行存款和企业销货的应收款都属于企业的资产，但它们的经济内容不同，应分别设置"银行存款""应收账款"科目对其进行分类核算。只有设置会计科目，才能全面、系统地反映和监督企业的各项经济业务，分门别类地为经济管理提供会计核算资料。

### (二) 会计科目的作用

会计科目是账户的名称，是进行各项会计记录和提供各项会计信息的基础，在会计核算中具有重要意义。具体表现在：

（1）会计科目是复式记账的基础。复式记账要求每一笔经济业务在两个或两个以上相互联系的账户中进行登记，以反映资金运动的来龙去脉。

（2）会计科目是编制记账凭证的基础。记账凭证是确定所发生的经济业务应记入何种科目以及分门别类登记账簿的凭证。

（3）会计科目为成本计算与财产清查提供了前提条件。会计科目的设置，有助于成本核算，可以进行各种成本的计算；通过账面记录与实际结存的核对，又为财产清查、保证了账实相符提供了必备条件。

（4）会计科目为编制会计报表提供了方便。财务报表是提供会计信息的主要手段，为保证会计信息质量及其提供的及时性，财务报表中的许多项目与会计科目是一致的，并根据会计科目的本期发生额或余额填列。

### (三) 会计科目的分类

会计科目分类，是将全部会计科目按照一定标准划分的类别。会计科目分类的标准不同，划分的类别也不同。会计科目通常按两个标准进行分类：其一是按其所归属的会计要素不同分类；其二是按其所提供信息的详细程度及其统驭关系不同分类。

1. 会计科目按其反映的经济内容不同分类

会计科目按其反映的经济内容（所归属会计要素）不同，分为资产类、负债类、共同类、所有者权益类、成本类、损益类六大类。

（1）资产类科目，是对资产要素的具体内容进行分类核算的项目，按照资产的流动性分为反映流动资产的科目和反映非流动资产的科目。

（2）负债类科目，是对负债要素的具体内容进行分类核算的项目，按照负债的偿还期限分为反映流动负债的科目和反映非流动负债的科目。

（3）共同类科目，是指既有资产性质，又有负债性质的科目。共同类科目的特点，是需要从其期末余额所在的方向，来界定其性质。共同类多为金融、保险、投资、基金等公司使用，目前新会计准则规定的共同类科目有 5 个：清算资金往来、外汇买卖、衍生工具、套期工具和被套期项目。

（4）所有者权益类科目，是对所有者权益要素的具体内容进行分类核算的项目，按照所有者权益的形成和性质可分为反映资本的科目和反映留存收益的科目。

（5）成本类科目，主要反映企业在生产产品和提供劳务过程发生的成本的科目，如"生产成本""制造费用"及"劳务成本"科目。

（6）损益类科目，是对收入、费用等的具体内容经行分类核算的项目。根据企业经营损益形成的内容又可以分为两类：反映收入的科目，如"主营业务收入""其他业务收入"和"营业外收入"等科目；反映费用的科目，如"主营业务成本""销售费用""税金及附加""管理费用"等科目。

2. 会计科目按提供核算指标的详细程度不同分类

会计科目按其所提供信息的详细程度及其统驭关系不同,分为总分类科目和明细分类科目。

(1) 总分类科目又称一级会计科目或总账科目,是对会计要素具体内容进行总括分类、提供总括信息的会计科目,如"库存现金""应收账款""长期借款""实收资本""盈余公积"等。

(2) 明细分类科目又称二级科目、三级科目或明细科目,是对总分类科目做进一步分类,提供更详细、更具体会计信息的科目。对于明细科目较多的总分类科目,可在总分类科目与明细科目之间设置二级或多级科目。如在"原材料"总分类科目下设"原料及主要材料""辅助材料""燃料"等二级明细科目,并按材料类别、品种、规格设置三级明细科目;在"应收账款"总分类科目下按具体单位设明细科目,具体反映应收哪个单位的货款。《企业会计制度》一般只规定了一级科目和部分二级科目,企业可根据管理要求和核算的需要自行设置二级、三级明细科目。

## 二、会计科目的设置

### (一) 会计科目的设置原则

企业在会计工作中使用的会计科目,是由国家财政部门统一设置的。按《企业会计制度》的规定,企业单位可以在统一规定的会计科目的基础上,在不影响会计核算要求和会计报表指标汇总,以及对外提供统一的财务会计报告的前提下,可以根据实际情况自行增设、减少或合并某些会计科目。对于会计科目的名称,企业可根据本企业的具体情况,在不违背会计科目使用原则的基础上,确定适合于本企业的会计科目名称。设置会计科目,就是确定会计科目的编号、数量、名称、每个会计科目所包括的内容、记录和核算的方法与要求、各科目之间的联系等。

设置会计科目,必须符合下列原则:

(1) 合法性原则,指所设置的会计科目应当符合国家统一的会计制度的规定。

(2) 相关性原则,指所设置的会计科目要为提供有关各方所需要的会计信息服务,满足对外报告与对内管理的要求。

(3) 实用性原则,指所设置的会计科目应符合单位自身特点,满足单位实际需要。

### (二) 常用会计科目

企业常用的会计科目如表 3-1 所示。

表 3-1　企业会计科目表

| 顺序号 | 编号 | 名称 | 顺序号 | 编号 | 名称 |
|---|---|---|---|---|---|
|  |  | 一、资产类 | 28 | 1606 | 固定资产清理 |
| 1 | 1001 | 库存现金 | 29 | 1701 | 无形资产 |
| 2 | 1002 | 银行存款 | 30 | 1703 | 无形资产减值准备 |
| 3 | 1012 | 其他货币资金 | 31 | 1711 | 商誉 |
| 4 | 1101 | 交易性金融资产 | 32 | 1801 | 长期待摊费用 |
| 5 | 1121 | 应收票据 | 33 | 1901 | 待处理财产损溢 |
| 6 | 1122 | 应收账款 |  |  | 二、负债类 |
| 7 | 1123 | 预付账款 | 34 | 2001 | 短期借款 |
| 8 | 1131 | 应收股利 | 35 | 2201 | 应付票据 |
| 9 | 1132 | 应收利息 | 36 | 2202 | 应付账款 |
| 10 | 1221 | 其他应收款 | 37 | 2203 | 预收账款 |
| 11 | 1231 | 坏账准备 | 38 | 2211 | 应付职工薪酬 |
| 12 | 1401 | 材料采购 | 39 | 2221 | 应交税费 |
| 13 | 1402 | 在途物资 | 40 | 2231 | 应付利息 |
| 14 | 1403 | 原材料 | 41 | 2232 | 应付股利 |
| 15 | 1404 | 材料成本差异 | 42 | 2241 | 其他应付款 |
| 16 | 1406 | 库存商品 | 43 | 2501 | 长期借款 |
| 17 | 1411 | 委托加工物资 | 44 | 2502 | 应付债券 |
| 18 | 1611 | 融资租赁资产 | 45 | 2701 | 长期应付款 |
| 19 | 1461 | 存货跌价准备 | 46 | 2711 | 专项应付款 |
| 20 | 1521 | 持有至到期投资 | 47 | 2801 | 预计负债 |
| 21 | 1524 | 长期股权投资 | 48 | 2901 | 递延所得税负债 |
| 22 | 1525 | 长期股权投资减值准备 |  |  | 三、共同类（略） |
| 23 | 1601 | 固定资产 |  |  | 四、所有者权益类 |
| 24 | 1602 | 累计折旧 | 49 | 4001 | 实收资本（股本） |
| 25 | 1603 | 固定资产减值准备 | 50 | 4002 | 资本公积 |
| 26 | 1604 | 在建工程 | 51 | 4101 | 盈余公积 |
| 27 | 1605 | 工程物资 | 52 | 4103 | 本年利润 |

续表

| 顺序号 | 编号 | 名称 | 顺序号 | 编号 | 名称 |
|---|---|---|---|---|---|
| 53 | 4104 | 利润分配 | 62 | 6301 | 营业外收入 |
| | | 五、成本类 | 63 | 6401 | 主营业务成本 |
| 54 | 5001 | 生产成本 | 64 | 6402 | 其他业务成本 |
| 55 | 5101 | 制造费用 | 65 | 6405 | 税金及附加 |
| 56 | 5201 | 劳务成本 | 66 | 6601 | 销售费用 |
| 57 | 5301 | 研发支出 | 67 | 6602 | 管理费用 |
| | | 六、损益类 | 68 | 6603 | 财务费用 |
| 58 | 6001 | 主营业务收入 | 69 | 6701 | 资产减值损失 |
| 59 | 6051 | 其他业务收入 | 70 | 6711 | 营业外支出 |
| 60 | 6101 | 公允价值变动损益 | 71 | 6801 | 所得税费用 |
| 61 | 6111 | 投资收益 | 72 | 6901 | 以前年度损益调整 |

## 任务 3.2　账　户

### 一、账户的概念与分类

#### (一) 账户的概念

会计科目只是对会计对象具体内容进行分类的项目或名称，还不能进行具体的会计核算。为了全面、序时、连续、系统地反映和监督会计要素的增减变动，还必须设置账户。设置账户是会计核算的重要方法之一。

账户是根据会计科目设置的，具有一定格式和结构，用于分类反映会计要素增减变动情况及其结果的载体。每一个账户都有一个名称，用以说明该账户核算的经济内容。

账户是根据会计科目设置的，因此账户的名称必须与会计科目一致。账户的设置也与会计科目的级次有关，即根据总分类科目开设总分类账户，根据明细分类科目开设明细分类账户。由于总分类账户提供的是总括核算指标，因而一般只用货币计量，明细分类账户提供的是明细分类核算指标，因而除用货币量度外，有的还用实物量度（个、件、千克、吨等）辅助计量。

#### (二) 账户的分类

同会计科目的分类相对应，账户按其所反映的经济内容不同分为资产类账户、负债类账户、共同类账户、所有者权益类账户、成本类账户、损益类账户等；按其所提供信息的详细程度及其统驭关系不同分为总分类账户（简称总账）和明细分类账户（简称明细账）。

1. 账户按经济内容不同分类

账户的经济内容是指账户所反映会计对象的具体内容。账户按经济内容分类是对账户最基本的分类，可以分为资产类账户、负债类账户、共同类账户、所有者权益类账户、成本类账户和损益类账户六大类。

（1）资产类账户。

资产类账户是用来反映企业资产的增减变动及其结存情况的账户。按照资产的流动性和经营管理核算的需要，资产类账户又可以分为反映流动资产的账户和反映非流动资产的账户。反映流动资产的账户，如"库存现金""银行存款""应收账款""原材料""库存商品"等账户；反映非流动资产的账户，如"长期股权投资""固定资产""累计折旧""无形资产"等账户。

（2）负债类账户。

负债类账户是用来反映企业负债的增减变动及其结存情况的账户。按照负债的流动性或偿还期限的长短，负债类账户又可以分为反映流动负债的账户和反映非流动负债的账户。反映流动负债的账户，如"短期借款""应付账款""应付职工薪酬""应交税费""应付股利"等账户；反映非流动负债的账户，如"长期借款""长期应付款"等账户。

（3）所有者权益类账户。

所有者权益类账户是用来反映企业所有者权益的增减变动及其结存情况的账户。按照所有者权益的来源不同，所有者权益类账户又可以分为反映投入资本的账户和反映留存收益的账户。反映投入资本的账户，如"股本""实收资本""资本公积"等账户；反映留存收益的账户，如"盈余公积""本年利润""利润分配"等账户。

（4）成本类账户。

成本类账户是用来反映企业在生产经营过程中发生的各项耗费并计算产品或劳务成本的账户，如"生产成本""制造费用""劳务成本"等账户。

（5）损益类账户。

损益类账户是用来反映企业收入和费用的账户，如"主营业务收入""主营业务成本""税金及附加""其他业务收入""其他业务成本""销售费用""管理费用""财务费用""所得税费用""投资收益""公允价值变动损益""营业外收入""营业外支出"等账户。

2. 账户按提供指标的详细程度不同分类

账户按提供指标的详细程度不同可分为总分类账户和明细分类账户。总分类账户是指根据总分类科目设置的、用于对会计要素具体内容进行总括分类核算的账户，简称总账。例如，"生产成本"账户、"原材料"账户都是总分类账户。明细分类账户是根据明细分类科目设置的、用来对会计要素具体内容进行明细分类核算的账户，简称明细账。总账账户称为一级账户，总账以下的账户称为明细账户。如"生产成本"账户下属的"一车间"和"二车间"，"原材料"账户下属的"A材料"和"B材料"就是明细分类账户。

## 二、账户的功能与结构

### (一) 账户的功能

账户的功能在于连续、系统、完整地提供企业经济活动中各会计要素增减变动及其结果的具体信息。其中，会计要素在特定会计期间增加和减少的金额，分别称为账户的"本期增加发生额"和"本期减少发生额"，二者统称为账户的"本期发生额"；会计要素在会计期末增减变动的结果，称为账户的"余额"，具体表现为期初余额和期末余额，账户上期的期末余额转入本期，即为本期的期初余额，账户本期的期末余额转入下期，即为下期的期初余额。

账户的期初余额、期末余额、本期增加发生额和本期减少发生额统称为账户的四个金额要素，对于同一账户而言，它们之间的基本关系为：

$$期末余额 = 期初余额 + 本期增加发生额 - 本期减少发生额$$

### (二) 账户的结构

账户是用来记录经济业务的，因而必须具有一定的结构。账户的基本结构是由会计要素的变化情况决定的。由于经济业务发生所引起的各项会计要素的变动，从数量上看不外乎是增加和减少两种情况。因此，用来分类记录经济业务的账户，在结构上也就相应地分为左、右两个方向，一方登记增加，另一方登记减少，至于哪一方登记增加、哪一方登记减少，取决于所记录经济业务和账户的性质。在借贷记账法下，账户的左方称为"借方"，账户的右方称为"贷方"。账户一般包括以下几方面内容：

（1）账户的名称（会计科目）；
（2）记录经济业务的日期；
（3）所依据记账凭证编号；
（4）经济业务摘要；
（5）增加和减少的金额及余额。

实际工作中，账户的基本结构如表 3–2 所示。

表 3–2  账户名称（会计科目）

| 年 | | 凭证号 | 摘要 | 借方 | 贷方 | 借或贷 | 余额 |
|---|---|---|---|---|---|---|---|
| 月 | 日 | | | | | | |
| | | | | | | | |

表 3–2 所示的账户格式是实际工作中经常采用的格式。为便于说明问题，可将上述账户简化为 T 形，它只保留左右方，其他略去，将余额写在下面，如表 3–3 所示。它是

一种最简单的账户示意图，通常在教学或对账时使用。

表3-3 T形账户

| 借 | 账户名称 | 贷 |
|---|---|---|
|  |  |  |

## 三、账户与会计科目的关系

会计科目与账户两者既有联系，又有区别。会计科目与账户都是对会计对象具体内容的科学分类，两者口径一致，性质相同。会计科目是账户的名称，也是设置账户的依据；账户是会计科目的具体运用。没有会计科目，账户便失去了设置的依据；没有账户，就无法发挥会计科目的作用。两者的区别在于会计科目仅仅是账户的名称，不存在结构，而账户则具有一定的格式和结构。由于二者联系密切，在实际工作中，对会计科目和账户不加严格区分，而是相互通用。

## 会计名人

### 中国会计学之父——潘序伦

潘序伦（1893—1985），江苏宜兴丁蜀镇人，是一位杰出的会计专家、教育家。1921年从上海圣约翰大学毕业后，赴美留学，先后获得哈佛大学企业管理硕士（MBA）和哥伦比亚大学经济学博士学位，他在留学时就选定会计专业为终身职业。1924年，他怀着"实业救国""教育救国"的愿望，学成回国。回国后，潘序伦先生应聘担任了国立上海商科大学教务主任兼会计系主任，暨南大学商学院院长，引进和传授西方先进的会计知识和技术。1927年元月，潘序伦先生创办会计师事务所，他借用《论语》中"民无信不立"之意，将其定为"立信会计师事务所"，以公正服务、建立信用为宗旨，正所谓"立信，乃会计之本"。

## 【项目小结】

本项目主要阐述了会计科目和账户两个内容。会计科目，简称科目，是对会计要素的具体内容进行分类核算的项目名称。会计科目的设置原则包括合法性、相关性和实用性原则。会计科目按其反映的经济内容（所归属会计要素）不同，分为资产类、负债类、共同类、所有者权益类、成本类、损益类六大类。账户是根据会计科目设置的，具有一定格式和结构，用于分类反映会计要素增减变动情况及其结果的载体。账户按其所反映的经济内容不同分为资产类账户、负债类账户、共同类账户、所有者权益类账户、成本类账户、损益类账户等；账户按其所提供信息的详细程度及其统驭关系不同分为总分类账户（简称总账）和明细分类账户（简称明细账）。

## 【项目考核】

### 一、单项选择题

1. 会计科目是（　　）。
   A. 会计要素的名称　　　　　　　B. 报表的名称
   C. 账户的名称　　　　　　　　　D. 账簿的名称

2. 账户是根据（　　）设置的，具有一定的格式和结构，用于分类反映会计要素增减变动情况及其结果的载体。
   A. 会计科目　　　　　　　　　　B. 企业需要
   C. 下级需要　　　　　　　　　　D. 上级规定

3. 某账户的期初余额为500元，期末余额为3 000元，本期减少发生额为800元，则本期增加发生额为（　　）元。
   A. 4 300　　　B. 2 200　　　C. 1 700　　　D. 3 300

4. 账户的余额按照表示的时间不同，分为（　　）。
   A. 期初余额
   B. 期末余额
   C. 本期增加发生额和本期减少发生额
   D. 期初和期末余额

5. 一个账户的增加发生额与该账户的期末余额一般都应在该账户的（　　）。
   A. 借方　　　　　　　　　　　　B. 贷方
   C. 相同方向　　　　　　　　　　D. 相反方向

6. 账户按其提供资料的详细程度不同，可以分为（　　）。
   A. 总分类账户和明细分类账户　　B. 明细分类账户和二级账户
   C. 总分类账户和二级账户　　　　D. 资产类账户及其二级账户

7. 下列引起资产和负债同时减少的经济业务是（　　）。
   A. 从银行提取现金　　　　　　　B. 赊购材料一批
   C. 用银行存款偿还银行借款　　　D. 通过银行收到应收账款

8. 在会计核算中，运用复式记账、填制会计凭证、登记账簿和编制报表等环节，都要以（　　）为依据。
   A. 会计科目　　　　　　　　　　B. 账户
   C. 总分类账　　　　　　　　　　D. 一级科目

9. 一级会计科目、二级会计科目和细目之间有密切关系，从性质上说，是（　　）的关系。
   A. 相等　　　　　　　　　　　　B. 隶属
   C. 统驭和从属　　　　　　　　　D. 相辅相成

10. 某公司期初资产总额为 200 000 元，当期期末负债总额比期初减少 20 000 元，期末所有者权益比期初增加 60 000 元，则该企业期末资产总额为（　　）元。
   A. 180 000　　　　　B. 200 000　　　　　C. 240 000　　　　　D. 260 000
11. 下列属于负债类科目的是（　　）。
   A. 预付账款　　　　　　　　　　B. 应交税费
   C. 长期股权投资　　　　　　　　D. 实收资本
12. 下列项目中，不属于所有者权益类科目的是（　　）。
   A. 实收资本　　　　　　　　　　B. 资本公积
   C. 盈余公积　　　　　　　　　　D. 未分配利润
13. 下列不属于企业资产类科目的是（　　）。
   A. 预付账款　　B. 坏账准备　　C. 累计折旧　　D. 预收账款
14. 下列关于会计科目设置的说法，错误的是（　　）。
   A. 合法性原则就是所设置的会计科目应当符合国家统一会计制度的规定
   B. 企业在设置会计科目时应遵循合理性原则、相关性原则和合法性原则
   C. 单位在不违背国际统一规定的前提下，可以根据自身业务特点和实际情况，增加、减少或合并某些会计科目
   D. 设置会计科目是为了分类反映单位的经济信息，便于会计信息的使用者利用会计信息进行有关决策
15. （　　）不是设置会计科目的原则。
   A. 实用性原则　　　　　　　　　B. 相关性原则
   C. 权责发生制原则　　　　　　　D. 合法性原则

## 二、多项选择题

1. 下列属于期间费用的是（　　）。
   A. 管理费用　　B. 财务费用　　C. 销售费用　　D. 制造费用
2. 下列属于总分类科目的有（　　）。
   A. 应收账款　　　　　　　　　　B. 固定资产
   C. 甲材料　　　　　　　　　　　D. 原材料
3. 账户按所反映的经济内容划分，分为（　　）账户。
   A. 资产类　　　　　　　　　　　B. 负债和所有者权益类
   C. 成本类　　　　　　　　　　　D. 损益类
4. 会计科目设置的原则有（　　）。
   A. 合法性原则　　　　　　　　　B. 合理性原则
   C. 相关性原则　　　　　　　　　D. 实用性原则
5. 收到投资者投入资本金 200 万元，款项存入银行。这项业务引起（　　）的金额发生变化。
   A. 资产　　　　　　　　　　　　B. 负债
   C. 所有者权益　　　　　　　　　D. 收入

6. 下列关于会计账户和会计科目的说法，正确的是（    ）。
   A. 会计科目是开设账户的依据，账户的名称就是会计科目
   B. 二者都是对会计要素具体内容的科学分类，口径一致，性质相同
   C. 没有账户，会计科目就无法发挥作用
   D. 会计科目不存在结构，账户则具有一定的格式和结构

7. 在下列项目中，与管理费用属于同一类科目的是（    ）。
   A. 制造费用                B. 销售费用
   C. 财务费用                D. 其他应收款

8. 下列项目中，属于成本类科目的是（    ）。
   A. 生产成本                B. 管理费用
   C. 制造费用                D. 长期待摊费用

9. 关于总分类会计科目与明细分类会计科目的表述，正确的是（    ）。
   A. 明细分类会计科目概括地反映会计对象的具体内容
   B. 总分类会计科目详细地反映会计对象的具体内容
   C. 总分类会计科目对明细分类科目具有控制作用
   D. 明细分类会计科目是对总分类会计科目的补充和说明

10. 下列项目中，属于所有者权益类科目的是（    ）。
    A. 实收资本                B. 盈余公积
    C. 利润分配                D. 本年利润

11. 账户的各项金额的关系可用（    ）表示。
    A. 本期期末余额 = 本期期初余额 + 本期增加发生额 − 本期减少发生额
    B. 本期期末余额 − 本期期初余额 = 本期增加发生额 − 本期减少发生额
    C. 本期期末余额 − 本期期初余额 = 本期增加发生额 − 本期减少发生额
    D. 本期期末余额 + 本期减少发生额 = 本期期初余额 + 本期增加发生额

12. 下列属于负债类科目的是（    ）。
    A. 应付票据                B. 应交税费
    C. 材料成本差异            D. 其他应付款

13. 下列属于资产类科目的是（    ）。
    A. 原材料                  B. 存货跌价准备
    C. 坏账准备                D. 固定资产清理

14. 下列项目中，属于损益类科目的是（    ）。
    A. 主营业务收入            B. 投资收益
    C. 其他业务成本            D. 所得税费用

15. 账户的内容一般包括（    ）。
    A. 账户的名称              B. 凭证号数
    C. 日期和摘要              D. 增加额、减少额及余额

16. 以下属于按照会计科目归属的会计要素不同进行的分类有（　　）。
    A. 明细分类科目　　　　　　　　B. 总分类科目
    C. 损益类　　　　　　　　　　　D. 成本类

17. 以下有关明细分类科目的表述中，正确的有（　　）。
    A. 明细分类科目也称一级会计科目
    B. 明细分类科目是对总分类科目作进一步分类的科目
    C. 明细分类科目是对会计要素具体内容进行总括分类的科目
    D. 明细分类科目是能提供更加详细更加具体会计信息的科目

18. 下列经济业务中涉及两个资产账户且会引起其中一个增加、另一个减少的有（　　）。
    A. 以银行存款购入固定资产
    B. 向银行提取现金备用
    C. 收到其他单位前欠货款，存入银行
    D. 以银行存款归还前欠货款

19. 下列会计要素中，称为动态会计要素的有（　　）。
    A. 资产　　　　　　　　　　　　B. 负债
    C. 收入　　　　　　　　　　　　D. 费用

20. 下列属于资产要素的项目有（　　）。
    A. 应收账款　　　　　　　　　　B. 在途物资
    C. 预收账款　　　　　　　　　　D. 预付账款

【任务实施】

## 实训一　练习会计科目的分类

资料：

会计科目：固定资产、原材料、应收账款、应付账款、生产成本、劳务成本、制造费用、管理费用、本年利润、实收资本、利润分配、盈余公积、库存现金、应付债券、财务费用、主营业务收入、主营业务成本、预收账款、预付账款、无形资产、在建工程、资本公积、应付职工薪酬、应交税费、应收票据、应付票据、销售费用、其他业务收入、投资收益、税金及附加、其他业务成本、累计折旧。

要求：准确划分上述会计科目的类别。

资产类：

负债类：

所有者权益类：

成本类：

损益类：

## 实训二　练习账户期末余额的计算

资料：A 公司 2021 年 3 月份有关账户的月初余额如表 3-4 所示：

表 3-4　A 公司 2021 年 3 月初账户余额　　　　　　　　　　单位：元

| 账户 | 金额 | 账户 | 金额 |
| --- | --- | --- | --- |
| 银行存款 | 388 000 | 应付账款 | 80 000 |
| 原材料 | 275 580 | 短期借款 | 368 000 |
| 库存现金 | 2 520 | 实收资本 | 950 000 |
| 库存商品 | 261 400 | 资本公积 | 200 000 |
| 应收账款 | 28 000 | | |
| 固定资产 | 642 500 | | |
| 合计 | 1 598 000 | 合计 | 1 598 000 |

A 公司 3 月份发生以下经济业务：

（1）从银行提取 3 000 元现金备用；

（2）收到外商投入一台设备，价值 200 000 元；

（3）收到 B 公司交来的货款 8 000 元存入银行，结清前欠货款；

（4）用银行存款 50 000 元归还到期的短期借款；

（5）以银行存款归还前欠货款 50 000 元。

要求：计算分析并填列表 3-5。

表 3-5　A 公司 2021 年 3 月末账户余额　　　　　　　　　　单位：元

| 账户 | 金额 | 账户 | 金额 |
| --- | --- | --- | --- |
| 银行存款 | | 应付账款 | |
| 原材料 | | 短期借款 | |
| 库存现金 | | 实收资本 | |
| 库存商品 | | 资本公积 | |
| 应收账款 | | | |
| 固定资产 | | | |
| 合计 | | 合计 | |

# 项目 4
# 会计记账方法

【知识目标】

1. 了解会计记账方法的种类；
2. 熟悉借贷记账法的原理；
3. 掌握借贷记账法下的各类账户结构。

【技能目标】

1. 能够熟练分析经济业务，编写会计分录；
2. 能够依据会计分录登记 T 形账户；
3. 能够根据 T 形账户编制试算平衡表。

【案例导入】

内蒙古蓝天服装有限公司 2021 年 5 月 3 日，购入涤纶面料一批，收到增值税专用发票一张（如下表所示），材料已收到并验收入库，公司开出转账支票支付货款。假设你作为本公司的会计，应该如何记账？

山东增值税专用发票

发票联
国家税务局监制

No 30356811

开票日期：2021 年 05 月 03 日

| 购货单位 | 名称：内蒙古蓝天服装有限公司 纳税人识别号：150105114156789 地址：呼和浩特市新华大街××号 开户银行及账号：工商银行大学路支行 6222020602007654321 | | | | | | 密码区 | 20985*54+3-47<45>>>>3 69035*65+65-*<>3640* 20985*54+3-47<45>>>>3 69035*65+65-*<>3640* |
|---|---|---|---|---|---|---|---|---|
| 货物或应税劳务名称 | 规格型号 | 单位 | 数量 | 单价 | 金额 | 税率(%) | | 税额 |
| 涤纶面料 | | 米 | 1000 | 20 | 20000.00 | 13 | | 2600.00 |
| 合　　计 | | | | | ¥20000.00 | | | ¥2600.00 |
| 价税合计 | （大写）贰万贰仟陆佰元整 | | | | | | （小写）¥22600.00 | |
| 销货单位 | 名称：山东美乐有限公司 纳税人识别号：370205123456789 地址：青岛市海东路××号 开户银行及账号：工商银行海东路支行 6222020602009876543 | | | | | | 备注 |  |

收款人：李明　　　复核：张扬　　　开票人：王叶　　　销货单位：（章）

# 任务 4.1　认识会计记账方法

如项目3所述，为了分类、连续、系统地记录各项经济业务，必须设置和运用账户。但要想获得经济管理所需要的核算资料，还必须采用一定的记账方法。所谓记账方法就是根据记账原理，遵循一定的记账规则，将所发生的经济业务登记到账户中的方法。从会计的发展历程看，迄今为止，记账方法按记账形式的不同可分为单式记账法和复式记账法两种。

## 一、单式记账法

单式记账法是会计发展的最初形式。所谓单式记账法就是对发生的每笔经济业务，都只在一个账户中进行记录的方法。例如，企业用现金购买原材料，就只在现金账户中记录现金的支付业务，至于原材料的增加业务，则不在相关的账户中记录。可见，单式记账是一种简单的、不完整的记账方法，它只重点考虑现金、银行存款、债权和债务各方面发生的经济业务，因而不能全面、系统地反映经济业务的来龙去脉。随着社会经济的发展，市场经济活动越来越复杂，需要运用会计反映和提供数据资料的要求越来越高，此种记账方法自然被逐渐淘汰。

## 二、复式记账法

复式记账法

### （一）复式记账法的概念

复式记账法是从单式记账法发展起来的一种比较完善的记账方法。与单式记账法相比较，复式记账法是指对每项经济业务都必须以相等的金额在两个或两个以上的相互联系的账户中进行登记（即做双重记录，这也是这一记账法被称为"复式"的由来），全面、系统地反映会计要素增减变化的一种记账方法。

### （二）复式记账法的理论依据

复式记账法的理论依据是"资产＝负债＋所有者权益"的会计恒等式所反映的资金平衡的原理。它以记账内容之间所表现出来的数量上的平衡关系，作为记账技术方法的基础。

企业中资产、负债和所有者权益是相互依存的，从数值上看，它们是同一个量，是必然相等的，即有一定数额的资产，就必然有一定数额的负债和所有者权益；反之，有一定数额的负债和所有者权益，也必然有一定数额的资产。而任何经济业务的发生，都必然引起资产、负债和所有者权益一方或双方发生相互联系的、等量的绝对额变化，因此，增减变动的结果永远不会破坏资产、负债和所有者权益之间的平衡关系。而复式记账法就是把这种客观存在的资金增减变动的必然现象，通过两个或两个以上相互关联的账户记录下来，然后再用这种恒等关系检查记录的结果是否正确的一种方法。

### （三）复式记账法的优点

与单式记账法相比，复式记账法的优点主要有：
（1）能够全面反映经济业务内容和资金运动的来龙去脉；
（2）能够进行试算平衡，便于查账和对账。

### （四）复式记账法的种类

在我国的会计实务中，曾出现过三种复式记账法，即借贷记账法、增减记账法和收付记账法。1993年7月1日开始实施的《企业会计准则》规定，企业记账必须采用借贷记账法。

## 【典型任务举例】

内蒙古蓝天服装有限公司2021年5月10日购买一台设备，买价350 000元，开出转账支票支付设备款。

**分析：** 这笔经济业务涉及银行存款和固定资产两个账户，银行存款减少350 000元，固定资产增加350 000元，这笔经济业务应当登记在"固定资产"账户的借方和"银行存款"账户的贷方。

## 任务 4.2　借贷记账法

### 一、借贷记账法的概念

借贷记账法，就是以"借""贷"为记账符号，以"有借必有贷、借贷必相等"为记账规则的一种复式记账法，也称为借贷复式记账法。

借贷记账法，产生于12世纪的意大利，经逐步发展与完善，传到欧洲、美洲等地，成为世界通用的记账方法，20世纪初传入我国，目前已成为我国法定的记账方法。

### 二、借贷记账法下的账户结构

在借贷记账法下，通常把账户分为左、右两方，分别反映经济业务的增加和减少，其左方被称为借方，右方被称为贷方。

所有账户的借方和贷方都要按相反的方向记录其增减变动，即：一方登记增加额，另一方就登记减少额。账户的期初、期末余额一般应与增加额记入同一方向。至于账户的哪一方登记增加、哪一方登记减少,则由账户的性质来决定。

### (一) 资产类和成本类账户结构

在借贷记账法下,资产类、成本类账户的结构:增加数记入账户的借方,减少数记入账户的贷方。账户若有余额,一般为借方余额,有些账户无余额,如表 4-1 所示。

资产类和成本类账户结构

资产类、成本类账户的期末余额的计算公式:

表 4-1 资产类、成本类账户示意

| 借方 | 资产类、成本类账户 | | 贷方 | |
|---|---|---|---|---|
| 期初余额 | ××× | | | |
| 本期增加额 | ××× | 本期减少额 | ××× | |
| 本期借方发生额合计 | ××× | 本期贷方发生额合计 | ××× | |
| 期末余额 | ××× | | | |

期末借方余额 = 期初借方余额 + 本期借方发生额 - 本期贷方发生额

### (二) 负债及所有者权益类账户结构

在借贷记账法下,负债及所有者权益类账户的结构:增加额记入账户的贷方,减少额记入账户的借方。账户若有余额,一般为贷方余额,表示权益的结余数,如表 4-2 所示。

负债类和所有者权益类账户结构

表 4-2 负债及所有者权益类账户示意

| 借方 | 负债及所有者权益类账户 | | 贷方 | |
|---|---|---|---|---|
| | | 期初余额 | ××× | |
| 本期减少额 | ××× | 本期增加额 | ××× | |
| 本期借方发生额合计 | ××× | 本期贷方发生额合计 | ××× | |
| | | 期末余额 | ××× | |

负债及所有者权益类账户的期末余额的计算公式:

期末贷方余额 = 期初贷方余额 + 本期贷方发生额 - 本期借方发生额

### (三) 损益类账户结构

损益类账户主要包括收入类账户和费用类账户。

1. 收入类账户的结构

在借贷记账法下,收入类账户的增加额记入账户的贷方,减少额或转销额记入账户的借方,本期收入净额在期末转入"本年利润"账户,用以计算当期损益,结转后无余额,如表 4-3 所示。

表 4-3 收入类账户示意

| 借方 | | 收入类账户 | 贷方 | |
|---|---|---|---|---|
| 本期减少额 | ××× | 本期增加额 | | ××× |
| 本期借方发生额合计 | ××× | 本期贷方发生额合计 | | ××× |

2. 费用类账户的结构

在借贷记账法下,费用类账户的增加数记入账户的借方,减少数或转销数记入账户的贷方,本期费用净额在期末转入"本年利润"账户,用以计算当期损益,结转后无余额,如表 4-4 所示。

表 4-4 费用类账户示意

| 借方 | | 费用类账户 | 贷方 | |
|---|---|---|---|---|
| 本期增加额 | ××× | 本期减少额 | | ××× |
| 本期借方发生额合计 | ××× | 本期贷方发生额合计 | | ××× |

为了便于了解所有账户借贷两方所反映的经济内容,现将上述各类账户的具体结构概括如下,如表 4-5 所示。

表 4-5 账户结构汇总表

| 借方 | 账户名称 | 贷方 |
|---|---|---|
| 资产的增加 | | 资产的减少 |
| 负债的减少 | | 负债的增加 |
| 所有者权益的减少 | | 所有者权益的增加 |
| 成本的增加 | | 成本的减少 |
| 费用的增加 | | 费用的减少 |
| 收入的减少 | | 收入的增加 |

## 三、借贷记账法的记账规则

借贷记账法的记账规则是"有借必有贷、借贷必相等"。

"有借必有贷"是指任何一笔经济业务,都应在一个账户或几个账户的借方和另一个账户或几个账户的贷方同时进行登记。"借贷必相等"则是指任何一笔经济业务记入借方账户的金额一定等于记入贷方账户的金额。

下面举例说明借贷记账法的记账规则。

记账规则

【例 4-1】 内蒙古蓝天服装有限公司 2021 年 5 月发生以下经济业务：

(1) 用银行存款购买价值 35 000 元的设备。

这笔经济业务涉及银行存款和固定资产两个账户，银行存款减少 35 000 元，固定资产增加 35 000 元，这笔经济业务应当登记在"固定资产"账户的借方和"银行存款"账户的贷方。

(2) 向银行借入短期借款 15 000 元，直接偿还前欠货款。

这笔经济业务涉及短期借款和应付账款两个账户，短期借款增加 15 000 元，应付账款减少 15 000 元。这笔经济业务应当登记在"短期借款"账户的贷方和"应付账款"账户的借方。

(3) 收到购货单位交来的原欠货款 50 000 元存入银行。

这笔经济业务涉及银行存款和应收账款两个账户，银行存款增加 50 000 元，应收账款减少 50 000 元。这笔经济业务应当登记在"银行存款"账户的借方和"应收账款"账户的贷方。

(4) 收到国家投入资本金 112 000 元，存入银行。

这笔经济业务涉及银行存款和实收资本两个账户，银行存款增加 112 000 元，实收资本增加 112 000 元。这笔经济业务应当登记在"银行存款"账户的借方和"实收资本"账户的贷方。

(5) 购入原材料一批，价款 40 000 元，其中 35 000 元以银行存款支付，余下的 5 000 元暂欠供货单位。

这笔经济业务涉及"原材料""银行存款""应付账款"三个账户，原材料增加 40 000 元，银行存款减少 35 000 元，应付账款增加 5 000 元。这笔经济业务应当登记在"原材料"账户的借方和"银行存款""应付账款"账户的贷方。

(6) 收到投资人以银行存款 55 000 元、机器设备 75 000 元对企业的投资。

这笔经济业务涉及"银行存款""固定资产""实收资本"三个账户，银行存款增加 55 000 元，固定资产增加 75 000 元，实收资本增加 130 000 元，这笔经济业务应当登记在"银行存款""固定资产"账户的借方和"实收资本"账户的贷方。

以上业务登记结果如表 4-6。

表 4-6 账户登记结果

| 借 | 银行存款 | 贷 | |
|---|---|---|---|
| 期初余额 | 200 000 | | |
| 本期增加额 | ③50 000 | 本期减少额 | ①35 000 |
| | ④112 000 | | ⑤35 000 |
| | ⑥55 000 | | |
| 本期借方发生额合计 | 217 000 | 本期贷方发生额合计 | 70 000 |
| 期末余额 | 347 000 | | |

| 借 | 应收账款 | | 贷 |
|---|---|---|---|
| 期初余额 | 60 000 | | |
| 本期增加额 | | 本期减少额 | ③50 000 |
| 本期借方发生额合计 | | 本期贷方发生额合计 | 50 000 |
| 期末余额 | 10 000 | | |

| 借 | 原材料 | | 贷 |
|---|---|---|---|
| 期初余额 | 20 000 | | |
| 本期增加额 | ⑤40 000 | 本期减少额 | |
| 本期借方发生额合计 | 40 000 | 本期贷方发生额合计 | |
| 期末余额 | 60 000 | | |

| 借 | 固定资产 | | 贷 |
|---|---|---|---|
| 期初余额 | 300 000 | | |
| 本期增加额 | ①35 000 | 本期减少额 | |
| | ⑥75 000 | | |
| 本期借方发生额合计 | 110 000 | 本期贷方发生额合计 | |
| 期末余额 | 410 000 | | |

| 借 | 短期借款 | | 贷 |
|---|---|---|---|
| | | 期初余额 | 150 000 |
| 本期减少额 | | 本期增加额 | ②15 000 |
| 本期借方发生额合计 | | 本期贷方发生额合计 | 15 000 |
| | | 期末余额 | 165 000 |

| 借 | 应付账款 | | 贷 |
|---|---|---|---|
| | | 期初余额 | 30 000 |
| 本期减少额 | ②15 000 | 本期增加额 | ⑤5 000 |
| 本期借方发生额合计 | 15 000 | 本期贷方发生额合计 | 5 000 |
| | | 期末余额 | 20 000 |

| 借 | 实收资本 | | 贷 |
|---|---|---|---|
| | | 期初余额 | 400 000 |
| 本期减少额 | | 本期增加额 | ④112 000 |
| | | | ⑥130 000 |
| 本期借方发生额合计 | | 本期贷方发生额合计 | 242 000 |
| | | 期末余额 | 642 000 |

## 四、借贷记账法下的账户对应关系及会计分录

### (一) 账户的对应关系

账户的对应关系是指采用借贷记账法记录每笔经济业务时,相关账户之间形成的应借应贷的相互关系。存在对应关系的账户互称为对应账户。为保证账户记录的准确性,应借账户、应贷账户及其金额不是直接记入账户的,而是先根据经济业务所涉及的账户及其应记的借贷方向和金额编制会计分录。

### (二) 会计分录

1. 会计分录的含义

所谓会计分录,简称分录,是指对一每笔经济业务都按复式记账要求分别列出应借应贷账户及其金额的一种记录。会计分录由记账方向、会计科目和金额三个要素构成。在实际工作中,会计分录是通过记账凭证加以表现的。

在借贷记账法下,会计分录的编制应遵循以下步骤:

(1) 分析确定经济业务所涉及账户的名称及账户性质;

(2) 根据经济业务引起的会计要素的增减变化和借贷记账法下账户的结构,确定对应账户的记账方向,即确定应借应贷的账户;

(3) 根据会计要素增减变化的数量,确定对应账户应登记的金额;

(4) 根据记账规则,检查会计分录借贷是否平衡,有无差错。

据此,将前面的6笔业务编制成会计分录如下:

(1) 借:固定资产　　　　　　　　　　　　　　　35 000
　　　贷:银行存款　　　　　　　　　　　　　　　　　35 000

(2) 借:应付账款　　　　　　　　　　　　　　　15 000
　　　贷:短期借款　　　　　　　　　　　　　　　　　15 000

(3) 借:银行存款　　　　　　　　　　　　　　　50 000
　　　贷:应收账款　　　　　　　　　　　　　　　　　50 000

(4) 借:银行存款　　　　　　　　　　　　　　　112 000
　　　贷:实收资本　　　　　　　　　　　　　　　　　112 000

(5) 借:原材料　　　　　　　　　　　　　　　　40 000
　　　贷:银行存款　　　　　　　　　　　　　　　　　35 000
　　　　　应付账款　　　　　　　　　　　　　　　　　5 000

(6) 借:银行存款　　　　　　　　　　　　　　　55 000
　　　　固定资产　　　　　　　　　　　　　　　75 000
　　　贷:实收资本　　　　　　　　　　　　　　　　　130 000

会计分录的编制应注意以下事项:

（1）会计分录的基本格式为"上借下贷"。如出现两个或两个以上的借方账户，"借"字应上下对齐，或只写一个"借"字，而将每个借方账户的第一个字对齐；然后书写的"贷"字表示贷方，应较"借"字往后退一格。如果出现两个或两个以上的贷方账户，则和借方账户的记录要求相同。

（2）账户的名称应书写齐全，不能自行简化。

（3）借方金额、贷方金额应分别记在相应的会计科目后，贷方金额应较借方金额退后两位。

2. 会计分录的分类

按照所涉及账户的多少，会计分录可分为简单会计分录和复合会计分录。简单会计分录只涉及两个账户，由一个账户的借方与另一个账户贷方相对应构成，即一借一贷的会计分录。如上述第（1）~（4）笔业务所编制的会计分录就是简单会计分录。复合会计分录则涉及两个以上的账户，由一个账户的借方与另外几个账户的贷方或者一个账户的贷方与另外几个账户的借方相对应构成，即一借多贷、多借一贷或多借多贷的会计分录。如上述第（5）、（6）笔业务所编制的会计分录就是复合会计分录。在借贷记账法下，可以编制"一借多贷"或"多借一贷"的会计分录，除经济业务确实需要以外，尽量不要编制"多借多贷"的会计分录，因为"多借多贷"的会计分录无法反映账户之间的对应关系。

## 五、借贷记账法下的试算平衡

借贷记账法下的试算平衡

### （一）试算平衡的含义

为了检验和确保一定时期内所发生的经济业务在账户中登记的正确性，需要在一定会计期末，进行账户的试算平衡。所谓试算平衡是指根据资产与权益的恒等关系及借贷记账法的记账规则，检查所有账户记录是否正确的过程，包括发生额试算平衡和余额试算平衡两种方法。

### （二）试算平衡的分类

1. 发生额试算平衡

发生额试算平衡就是通过计算全部账户的借、贷方发生额是否相等来检验本期账户记录是否正确的方法。其计算公式如下：

全部账户本期借方发生额合计 = 全部账户本期贷方发生额合计

发生额试算平衡的理论依据是借贷记账法下的记账规则，即"有借必有贷，借贷必相等"。由于每项经济业务的会计分录借贷两方的发生额是相等的，因此，无论发生多少笔经济业务，只要账务处理没有差错，所有账户借方发生额合计必然等于所有账户贷方发生额合计。如果出现不相等，必然是在记账过程中出现了差错，应及时查找并更正。

2. 余额试算平衡

余额试算平衡就是通过计算全部账户的借方余额合计与贷方余额合计是否相等来检验

本期账户记录是否正确的方法。根据余额时间不同又分为期初余额平衡与期末余额平衡。其计算公式如下：

全部账户的期末（期初）借方余额合计 = 全部账户的期末（期初）贷方余额合计

余额试算平衡的理论依据是"资产 = 负债 + 所有者权益"这一会计恒等式。因为资产类账户的期末余额一般都是在借方（成本费用类账户若有余额也在借方，视作资产），所有账户的借方余额合计就是资产总额；负债及所有者权益类账户的期末余额都在贷方（收入类账户若有余额也在贷方，视作权益），所有账户的贷方余额合计就是负债及所有者权益总额，所以一定时点上全部账户的借方余额合计必然等于全部账户的贷方余额合计。如果不相等，说明账户记录有错误，应予以查找并更正。

### （三）试算平衡表的编制

在实际工作中，试算平衡工作是通过编制试算平衡表完成的。试算平衡表通常是在月末结出各个账户的本月发生额和月末余额后，依据上述平衡公式编制的，试算平衡表的格式是三大栏六小栏，设置"期初余额""本期发生额""期末余额"三大栏，并在每栏下设置借方和贷方两个小栏，各大栏的借方合计与贷方合计应该相等，否则便存在记账错误。

【例 4 - 2】 内蒙古蓝天服装有限公司 2021 年 5 月 1 日有关账户的余额如表 4 - 7 所示。

表 4 - 7 账户余额表　　　　　　　　　　　　　　单位：元

| 账户名称 | 借方余额 | 账户名称 | 贷方余额 |
|---|---|---|---|
| 银行存款 | 200 000 | 短期借款 | 150 000 |
| 应收账款 | 60 000 | 应付账款 | 30 000 |
| 原材料 | 20 000 | 实收资本 | 400 000 |
| 固定资产 | 300 000 | | |
| 合计 | 580 000 | 合计 | 580 000 |

将以上 6 笔经济业务的会计分录记入有关账户，并结出各账户的本期发生额和期末余额，填入试算平衡表 4 - 8。

表 4 - 8 总分类账户试算平衡表

2021 年 5 月 31 日　　　　　　　　　　　　　　单位：元

| 账户名称 | 期初余额 | | 本期发生额 | | 期末余额 | |
|---|---|---|---|---|---|---|
| | 借方 | 贷方 | 借方 | 贷方 | 借方 | 贷方 |
| 银行存款 | 200 000 | | 217 000 | 70 000 | 347 000 | |
| 应收账款 | 60 000 | | | 50 000 | 10 000 | |
| 原材料 | 20 000 | | 40 000 | | 60 000 | |
| 固定资产 | 300 000 | | 110 000 | | 410 000 | |

续表

| 账户名称 | 期初余额 | | 本期发生额 | | 期末余额 | |
|---|---|---|---|---|---|---|
| | 借方 | 贷方 | 借方 | 贷方 | 借方 | 贷方 |
| 短期借款 | | 150 000 | | 15 000 | | 165 000 |
| 应付账款 | | 30 000 | 15 000 | 5 000 | | 20 000 |
| 实收资本 | | 400 000 | | 242 000 | | 642 000 |
| 合计 | 580 000 | 580 000 | 382 000 | 382 000 | 827 000 | 827 000 |

应该指出的是，试算平衡表中如果借贷不平衡，则可以肯定账户记录或计算有错误，应查找原因并予以更正；但如果试算平衡，却不能肯定记账没有错误，因为有些记账错误并不影响借贷方的平衡。

不影响试算平衡的记账错误有：

（1）漏记某项经济业务，将使本期借贷双方的发生额等额减少；

（2）重记某项经济业务，将使本期借贷双方的发生额等额虚增；

（3）某项经济业务记错有关账户；

（4）某项经济业务在账户记录中，颠倒了记账方向；

（5）借方或贷方发生额中，偶然发生等额多记或少记。

诸如此类错误，并不能通过试算平衡来发现，为此还须做好平时的记账和核对工作，保证做到记录正确无误。

## 【项目小结】

本项目主要阐述了借贷记账法。记账方法就是根据记账原理，遵循一定的记账规则，将所发生的经济业务登记到账户中的方法。记账方法按记账形式的不同可分为单式记账法和复式记账法两种。复式记账法包括借贷记账法、增减记账法和收付记账法。我国《企业会计准则》规定，企业记账必须采用借贷记账法。借贷记账法，就是以"借""贷"为记账符号，以"有借必有贷、借贷必相等"为记账规则的一种复式记账法，也称为借贷复式记账法。借贷记账法包括账户结构、记账规则、会计分录及试算平衡。

## 【项目考核】

### 一、单项选择题

1. 复式记账法下，每一项经济业务发生，都会影响（　　）账户发生增减变化。

　　A. 两个　　　　　　　　　　　　B. 两个或者两个以上

　　C. 一个　　　　　　　　　　　　D. 全部

2. 负债和所有者权益类账户的期末余额一般在（　　）。

　　A. 借方和贷方　　　　　　　　　B. 贷方

　　C. 借方　　　　　　　　　　　　D. 借方或贷方

3. 收入类账户期末结账后（　　）。
   A. 借贷方均有可能有余额  B. 借方余额
   C. 一般没有余额  D. 贷方余额

4. 费用类账户的基本结构与（　　）相似。
   A. 负债类账户  B. 资产类账户
   C. 所有者权益类账户  D. 收入类账户

5. 一般情况下"应收账款"账户的余额（　　）。
   A. 在借方  B. 在贷方
   C. 可能在借方，也可能在贷方  D. 不确定

6. 借贷记账法下，发生额试算平衡法的理论依据是（　　）。
   A. 资产＝负债＋所有者权益  B. 有借必有贷，借贷必相等
   C. 资金变化的业务类型  D. 平行登记原则

7. 本期账户的期末余额转入下期就是下期账户的（　　）。
   A. 期初余额  B. 本期增加额
   C. 本期减少额  D. 期末余额

8. 建立复式记账法的理论依据是（　　）。
   A. 会计核算特点  B. 会计核算原则
   C. 会计等式  D. 会计循环原理

9. M 公司月初资产总额为 100 万元，本月发生下列业务：（1）以银行存款购买原材料 10 万元；（2）向银行借款 60 万元，款项存入银行；（3）以银行存款归还前欠货款 30 万元；（4）收回应收账款 20 万元，款项已存入银行，则月末该公司资产总额为（　　）万元。
   A. 130  B. 160  C. 100  D. 110

10. 目前我国采用的复式记账法主要是（　　）。
    A. 收付记账法  B. 借贷记账法  C. 增减记账法  D. 来去记账法

11. "应收账款"账户的期末余额等于（　　）。
    A. 期初余额＋本期借方发生额－本期贷方发生额
    B. 期初余额－本期借方发生额－本期贷方发生额
    C. 期初余额＋本期借方发生额＋本期贷方发生额
    D. 期初余额－本期借方发生额＋本期贷方发生额

12. 某企业月初短期借款 40 万元，本月向银行借入短期借款 45 万元，以银行存款偿还短期借款 20 万元，则月末"短期借款"账户的余额为（　　）。
    A. 借方 65 万元  B. 贷方 65 万元
    C. 借方 15 万元  D. 贷方 15 万元

13. 下列账户中，期末无余额的账户是（　　）。
    A. 实收资本  B. 应付账款  C. 固定资产  D. 管理费用

## 二、多项选择题

1. 下列属于所有者权益类科目的有（　　）。
   A. 本年利润　　　B. 实收资本　　　C. 利润分配　　　D. 盈余公积

2. 下列属于总分类科目的有（　　）。
   A. 累计折旧　　　B. 固定资产　　　C. 甲材料　　　D. 原材料

3. 账户按所反映的经济内容划分，分为（　　）账户。
   A. 资产类
   B. 负债和所有者权益类
   C. 成本类
   D. 损益类

4. 会计科目设置的原则有（　　）。
   A. 合法性原则
   B. 合理性原则
   C. 相关性原则
   D. 实用性原则

5. 下列属于成本类科目的有（　　）。
   A. 生产成本　　　B. 劳务成本　　　C. 制造费用　　　D. 管理费用

6. 借贷记账法的试算平衡有（　　）。
   A. 明细账平衡法
   B. 总账平衡法
   C. 发生额平衡法
   D. 余额平衡法

7. 下列分录中，属于复合分录的是（　　）。
   A. 一借一贷　　　B. 多借多贷　　　C. 一借多贷　　　D. 多借一贷

8. 采用借贷记账法，其借方登记本期增加额的是（　　）。
   A. 资产　　　B. 负债　　　C. 收入　　　D. 费用

9. 借贷记账法下账户贷方登记的内容有（　　）。
   A. 资产增加
   B. 负债减少
   C. 费用减少
   D. 所有者权益增加

10. 余额试算平衡的公式是（　　）。
    A. 全部账户借方期初余额合计 = 全部账户贷方期初余额合计
    B. 全部账户借方期末余额合计 = 全部账户贷方期末余额合计
    C. 全部账户本期借方发生额合计 = 全部账户本期贷方发生额合计
    D. 全部账户借方期初余额合计 = 全部账户借方期末余额合计

11. 复式记账法包括（　　）。
    A. 借贷记账法
    B. 增减记账法
    C. 单式记账法
    D. 收付记账法

12. 下列关于借贷记账法试算平衡的说法中，正确的有（　　）。
    A. 在一定时期内，全部账户本期借方发生额之和 = 全部账户本期贷方发生额之和
    B. 在某一特定时日，全部账户期末借方余额之和 = 全部账户期末贷方余额之和
    C. 在某一特定时日，全部账户期初借方余额之和 = 全部账户期初贷方余额之和
    D. 若本期全部账户期末借方余额之和等于全部账户期末贷方余额之和，则说明记账工作无差错

13. 有关借贷记账法说法正确的是（　　）。
    A. 采用"借""贷"为记账符号
    B. 以"资产＝负债＋所有者权益"这一会计等式作为理论依据
    C. 记账规则是"有借必有贷，借贷必相等"
    D. 是我国会计核算的法定记账方法
14. 从银行借入长期借款 500 000 元，用于归还前欠货款，正确的说法有（　　）。
    A. 借记"银行存款"
    B. 贷记"长期借款"
    C. 借记"应付账款"
    D. 贷记"应付账款"
15. 某项经济业务发生后，一个资产账户记借方，则可能（　　）。
    A. 另一个资产账户记贷方
    B. 另一个负债账户记贷方
    C. 另一个所有者权益账户记贷方
    D. 另一个资产账户记借方

### 三、判断题

1. 负债类账户登记借方金额，表示该账户金额的增加，登记贷方金额，表示该账户金额的减少。（　　）
2. 费用类账户一般无余额，如果有余额，则期末余额在贷方。（　　）
3. 对每一个账户来说，期初余额只可能在账户的一方，借方或贷方。（　　）
4. 费用（成本）类账户结构与资产类账户结构相同，收入类账户结构与权益类账户相同。（　　）
5. 对于一项经济业务，如果在一个账户中登记了借方，必须同时在另一个或几个账户中登记贷方。（　　）
6. 复式记账法是指对于发生的每一项经济业务都要以相等的金额同时在相互联系的两个账户中进行登记的一种记账方法。（　　）
7. 运用单式记账法记录经济业务，可以反映每项经济业务的来龙去脉，可以检查每笔业务是否合理、合法。（　　）
8. 核算期间费用的各账户期末结转入"本年利润"账户后应无余额。（　　）
9. 将借贷方向记错，不会影响借贷双方的平衡关系。（　　）
10. 在借贷记账法下，损益类账户的借方登记增加数，贷方登记减少数，期末一般无余额。（　　）
11. 企业的利润通常表现为企业净资产的增加额，反之，企业净资产的增加即为利润。（　　）
12. 会计分录可以划分为一借一贷会计分录和多借多贷会计分录两种。（　　）

## 【任务实施】

### 实训一 练习借贷记账法的运用

资料：东达公司 2021 年 8 月 1 日有关账户余额如表 4 – 9 所示。

表 4 – 9　东达公司 2021 年 8 月 1 日账户余额　　　　单位：元

| 资产 | 金额 | 负债及所有者权益 | 金额 |
| --- | --- | --- | --- |
| 库存现金 | 1 000 | 短期借款 | 50 000 |
| 银行存款 | 127 000 | 应付账款 | 32 000 |
| 应收账款 | 35 000 | 应交税费 | 5 000 |
| 原材料 | 52 000 | 长期借款 | B |
| 长期股权投资 | A | 实收资本 | 150 000 |
| 固定资产 | 100 000 | 资本公积 | 88 000 |
| 合计 | 375 000 | 合计 | C |

东达公司 8 月份发生的全部经济业务如下：

（1）从银行取得期限为 6 个月的借款 100 000 元，存入银行。

（2）用银行存款 25 000 元购入一台全新设备，直接交付使用。

（3）接受某外商投资的全新设备一台，价值 50 000 元，交付使用。

（4）开出现金支票从银行提取现金 5 000 元备用。

（5）经公司的股东会批准，将资本公积金转增资本 50 000 元。

（6）收回客户所欠本公司的货款 10 000 元，存入银行。

（7）用银行存款 50 000 元偿还到期的短期借款。

（8）购入一批原材料价款 22 000 元（不考虑增值税），其中 20 000 元开出现金支票支付，余款用现金支付。

（9）接受某投资者的投入资本 600 000 元，其中：设备一台，价值 150 000 元；专利权一项，价值 380 000 元，剩余部分通过银行划转。

（10）公司采购员张某出差，预借差旅费 1 000 元，以现金支付。

要求：

（1）计算表中的 A，B，C 的数值；

（2）编制本月经济业务的会计分录；

（3）登记各总分类账户（T 形）的期初余额及本期发生额，并结出期末余额；

（4）编制试算平衡表。

### 实训二 练习试算平衡表的计算

要求：将表 4 – 10 填列完整。

表 4-10　试算平衡表　　　　　　　　　　　　　　　单位：元

| 账户名称 | 期初余额 | | 本期发生额 | | 期末余额 | |
|---|---|---|---|---|---|---|
|  | 借方 | 贷方 | 借方 | 贷方 | 借方 | 贷方 |
| 银行存款 | （　） |  | 60 000 | （　） | 100 000 |  |
| 固定资产 | 100 000 |  | （　） | — | （　） |  |
| 原材料 | 70 000 |  | （　） | — | 100 000 |  |
| 应付账款 | — | （　） | — | 60 000 |  | 60 000 |
| 应付职工薪酬 |  | 20 000 | 120 000 | （　） | — | — |
| 实收资本 |  | （　） | — | （　） |  | 350 000 |
| 主营业务成本 | — | — | 30 000 | （　） | — | — |
| 合计 | （　） | 220 000 | （　） | （　） | （　） | 410 000 |

# 项目 5
# 借贷记账法下主要经济业务的账务处理

【知识目标】

理解和掌握工业企业资金筹集业务、设备购置业务、材料采购业务、产品生产业务、商品销售业务以及利润形成与分配业务核算应设置的账户及账务处理。

【技能目标】

能够运用借贷记账法对工业企业发生的主要经济业务进行账务处理。

【案例导入】

内蒙古蓝天服装有限公司 2021 年 12 月 1 日，收到内蒙古大华有限公司投资款 500 000 元存入银行（进账单如下表），作为本公司会计，应该如何进行账务处理？

中国工商银行进账单（收账通知）

2021 年 12 月 01 日　　第 10 号

| 付款人 | 全称 | 内蒙古大华有限公司 | 收款人 | 全称 | 内蒙古蓝天服装有限公司 | 此联是银行交给收款人的回单 |
|---|---|---|---|---|---|---|
| | 账号 | 6222020602008765432 | | 账号 | 6222020602007654321 | |
| | 开户银行 | 工商银行如意支行 | | 开户银行 | 工商银行大学路支行 | |
| 人民币（大写） | | 伍拾万元整 | | | ¥ 5 0 0 0 0 0 0 0 （千百十万千百十元角分）| |
| 票据种类 | | 转账支票 | 收款人开户银行盖章 2021.12.01 收讫 | | | |
| 票据张数 | | 1 张 | | | | |
| 单位主管　　会计　　复核　　记账 | | | | | | |

【知识导读】

## 工业企业的主要经济业务

不同企业的经济业务也不尽相同，工业企业主要的经济业务包括资金筹集、设备购置、材料采购、产品生产、商品销售和利润形成与分配等经济业务。针对上述经济业务，账务处理的主要内容有：(1) 资金筹集业务的账务处理；(2) 固定资产业务的账务处理；

(3) 材料采购业务的账务处理；(4) 生产业务的账务处理；(5) 销售业务的账务处理；(6) 利润形成与分配业务的账务处理。

# 任务 5.1　资金筹集业务的账务处理

## 一、企业筹资业务概述

企业要经营，就必须要有一定数量的资金。企业资金筹集就是指企业从不同来源取得资金，通常包括所有者权益筹资和负债筹资。所有者权益筹资形成所有者的权益，又称为权益资本；负债筹资形成债权人的权益，又称为债务资本。

## 二、所有者权益筹资业务

### (一) 所有者投入资本的构成

所有者投入资本按照投资主体不同可以分为国家资本金、法人资本金、个人资本金和外商资本金等。所有者投入的资本主要包括实收资本（股本）和资本公积。实收资本是指企业的投资者按照企业章程或合同、协议的约定，实际投入企业的资本金以及按照有关规定由资本公积、盈余公积等转增资本的资本金。资本公积是指企业收到投资者投入的超出其在企业注册资本（股本）中所占份额的投资，以及直接计入所有者权益的利得和损失等。资本公积作为企业所有者权益的重要组成部分，主要用于转增资本。

### (二) 账户设置

1. "实收资本"（或股本）账户

"实收资本"（或股本）账户属于所有者权益类账户，用来核算按照企业章程的规定，投资者投入企业的资本（股份公司为"股本"）。贷方登记企业实际收到的投资者投入的资本数，借方登记企业按法定程序报经批准减少的注册资本数，期末余额在贷方，反映企业实有的资本或股本数额。该账户可按投资者设置明细账，进行明细分类核算。

2. "资本公积"账户

"资本公积"账户属于所有者权益类账户，用来核算企业取得的资本公积金。资本公积是企业收到投资者出资额超出其在注册资本中所占份额的投资，即资本（或股本）溢价，以及直接计入所有者权益的利得和损失。贷方登记企业取得的资本公积金数额，借方登记资本公积金的减少数额，期末余额在贷方，反映企业资本公积金的实际结存数额。

3. "银行存款"账户

"银行存款"账户属于资产类账户，用来核算企业存入银行或其他金融机构的各种存款。借方登记存入金融机构的款项，贷方登记提取或支出的款项，期末余额在借方，反映企业在银行或其他金融机构存款的余额。

### (三) 账务处理

企业收到投资者投入的资本，借记"银行存款""固定资产""无形资产"等科目，按其在注册资本或股本中所占份额，贷记"实收资本"或"股本"科目，按其差额，贷记"资本公积——资本溢价（或股本溢价）"科目。

以内蒙古东达有限公司2021年12月发生的经济业务为例，编制会计分录。

【例5-1】 收到国家投入资金200 000元，款项存入银行。

分析：这是一笔接受投资的业务，一方面，企业的银行存款增加应记入"银行存款"账户的借方；另一方面，企业的资本增加应记入"实收资本"账户的贷方。该业务应编制会计分录如下：

借：银行存款　　　　　　　　　　　　　　　　　　　　200 000
　　贷：实收资本　　　　　　　　　　　　　　　　　　　200 000

【例5-2】 收到A公司投入设备一台，双方合同协议价80 000元。

分析：这是一笔接受投资的业务，一方面，企业的固定资产增加应记入"固定资产"账户的借方；另一方面，企业的资本增加应记入"实收资本"账户的贷方。该业务应编制会计分录如下：

借：固定资产　　　　　　　　　　　　　　　　　　　　80 000
　　贷：实收资本　　　　　　　　　　　　　　　　　　　80 000

【例5-3】 收到C公司投入专利权一项，评估确认价为40 000元。

分析：这是一笔接受投资的业务，一方面，企业的无形资产增加应记入"无形资产"账户的借方；另一方面，企业的资本增加应记入"实收资本"账户的贷方。该业务应编制会计分录如下：

借：无形资产　　　　　　　　　　　　　　　　　　　　40 000
　　贷：实收资本　　　　　　　　　　　　　　　　　　　40 000

## 三、负债筹资业务

### (一) 负债筹资的构成

负债筹资主要包括短期借款、长期借款以及结算形成的负债等。短期借款是指企业为了满足生产经营对资金的临时性需要向银行或其他金融机构借入的偿还期限在1年以下（含1年）的各种借款。长期借款是指企业向银行或其他金融机构借入的偿还期限在1年以上（不含1年）的各种借款。结算形成的负债主要有应付账款、应付职工薪酬、应交税费等。

## (二）账户设置

1. "短期借款"账户

"短期借款"账户属于负债类账户，用来核算企业的短期借款。贷方登记企业借入的各种短期借款本金，借方登记归还的短期借款本金，期末余额在贷方，反映企业期末尚未归还的短期借款的本金。

2. "长期借款"账户

"长期借款"账户属于负债类账户，用来核算企业的长期借款。贷方登记企业借入的各种长期借款本金和利息，借方登记归还的长期借款本金和利息，期末余额在贷方，反映企业尚未归还的长期借款本金和利息。该账户可设置"本金""利息调整""应计利息"等明细账，进行明细核算。

3. "财务费用"账户

"财务费用"账户属于损益类账户，用来核算企业为筹集生产经营所需资金而发生的费用，包括利息支出、汇兑损益、相关手续费以及现金折扣等。满足资本化条件应予以资本化的借款费用，应计入"在建工程""制造费用"等账户。

该账户借方登记本期发生的各项财务费用，贷方登记期末转入"本年利润"账户的数额，结转后期末无余额。该账户可按费用项目设置明细账户，进行明细分类核算。

4. "应付利息"账户

"应付利息"账户属于负债类账户，用来核算企业按照合同约定应支付的利息，包括短期借款、分期付息到期还本的长期借款、企业债券等应支付的利息。贷方登记企业借入的各种借款应支付的利息，借方登记归还的借款利息，期末余额在贷方，反映企业期末尚未归还的借款利息。

## （三）账务处理

1. 短期借款的账务处理

企业借入各种短期借款，按借入的实际本金数，借记"银行存款"科目，贷记"短期借款"科目；企业归还各种短期借款，做相反的会计分录。

资产负债表日，应按照计算确定的借款利息费用，借记"财务费用"科目，贷记"应付利息""银行存款"等科目。

【例5-4】 向银行借款100 000元，期限6个月，年利率6%，款项存入银行。

分析：这是一笔取得借款的业务，一方面，企业的银行存款增加应记入"银行存款"账户的借方；另一方面，企业的短期借款增加应记入"短期借款"账户的贷方。该业务应编制会计分录如下：

借：银行存款　　　　　　　　　　　　　　　　　　　　　100 000
　　贷：短期借款　　　　　　　　　　　　　　　　　　　　　　100 000

【例5-5】 期末计提本月应负担的借款利息500元。

分析：这是一笔计提借款利息的业务，一方面，企业的费用增加应记入"财务费用"账户的借方；另一方面，企业的负债增加应记入"应付利息"账户的贷方。该业务应编制会计分录如下：

借：财务费用　　　　　　　　　　　　　　　　　　　　　　500
　　贷：应付利息　　　　　　　　　　　　　　　　　　　　　　500

**【例 5-6】** 以银行存款归还短期借款本金 200 000 元。

分析：这是一笔归还借款的业务，一方面，企业的负债减少应记入"短期借款"账户的借方；另一方面，企业的银行存款减少应记入"银行存款"账户的贷方。该业务应编制会计分录如下：

借：短期借款　　　　　　　　　　　　　　　　　　　　　200 000
　　贷：银行存款　　　　　　　　　　　　　　　　　　　　　200 000

2. 长期借款的账务处理

企业借入长期借款，应按实际收到的金额，借记"银行存款"科目，贷记"长期借款——本金"。如存在差额，还应借记"长期借款——利息调整"。资产负债表日，应按计算确定的长期借款的利息费用，借记"在建工程""制造费用""财务费用""研发支出"等科目，按计算确定的应付未付利息，贷记"应付利息"科目，按其差额，贷记"长期借款——利息调整"。归还的长期借款本金，借"长期借款——本金"，贷记"银行存款"科目。

## 任务 5.2　固定资产业务的账务处理

### 一、固定资产的概念与特征

固定资产是指为生产商品、提供劳务、出租或经营管理而持有的，使用寿命超过一个会计年度的有形资产，如房屋、机器设备、建筑物、运输工具等。

固定资产具有以下特征：

（1）固定资产属于有形资产。这一特征将固定资产与无形资产区别开来，也就是说，固定资产具有实物形态。

（2）固定资产是指为了生产商品、提供劳务、出租或经营管理而持有的资产。

（3）固定资产的使用寿命超过一个会计年度。这一特征表明企业固定资产属于非流动资产。

### 二、固定资产的成本

固定资产的成本是指企业购建某项固定资产达到预定可使用状态前所发生的一切合理

的、必要的支出。外购固定资产的成本包括购买价款、相关税费以及使固定资产达到预定可使用状态前所发生的可归属于该项资产的运输费、装卸费、安装费和专业人员服务费等。

## 三、固定资产折旧

### （一）固定资产折旧的概念

固定资产折旧是指在固定资产使用寿命内，按照确定的方法对应计折旧额进行系统分摊。应计折旧额是指应当计提折旧的固定资产的原价扣除其预计净残值后的金额。已计提减值准备的固定资产，还应当扣除已计提的固定资产减值准备累计金额。

### （二）影响固定资产折旧的因素

影响折旧的因素主要有以下几个方面：
（1）固定资产原价，是指固定资产的成本。
（2）预计净残值，是指假定固定资产预计使用寿命已满并处于使用寿命终了时的预期状态，企业目前从该项资产处置中获得的扣除预计处置费用后的金额。
（3）固定资产减值准备，是指固定资产已计提的固定资产减值准备累计金额。
（4）固定资产的使用寿命，是指企业使用固定资产的预计期间，或者该固定资产所能生产产品或提供劳务的数量。

### （三）计提折旧的范围

除以下情况外，企业应当对所有固定资产计提折旧：
第一，已提足折旧仍继续使用的固定资产；
第二，单独计价入账的土地。
固定资产应当按月计提折旧，当月增加的固定资产，当月不计提折旧，从下月起计提折旧；当月减少的固定资产，当月仍计提折旧，从下月起不计提折旧。固定资产提足折旧后，不论是否继续使用，均不再计提折旧；提前报废的固定资产，也不再补提折旧。所谓提足折旧，是指已经提足该项固定资产的应计折旧额。

### （四）固定资产折旧方法

企业应当根据与固定资产有关的经济利益的预期实现方式，合理选择固定资产折旧方法，折旧方法一经选定，不得随意变更。可选用的折旧方法包括年限平均法、工作量法、双倍余额递减法和年数总和法等。

1. 年限平均法（直线法）

采用年限平均法计提固定资产折旧，其特点是将固定资产的应计折旧额均衡地分摊到固定资产预计使用寿命内，采用这种方法计算的每期折旧额是相等的。

年限平均法的计算公式如下：

$$年折旧率 = （1 - 预计净残值率）÷ 预计使用年限$$

$$月折旧率 = 年折旧率 ÷ 12$$

$$月折旧额 = 固定资产原价 × 月折旧率$$

或：年折旧额 =（固定资产原价 - 预计净残值）÷ 预计使用年限

$$= 原价 × （1 - 预计净残值率）÷ 预计使用年限$$

$$= 原价 × 年折旧率$$

注：预计净残值率 = 预计净残值 ÷ 固定资产原价 × 100%

【思考】甲公司有一幢厂房，原价为 5 000 000 元，预计可使用 20 年，预计报废时的净残值率为 2%，该厂房的月折旧率和月折旧额的计算？

$$年折旧率 =（1 - 2\%）/ 20 = 4.9\%$$

$$月折旧率 = 4.9\% / 12 = 0.41\%$$

$$月折旧额 = 5 000 000 × 0.41\% = 20 500（元）$$

2. 工作量法

工作量法是指根据实际工作量计算固定资产每期应计提折旧额的一种方法。

工作量法的计算公式如下：

$$单位工作量折旧额 = 固定资产原价 ×（1 - 预计净残值率）÷ 预计总工作量$$

$$某项固定资产月折旧额 = 该项固定资产当月工作量 × 单位工作量折旧额$$

【思考】某企业的一辆运货卡车的原价为 600 000 元，预计总的行驶里程为 500 000 千米，预计报废时的净残值率为 5%，本月行驶 4 000 千米，该辆卡车的本月折旧额的计算？

企业至少应当于每年年度终了，对固定资产的使用寿命、预计净残值和折旧方法进行复核。使用寿命预计数与原先估计数有差异的，应当调整固定资产使用寿命。预计净残值预计数与原先估计数有差异的，应当调整预计净残值。与固定资产有关的经济利益预期实现方式有重大改变的，应当改变固定资产折旧方法。固定资产使用寿命、预计净残值和折旧方法的改变应当作为会计估计变更。

## 四、账户设置

### (一)"在建工程"账户

"在建工程"账户属于资产类账户，用以核算企业基建、更新改造等在建工程发生的支出。该账户借方登记企业各项在建工程的实际支出，贷方登记工程达到预定可使用状态时转出的成本，期末余额在借方，反映企业期末尚未达到预定可使用状态的在建工程成本。

## (二)"工程物资"账户

"工程物资"账户属于资产类账户,用以核算企业为基建工程、更新改造工程、大修理工程准备的各种物资的实际成本,包括为工程准备的材料、尚未交付安装的需要安装设备的实际成本等。借方登记购入工程物资的实际成本,贷方登记在建工程领用的工程物资的实际成本,期末余额在借方,反映企业期末库存工程物资的实际成本。

## (三)"固定资产"账户

"固定资产"账户属于资产类账户,用来核算企业固定资产的原始价值。借方登记增加的固定资产原始价值,贷方登记减少的固定资产原始价值,期末余额在借方,反映企业期末固定资产的账面原值。该账户可按固定资产类别、使用部门等设置明细账,进行明细分类核算。

## (四)"累计折旧"账户

"累计折旧"账户属于资产类账户,是"固定资产"账户的备抵调整账户,用来核算企业所提取的固定资产的折旧及固定资产折旧的累计数额。贷方登记按月计提固定资产折旧的增加数额,借方登记因出售、报废、毁损固定资产而减少的折旧额,期末余额在贷方,反映企业期末固定资产累计折旧额。

## 五、账务处理

企业外购的固定资产,应按实际支付的购买价款、相关税费、使固定资产达到预定可使用状态前所发生的可归属于该项资产的运输费、装卸费、安装费和专业人员服务费等,作为固定资产的取得成本。一般纳税企业购入机器设备等固定资产的增值税应作为进项税额抵扣,不计入固定资产成本。

企业购入需要安装的固定资产,先通过"在建工程"科目核算,待安装完毕达到预定可使用状态时,再由"在建工程"科目转入"固定资产"科目。

企业购入固定资产时,按实际支付的购买价款、运输费、装卸费和其他相关税费等,借记"在建工程"科目、"应交税费——应交增值税(进项税额)",贷记"银行存款"等科目;支付安装费用等时,借记"在建工程"科目,贷记"银行存款"等科目;安装完毕达到预定可使用状态时,按其实际成本,借记"固定资产"科目,贷记"在建工程"科目。

固定资产应当按月计提折旧,计提的折旧应当记入"累计折旧"科目,并根据用途计入相关资产的成本或者当期损益。企业自行建造固定资产过程中使用的固定资产,其计提的折旧应计入在建工程成本;基本生产车间所使用的固定资产,其计提的折旧应计入制造费用;管理部门所使用的固定资产,其计提的折旧应计入管理费用;销售部门所使用的固定资产，其计提的折旧应计入销售费用；经营租出的固定资产，其应提的折旧额应计入其他业务成本。企业计提固定资产折旧时，借记"在建工程""制造费用""销售费用""管理费用""其他业务成本"等科目，贷记"累计折旧"科目。

【思考】甲公司购入一台不需要安装的设备，取得的增值税专用发票上注明的设备价款为 30 000 元，增值税额为 3 900 元，另支付运输费 300 元，包装费 400 元，款项以银行存款支付，假设甲公司属于增值税一般纳税人，增值税进项税额不计入固定资产成本核算。要求：(1) 计算固定资产成本；(2) 编制购入固定资产的会计分录。

【思考】甲公司用银行存款购入一台需要安装的设备，增值税专用发票上注明的设备买价 200 000 元，增值税额为 26 000 元，支付运费 10 000 元，支付安装费 30 000 元，甲公司为增值税一般纳税人，要求：(1) 计算固定资产成本；(2) 编制会计分录。

## 任务 5.3　材料采购业务的账务处理

### 【任务导入】

内蒙古蓝天服装有限公司（增值税一般纳税人），2021 年 12 月 7 日购入面料一批，收到一张增值税专用发票（如下表所示），货款未付，材料尚未验收入库。假设你作为本公司会计，应该如何进行账务处理？

山东增值税专用发票

发票联　　　　　　　　　　　　　　　No 30 264 812
国家税务局监制　　　　　　　开票日期：2021 年 12 月 07 日

| 购货单位 | 名　称：内蒙古蓝天服装有限公司<br>纳税人识别号：150105114156789<br>地　址：呼和浩特市新华大街××号<br>开户银行及账号：工商银行大学路支行 6222020602007654321 | 密码区 | 20985*54+3-47⟨45⟩⟩⟩⟩3<br>69035*65+65*⟨⟩3640*<br>20985*54+3-47⟨45⟩⟩⟩⟩3<br>69035*65+65*⟨⟩3640* |
|---|---|---|---|

| 货物或应税劳务名称 | 规格型号 | 单位 | 数量 | 单价 | 金　额 | 税率(%) | 税　额 |
|---|---|---|---|---|---|---|---|
| 涤纶面料 |  | 米 | 500 | 20 | 10000.00 | 13 | 1300.00 |
| 纯棉面料 |  | 米 | 1000 | 40 | 40000.00 | 13 | 5200.00 |
| 合　计 |  |  |  |  | ¥50000.00 |  | ¥6500.00 |
| 价税合计 | （大写）伍万陆仟伍佰元整 |  |  |  |  | (小写)¥56500.00 | |

| 销货单位 | 名　称：山东佳华有限公司<br>纳税人识别号：370205456789123<br>地　址：青岛市海东路××号<br>开户银行及账号：工商银行海东路支行6222020602006439987 | 备注 |  |
|---|---|---|---|

收款人：李明　　　复核：张扬　　　开票人：王叶　　　销货单位：(公章)

材料采购过程是生产的准备过程，主要是企业采购生产所需要的各种材料。在材料采购过程中，不仅要支付材料货款，还要支付运输费、装卸费等各种采购费用。采购业务和结算货款以及材料采购成本的计算是材料采购业务核算的主要内容。

## 一、材料采购成本

材料采购成本包括：
（1）买价，指购货发票所注明的价款。
（2）运杂费，包括运输费、装卸费、包装费、保险费以及仓储费用等。
（3）运输途中的合理损耗。
（4）入库前的挑选整理费，包括挑选过程中所发生的工资、费用支出和必要的损耗，但要扣除下脚料的价值。
（5）进口关税（不包括准予抵扣的增值税）和其他费用等。

## 二、账户设置

### （一）"在途物资"账户

"在途物资"账户属于资产类账户，是用来核算企业采用实际成本进行材料日常核算而购入的各种材料的采购成本。借方登记外购材料实际成本，贷方登记已经验收入库材料的实际成本，期末余额在借方，表示企业已经收到发票账单等，但尚未到达或尚未验收入库的在途材料的采购成本。该账户可按材料的类别或品种设置明细账，进行明细分类核算。

### （二）"原材料"账户

"原材料"账户属于资产类账户，用来核算企业库存的各种材料的增减变化及结存情况。借方登记已经验收入库材料的实际成本（或计划成本），贷方登记发出材料的实际成本（或计划成本），期末余额在借方，表示企业库存的各种材料的实际成本（或计划成本）。该账户可按材料的类别或品种设置明细账，进行明细分类核算。

### （三）"材料采购"账户

"材料采购"账户属于资产类账户，用以核算企业采用计划成本进行材料日常核算而购入材料的采购成本。该账户借方登记购入材料的实际成本和结转入库材料实际成本小于计划成本的节约差异，贷方登记入库材料的计划成本和结转入库材料的实际成本大于计划成本的超支差异，期末余额在借方，反映在途材料的实际采购成本。

### （四）"材料成本差异"账户

"材料成本差异"账户属于资产类账户，用以核算企业采用计划成本进行材料日常核算的材料实际成本与计划成本的差异，该账户借方登记入库材料的超支差异及发出材料应负担的节约差异，贷方登记入库材料的节约差异及发出材料应负担的超支差异。期末余额在借方，反映企业库存材料的实际成本大于计划成本的差额（超支差）；期末余额在贷方，反映企业库存材料的实际成本小于计划成本的差额（节约差）。

### （五）"应付账款"账户

"应付账款"账户属于负债类账户，用来核算企业因购买材料、商品和接受劳务供应等应付给供应单位的款项。贷方登记因购买材料、商品和接受劳务供应等应付而未付的款项，借方登记已经支付或已经开出承兑商业汇票抵付的应付款项，期末余额在贷方，表示尚未支付的应付账款。该账户可按供应单位名称设置明细账，进行明细分类核算。

### （六）"应付票据"账户

"应付票据"账户属于负债类账户，用来核算企业购买材料、商品和接受劳务供应等开出、承兑的商业汇票（包括商业承兑汇票和银行承兑汇票）。贷方登记企业已经开出、承兑的商业汇票，借方登记收到银行付款通知后实际支付的款项，期末余额在贷方，表示尚未到期的商业汇票的票面余额。该账户可按供应单位名称设置明细账，进行明细分类核算。

### （七）"预付账款"账户

"预付账款"账户属于资产类账户，用来核算企业按照购货合同规定预付给供应单位的款项。借方登记按照合同规定预付给供应单位的货款和补付的款项，贷方登记收到所购货物的货款和退回多付的款项，期末余额在借方，表示企业预付或多付的款项，期末如为贷方余额，表示企业尚未补付的款项。该账户可按供应单位名称设置明细账，进行明细分类核算。

### （八）"应交税费"账户

"应交税费"账户属于负债类账户，用来核算企业按照税法规定计算应交的各种税费，如增值税、消费税、所得税、城市维护建设税、土地使用税、车船税等。该账户的贷方登记应交纳的各种税费，借方登记已交的各种税费，期末余额在贷方，表示企业尚未交纳的各种税费。该账户可按各税种设置明细分类账户，进行明细分类核算。

### （九）"应交税费——应交增值税"账户

"应交税费——应交增值税"账户属于负债类账户，用来核算企业按照税法规定计算应交的增值税。该账户借方登记企业购进货物或接受应税劳务支付的进项税额和实际已交纳的增值税，贷方登记销售货物或提供应税劳务应交纳的销项税额，期末余额在借方，表示企业多交或尚未抵扣的进项税，期末余额在贷方，表示企业尚未交纳的增值税。该账户应分设"进项税额""销项税额""已交税金"等专栏进行明细分类核算。

企业采购材料时，应按可抵扣的增值税额：

借：在途物资（或原材料）
　　应交税费——应交增值税（进项税额）
　贷：银行存款（应付票据等）

销售商品或提供应税劳务时：

借：银行存款（应收账款等）
　贷：应交税费——应交增值税（销项税额）
　　　主营业务收入（或其他业务收入）

## 三、账务处理

原材料的日常收发及结存，可以采用实际成本核算，也可以采用计划成本核算。

### （一）实际成本核算

企业采用实际成本核算法，一般通过"原材料""在途物资"账户核算。

1. 材料已验收入库

若企业采购的材料，发票账单已到，材料已经验收入库，应借记"原材料""应交税费——应交增值税（进项税额）"科目，贷记"银行存款""预付账款""应付账款""应付票据"等科目。

2. 材料尚未验收入库

若企业采购的材料，发票账单已到，材料尚未验收入库，应借记"在途物资""应交税费——应交增值税（进项税额）"科目，贷记"银行存款""预付账款""应付账款""应付票据"等科目。待验收入库，再借记"原材料"科目，贷记"在途物资"科目。

### （二）计划成本核算

企业采用计划成本核算法，一般通过"原材料""材料采购""材料成本差异"账户核算。在此核算方法下，无论材料是否验收入库，均做两笔账务处理：

（1）根据发票账单的实际成本，应借记"材料采购""应交税费——应交增值税（进项税额）"科目，贷记"银行存款""预付账款""应付账款""应付票据"等科目。

（2）验收入库后按照原材料的计划成本，借记"原材料"科目，按照原材料的实际成本，贷记"材料采购"科目，按照实际成本和计划成本的差异，借记（或贷记）"材料成本差异"科目。

【思考】甲公司购入 L 材料一批，专用发票上记载的货款为 3 000 000 元，增值税税额 390 000 元，发票账单已收到，计划成本为 3 200 000 元，已验收入库，全部款项以银行存款支付，要求编制会计分录。

仍以内蒙古东达有限公司 2021 年 12 月发生的经济业务为例，原材料采用实际成本核算，编制会计分录。

【例5-7】 从北方企业购入A，B，C三种材料，其中：A材料20千克，单价600元，金额12 000元；B材料60千克，单价500元，金额30 000元；C材料，10千克，单价800元，金额8 000元，增值税税额6 500元，材料尚未验收入库，货款尚未支付，采用实际成本核算。

分析：这是一笔采购材料的业务，一方面，企业的在途物资成本增加应记入"在途物资"账户的借方，同时发生的进项税额应记入"应交税费"账户的借方；另一方面，企业的负债增加应记入"应付账款"账户的贷方。该业务应编制会计分录如下：

借：在途物资——A材料　　　　　　　　　　　　　　　　　　　　12 000
　　　　　　——B材料　　　　　　　　　　　　　　　　　　　　30 000
　　　　　　——C材料　　　　　　　　　　　　　　　　　　　　 8 000
　　应交税费——应交增值税（进项税额）　　　　　　　　　　　　 6 500
　　贷：应付账款——北方企业　　　　　　　　　　　　　　　　　56 500

【例5-8】 用银行存款支付上述三种材料的运输费900元。按材料重量分配，其中A材料负担200元，B材料负担600元，C材料负担100元

采购费用分配率 = 共同采购费用÷采购材料总重量 = 900÷（20+60+10）
　　　　　　　 = 10（元/千克）
A材料应分摊采购费 = 10×20 = 200（元）
B材料应分摊采购费 = 10×60 = 600（元）
C材料应分摊采购费 = 10×10 = 100（元）

分析：企业采购材料发生的运输费应记入材料的成本，一方面，企业的在途物资成本增加应记入"在途物资"账户的借方；另一方面，企业的银行存款减少应记入"银行存款"账户的贷方。该业务应编制会计分录如下：

借：在途物资——A材料　　　　　　　　　　　　　　　　　　　　　 200
　　　　　　——B材料　　　　　　　　　　　　　　　　　　　　　 600
　　　　　　——C材料　　　　　　　　　　　　　　　　　　　　　 100
　　贷：银行存款　　　　　　　　　　　　　　　　　　　　　　　　 900

【例5-9】 从长安企业购入D材料6千克，单价1 000元，价款6 000元，增值税税额780元，长安企业代垫运费200元，开出一张商业汇票，材料尚未验收入库。

分析：这是一笔采购材料的业务，一方面，企业的在途物资成本增加应记入"在途物资"账户的借方，同时发生的进项税额应记入"应交税费"账户的借方；另一方面，企业开出的商业汇票属于负债增加应记入"应付票据"账户的贷方。该业务应编制会计分录如下：

借：在途物资——D材料　　　　　　　　　　　　　　　　　　　　 6 200
　　应交税费——应交增值税（进项税额）　　　　　　　　　　　　　 780
　　贷：应付票据——长安企业　　　　　　　　　　　　　　　　　 6 980

【例5-10】 以银行存款预付南方工厂购货款20 000元。

分析：这是一笔预付货款的业务，一方面，企业的预付货款增加应记入"预付账款"

账户的借方；另一方面，企业银行存款减少应记入"银行存款"账户的贷方。该业务应编制会计分录如下：

  借：预付账款——南方工厂           20 000
    贷：银行存款             20 000

【例 5-11】 收到上述采购的 A，B，C，D 四种材料，并验收入库。

分析：这是一笔材料验收入库的业务，一方面，企业的库存材料成本增加应记入"原材料"账户的借方；另一方面，企业在途材料成本减少应记入"在途材料"账户的贷方。该业务应编制会计分录如下：

  借：原材料——A 材料          12 200
     ——B 材料          30 600
     ——C 材料          8 100
     ——D 材料          6 200
    贷：在途物资——A 材料         12 200
      ——B 材料         30 600
      ——C 材料         8 100
      ——D 材料         6 200

【例 5-12】 以银行存款偿还北方企业货款 58 000 元

分析：这是一笔偿还前欠货款的业务，一方面，企业的负债减少应记入"应付账款"账户的借方；另一方面，企业银行存款减少应记入"银行存款"账户的贷方。该业务应编制会计分录如下：

  借：应付账款——北方企业          58 000
    贷：银行存款            58 000

## 任务 5.4 生产业务的账务处理

生产业务账务处理

  制造企业的主要经济活动是生产产品，满足社会的需要。产品生产过程同时也是耗费的过程。在生产产品的同时，要发生各种活劳动和物化劳动的耗费，包括各种材料的耗费、固定资产的磨损、支付职工工资和其他费用等。产品生产过程的一切费用支出，称为生产费用。发生的所有生产费用，最终都要归集分配到各种产品成本中去。因此，生产费用的发生、归集和分配以及产品成本的形成，是产品生产业务核算的主要内容。

### 一、费用与制造成本

  企业在经营过程中所发生的各项费用，按其经济用途分类，可分为直接材料费、直接人工费、其他直接支出、制造费用和期间费用。

  （1）直接材料费，是指生产产品而耗用的原材料、辅助材料、外购半成品、燃料、动力、包装物、低值易耗品以及其他直接材料。

（2）直接人工费，是指企业直接从事产品生产人员的工资、奖金、津贴和补贴。

（3）其他直接支出，是指直接从事产品生产人员的职工福利费等。

（4）制造费用，是指企业各生产车间为组织和管理生产所发生的各项间接费用。包括各生产车间管理人员工资和福利费、折旧费、修理费、机物料消耗、办公费、水电费、保险费、劳动保护费等。

（5）期间费用，是指企业在生产经营过程中发生的管理费用、销售费用和财务费用。管理费用，是指企业行政管理部门为组织和管理生产经营活动而发生的各项费用。销售费用，是指企业在销售商品过程中发生的各项费用以及专设销售机构的各项经费。财务费用，是指企业为筹集生产经营所需资金而发生的各项费用。

## 二、账户设置

### （一）"生产成本"账户

"生产成本"账户属于成本类账户，用来核算企业为生产产品所发生的各项生产费用。该账户借方登记为生产产品发生的直接材料、燃料、直接人工、福利费及分配转入的间接费用，贷方登记生产完工并已验收入库的产品、自制半成品等实际成本，期末余额在借方，表示尚未加工完成的各项在产品的成本。该账户可按照产品的品名或种类设明细分类账户，进行明细分类核算。

### （二）"制造费用"账户

"制造费用"账户属于成本类账户，用来核算企业为生产产品和提供劳务而发生的各项间接费用。包括车间管理人员的工资和福利费、折旧费、修理费、办公费、水电费、机物料消耗、劳动保护费、季节性和修理期间的停工损失等。该账户的借方登记各项间接费用的发生数，贷方登记分配计入有关的成本计算对象的间接费用，月末，该账户借方归集多少间接费用，都应按照适当的分配标准分配给各有关的成本计算对象，从其贷方转出，结转后期末无余额。该账户可按生产车间设置明细账，进行明细分类核算。

### （三）"库存商品"账户

"库存商品"账户属于资产类账户，用来核算企业库存各种商品成本增减变动及其结存情况。借方登记验收入库商品的成本，贷方登记发出商品的成本；期末余额在借方，表示库存商品成本。该账户可按产成品名称或种类设置明细账，进行明细分类核算。

### （四）"应付职工薪酬"账户

"应付职工薪酬"账户属于负债类账户，用来核算企业应付职工工资总额，包括各种工资、资金和津贴等。该账户贷方登记应付职工工资总额，借方登记实际支付给职工的工资。该账户期末如有借方余额，表示本月实际支付的工资数大于应付工资数，即为多支付的工资，如为贷方余额，则表示本月应付工资大于实际支付的工资数，即应付未付的工资。该账户可按职工薪酬项目设置明细账，进行明细分类核算。

### （五）"其他应收款"账户

"其他应收款"账户属于资产类账户，用来核算企业除应收账款、应收票据、预付账款以外的其他各种应收、暂付款项，包括各种赔款、罚款、备用金、应向职工收取的各种垫付款等。借方登记企业发生的各种其他应收款项，贷方登记收回的各种款项，余额一般在借方，表示期末尚未收回的其他应收款项。该账户可按不同的债务人设置明细账，进行明细分类核算。

### （六）"管理费用"账户

"管理费用"账户属于损益类账户，用以核算企业行政管理部门为组织和管理生产经营活动发生的各种费用。该账户的借方登记发生的各项管理费用，贷方登记期末转入"本年利润"账户的数额，期末结转后本账户无余额。为了具体核算管理费用的发生情况，可以按管理费用的项目设置明细分类账户，进行明细分类核算。

## 三、费用核算的一般程序

工业企业生产过程的核算，主要包括两项内容：
（1）归集、分配一定时期内企业生产过程中发生的各项费用，如材料、工资及计提的福利费、折旧费、修理费等各项费用。
（2）按一定种类的产品汇总各项费用，最终计算出各种产品的生产成本。

## 四、账务处理

### （一）材料费用的归集和分配

企业在生产过程中消耗的材料，应以仓储部门转来的"领料单"或"出库单"为依据，按照材料的具体用途，编制"材料耗费汇总表"，并据以进行会计处理。生产产品耗用的材料应记入"生产成本"账户；生产车间一般性耗用的材料先记入"制造费用"账户，月末再分配到产品成本中去，转入"生产成本"账户；管理部门、销售部门耗用的材料应分别记入"管理费用""销售费用"账户。

【例5-13】内蒙古东达有限公司本期领用材料如表5-1所示。

表 5-1　材料耗费汇总表

| 项目 | A 材料 | | B 材料 | | 金额合计/元 |
| --- | --- | --- | --- | --- | --- |
| | 数量/千克 | 金额/元 | 数量/千克 | 金额/元 | |
| 生产产品耗用 | 10 | 6 100 | 20 | 10 200 | 16 300 |
| 甲产品 | 5 | 3 050 | 10 | 5 100 | 8 150 |
| 乙产品 | 5 | 3 050 | 10 | 5 100 | 8 150 |
| 车间管理部门耗用 | 1 | 610 | | | 610 |
| 行政管理部门耗用 | | | 1 | 510 | 510 |
| 合计 | 11 | 6 710 | 21 | 10 710 | 17 420 |

分析：这是一笔领用材料的业务，一方面，应根据材料的用途分别记入"生产成本""制造费用""管理费用"账户的借方；另一方面，企业库存材料减少应记入"原材料"账户的贷方。根据材料耗费汇总表编写会计分录：

借：生产成本——甲产品　　　　　　　　　　　　　　　　　8 150
　　　　　　——乙产品　　　　　　　　　　　　　　　　　8 150
　　制造费用　　　　　　　　　　　　　　　　　　　　　　610
　　管理费用　　　　　　　　　　　　　　　　　　　　　　510
　　贷：原材料——A 材料　　　　　　　　　　　　　　　　6 710
　　　　　　——B 材料　　　　　　　　　　　　　　　　　10 710

### (二) 职工薪酬的归集和分配

职工薪酬是指企业支付给劳动者的劳动报酬，包括工资、奖金和津贴。在我国，企业职工除了按规定取得工资外，还可以享受一定的福利待遇，如享受公费医疗，接受困难补助等。为此，《企业会计制度》规定，企业可以按照应付工资总额的 14% 计提职工福利费。

**【例 5-14】** 分配结转本月的工资费用。其中，生产甲产品工人工资 30 000 元，生产乙产品工人工资 20 000 元，车间管理人员工资 6 000 元，行政管理部门人员工资 4 000 元。

分析：这是一笔工资费用分配的业务，一方面，生产工人工资应记入"生产成本"，车间管理人员工资应记入"制造费用"，行政管理人员工资应记入"管理费用"账户；另一方面，企业应付职工工资增加应记入"应付职工薪酬"账户的贷方。该业务应编制会计分录如下：

借：生产成本——甲产品　　　　　　　　　　　　　　　　　30 000
　　　　　　——乙产品　　　　　　　　　　　　　　　　　20 000

  制造费用                          6 000
  管理费用                          4 000
  贷：应付职工薪酬                    60 000

【例5-15】 以银行存款 60 000 元，支付本月职工工资。

分析：这是一笔支付工资的业务，一方面，企业应付职工工资减少应记入"应付职工薪酬"账户的借方；另一方面，企业银行存款减少应记入"银行存款"账户的贷方。该业务应编制会计分录如下：

  借：应付职工薪酬                    60 000
    贷：银行存款                    60 000

### （三）制造费用的归集与分配

  制造费用是企业为生产产品和提供劳务而发生的各项间接费用，这些费用企业应通过"制造费用"账户先归集在一起，月末转入"生产成本"账户。在生产多种产品的企业，还需要选用一定的分配标准在各种产品之间进行分配。因此，制造费用的核算应包括制造费用的归集和分配两部分。

  制造费用的归集。企业在生产过程中发生的各项制造费用，应根据有关凭证，借记"制造费用"账户，贷记"原材料""累计折旧""应付职工薪酬""银行存款"等账户。

  制造费用的分配。期末，企业将归集的各项制造费用，按照一定的分配方法，分配记入相关产品成本，借记"生产成本"账户，贷记"制造费用"账户。具体分配公式如下：

    制造费用分配率 = 制造费用总额 ÷ 各种产品生产工人工资（生产工时）总额
    某产品应负担的制造费用 = 该产品生产工人工资（生产工时）× 分配率

【例5-16】 按规定计提本月固定资产折旧费 5 000 元。其中，生产车间使用厂房机器设备应提折旧 3 000 元，行政管理部门使用固定资产应提折旧 2 000 元。

  借：制造费用                      3 000
    管理费用                      2 000
    贷：累计折旧                    5 000

【例5-17】 以银行存款 800 元支付水电费，生产车间一般耗用 500 元，行政管理部门耗用 300 元。

  借：制造费用                       500
    管理费用                       300
    贷：银行存款                     800

【例5-18】 公司策划部经理王平出差预借差旅费 5 000 元，以现金支付。

  借：其他应收款——王平                 5 000
    贷：库存现金                    5 000

【例5-19】 以现金 500 元支付生产车间购入的零星办公用品。

  借：制造费用                       500

贷：库存现金　　　　　　　　　　　　　　　　　　　　　　　　　　500

【例 5-20】　王平出差归来报销差旅费 4 500 元，余款交回。

借：管理费用　　　　　　　　　　　　　　　　　　　　　　　　　4 500
　　库存现金　　　　　　　　　　　　　　　　　　　　　　　　　　500
　贷：其他应收款——王平　　　　　　　　　　　　　　　　　　　5 000

【例 5-21】　分配本月发生的制造费用 10 610 元，按生产工人工资比例分配，转入生产成本账户。

制造费用分配率 = 10 610 ÷ (30 000 + 20 000) = 0.2122
甲产品应分配制造费用 = 30 000 × 0.2122 = 6 366（元）
乙产品应分配制造费用 = 20 000 × 0.2122 = 4 244（元）

表 5-2　制造费用分配表

| 产品名称 | 分配标准（生产工人工资）/元 | 分配率 | 分配额/元 |
| --- | --- | --- | --- |
| 甲产品 | 30 000 | 0.2122 | 6 366 |
| 乙产品 | 20 000 | 0.2122 | 4 244 |
| 合计 | 50 000 | | 10 610 |

根据表 5-2 编制会计分录：

借：生产成本——甲产品　　　　　　　　　　　　　　　　　　　6 366
　　　　　　　——乙产品　　　　　　　　　　　　　　　　　　　4 244
　贷：制造费用　　　　　　　　　　　　　　　　　　　　　　　10 610

## （四）完工产品生产成本的计算与结转

生产成本明细账分类反映期初在产品成本和本期发生的材料费用、人工费用和制造费用等生产费用合计，在期末没有在产品的情况下，归集到某一产品上的生产费用合计数，即为该产品的本月完工产品的制造成本；在期末产品全部未完工的情况下，归集到某一产品上的生产费用合计数，全部为本月在产品的制造成本；在期末既有完工产品又有在产品的情况下，则需采用一定的方法将归集到某一产品上生产费用合计数，在完工产品与在产品之间分配。其计算公式如下：

　　月初在产品成本 + 本月生产费用 = 本月完工产品成本 + 月末在产品成本

或

　　本月完工产品成本 = 月初在产品成本 + 本月生产费用 - 月末在产品成本

【例 5-22】　如表 5-3 所示，本月投产的甲产品 200 件，乙产品 100 件均全部完工，结转本月已完工产品生产成本，两种产品成本期初余额均为 0。

表 5-3 完工产品成本计算单　　　　　　　　　　　　　　单位：元

| 成本项目 | 甲产品（200 件） | | 乙产品（100 件） | |
|---|---|---|---|---|
| | 总成本 | 单位成本 | 总成本 | 单位成本 |
| 直接材料 | 8 150 | 40.75 | 8 150 | 81.50 |
| 直接人工 | 30 000 | 150.00 | 20 000 | 200.00 |
| 制造费用 | 6 366 | 31.83 | 4 244 | 42.44 |
| 产品生产成本 | 44 516 | 222.58 | 32 394 | 323.94 |

借：库存商品——甲产品　　　　　　　　　　　　　44 516
　　　　　　　——乙产品　　　　　　　　　　　　　32 394
　　贷：生产成本——甲产品　　　　　　　　　　　　44 516
　　　　　　　　——乙产品　　　　　　　　　　　　32 394

## 任务 5.5　销售业务的账务处理

销售业务的账务处理

企业生产出来的产品只有销售出去，其价值才会实现。在销售过程中，企业一方面，按照销售合同的规定出售产品，向客户收取货款；另一方面，销售过程还会发生一定的销售费用。

### 一、销售商品收入的确认

销售商品收入同时满足下列条件的，才能予以确认：
（1）企业已将商品所有权上的主要风险和报酬转移给购货方；
（2）企业既没有保留通常与所有权相联系的继续管理权，也没有对已售出的商品实施有效控制；
（3）收入的金额能够可靠地计量；
（4）相关的经济利益很可能流入企业；
（5）相关的已发生或将发生的成本能够可靠地计量。

### 二、账户设置

#### （一）"主营业务收入"账户

"主营业务收入"账户属于损益类账户，是用来核算企业在销售商品、提供劳务等主营业务获取的收入。该账户贷方登记企业销售商品、提供劳务所实现的收入，借方登记发生的销售退回和转入"本年利润"账户的收入,期末结转后,该账户应无余额。该账户可按销售产品的类别或品种设置明细分类账户,进行明细分类核算。

### (二)"其他业务收入"账户

"其他业务收入"账户属于损益类账户,用来核算企业确认的除主营业务活动以外的其他经营活动实现的收入,包括出租固定资产、出租无形资产、出租包装物和商品、销售材料、用材料进行非货币性交换(非货币性资产交换具有商业实质且公允价值能够可靠计量)或债务重组等实现的收入。该账户的贷方登记企业获得的其他业务收入,借方登记期末结转到"本年利润"账户的其他业务收入,结转后该账户应无余额。该账户按照其他业务的类别设置明细分类账户,进行明细分类核算。

### (三)"应收账款"账户

"应收账款"账户属于资产类账户,用来核算企业因销售商品、提供劳务等,应向购货单位或接受劳务单位收取的款项。该账户借方登记发生的应收而未收的货款,以及代购货单位垫付的运杂费等;贷方登记实际收到的应收款项和企业将应收款改用商业汇票结算而收到的商业汇票。期末余额在借方,表示应收但尚未收回的款项。该账户可按购货单位名称设置明细账,进行明细分类核算。

### (四)"应收票据"账户

"应收票据"账户属于资产类账户,用来核算企业因销售产品等收到的商业汇票。该账户借方登记企业收到的应收票据,贷方登记票据到期收回的票面金额和持未到期票据向银行贴现的票面金额,期末余额在借方,表示尚未到期的应收票据金额。该账户可按购货单位名称设置明细账,进行明细分类核算。

### (五)"预收账款"账户

"预收账款"账户属于负债类账户,用来核算企业按照合同规定向购货单位预收的款项。该账户的贷方登记预收购货单位的款项和购货单位补付的款项;借方登记向购货单位发出商品销售实现的货款和退回多收的款项。该账户期末余额一般在贷方,表示预收购货单位的款项或多收的货款。该账户可按购货单位名称设置明细账,进行明细分类核算。

### (六)"主营业务成本"账户

"主营业务成本"账户属于损益类账户,用来核算企业因销售商品、提供劳务等日常活动而发生的实际成本。该账户的借方登记已售商品、提供的各种劳务等的实际成本,贷方登记当月发生销售退回的商品成本和期末转入"本年利润"账户的当期销售产品成本,期末结转后该账户应无余额。该账户可按销售产品的类别或品种设置明细分类账户,进行明细分类核算。

## (七)"税金及附加"账户

"税金及附加"账户属于损益类账户,用来核算企业日常活动应负担的税金及附加。包括消费税、城市维护建设税、资源税、土地增值税和教育费附加等。该账户借方登记按照规定计算应由主营业务负担的税金及附加;贷方登记期末转入"本年利润"账户中的税金及附加,期末结转后该账户应无余额。

## (八)"其他业务成本"账户

"其他业务成本"账户属于损益类账户,用来核算企业其他业务所发生的各项支出。包括为获得其他业务收入而发生的相关成本、费用以及税金。该账户的借方登记企业其他业务所发生的各项成本支出,贷方登记期末转入"本年利润"账户的其他业务成本,期末结转后该账户应无余额。

## (九)"销售费用"账户

"销售费用"账户属于损益类账户,用来核算企业为销售商品所发生的各项费用,包括运输费、装卸费、保险费、展览费和广告费,以及为销售本企业商品而专设的销售机构(含销售网点、售后服务网点等)的职工工资及福利费等。该账户的借方登记发生的各种销售费用,贷方登记转入"本年利润"账户的销售费用,期末结转后该账户应无余额。

### 三、账务处理

确认销售商品收入时,应按实际收到或应收的金额,借记"应收账款""应收票据""银行存款""预收账款"等科目,按确定的销售收入金额,贷记"主营业务收入"等科目,按增值税专用发票上注明的增值税税额,贷记"应交税费——应交增值税(销项税额)"科目;同时,应结转已销售商品的实际成本,借记"主营业务成本"等科目,贷记"库存商品"等科目。企业也可在月末结转本月已销商品的实际成本。

企业销售原材料等确认其他业务收入时,按售价和应收取的增值税,借记"银行存款""应收账款"等科目,按实现的其他业务收入,贷记"其他业务收入"科目,按增值税专用发票上注明的增值税税额,贷记"应交税费——应交增值税(销项税额)"科目。结转出售原材料等的实际成本时,借记"其他业务成本"科目,贷记"原材料"等科目。

仍以内蒙古东达有限公司发生的经济业务为例,编制会计分录:

【例 5-23】 销售甲产品 100 件,每件 500 元,货款 50 000 元,增值税 6 500 元,货款尚未收到。

借:应收账款 56 500
  贷:主营业务收入——甲产品 50 000
    应交税费——应交增值税(销项税额) 6 500

【例 5-24】 销售乙产品 50 件,每件 600 元,货款 30 000 元,增值税税额 3 900 元,收到一张商业汇票。

　　借：应收票据　　　　　　　　　　　　　　　　　　　　　　33 900
　　　　贷：主营业务收入——乙产品　　　　　　　　　　　　　　　30 000
　　　　　　应交税费——应交增值税（销项税额）　　　　　　　　　3 900

【例5-25】 出售 D 材料一批，价值3 000元，增值税税额390元，款已收到存入银行。

　　借：银行存款　　　　　　　　　　　　　　　　　　　　　　3 390
　　　　贷：其他业务收入——D 材料　　　　　　　　　　　　　　3 000
　　　　　　应交税费——应交增值税（销项税额）　　　　　　　　　390

【例5-26】 收到某客户预付的货款80 000元存入银行。

　　借：银行存款　　　　　　　　　　　　　　　　　　　　　　80 000
　　　　贷：预收账款　　　　　　　　　　　　　　　　　　　　　80 000

【例5-27】 以银行存款支付本月广告费5 000元。

　　借：销售费用　　　　　　　　　　　　　　　　　　　　　　5 000
　　　　贷：银行存款　　　　　　　　　　　　　　　　　　　　　5 000

【例5-28】 月末结转出售 D 材料实际成本2 000元。

　　借：其他业务成本　　　　　　　　　　　　　　　　　　　　2 000
　　　　贷：原材料——D 材料　　　　　　　　　　　　　　　　　2 000

【例5-29】 月末核算应交城市维护建设税3 000元。

　　借：税金及附加　　　　　　　　　　　　　　　　　　　　　3 000
　　　　贷：应交税费——应交城市维护建设税　　　　　　　　　　3 000

【例5-30】 月末结转已销售商品成本，甲产品单位成本223元，乙产品单位成本324元。

　　借：主营业务成本——甲产品　　　　　　　　　　　　　　　22 300
　　　　　　　　　　——乙产品　　　　　　　　　　　　　　　16 200
　　　　贷：库存商品——甲产品　　　　　　　　　　　　　　　　22 300
　　　　　　　　　　——乙产品　　　　　　　　　　　　　　　　16 200

# 任务5.6　利润形成与分配业务的账务处理

## 一、利润形成的账务处理

利润形成的计算

### （一）利润的形成

利润是企业在一定会计期间的经营成果，包括收入减去费用后的净额，直接计入当期损益的利得和损失等，利润由营业利润、利润总额和净利润三个层次构成。

**1. 营业利润**

营业利润这一指标能够比较恰当的反映企业管理者的经营业绩，计算公式如下：

营业利润 = 营业收入 − 营业成本 − 税金及附加 − 销售费用 −

管理费用 − 财务费用 − 资产减值损失 +

公允价值变动收益（−公允价值变动损失）+

投资收益（−投资损失）

其中，营业收入 = 主营业务收入 + 其他业务收入

营业成本 = 主营业务成本 + 其他业务成本

**2. 利润总额**

利润总额，又称税前利润，计算公式如下：

利润总额 = 营业利润 + 营业外收入 − 营业外支出

营业外收入和营业外支出，是指企业发生的与其生产经营活动无直接关系的各项利得和损失。营业外收入包括：非流动资产毁损报废收益、盘盈利得（如无法查明原因的现金盘盈）、捐赠利得、无法支付的应付账款、与企业日常活动无关的政府补助。营业外支出包括：非流动资产毁损报废损失、捐赠支出、盘亏损失（如固定资产盘亏损失）、罚款支出、非常损失（如自然灾害）。

**3. 净利润**

净利润，又称税后利润，是利润总额扣除所得税费用后的净额，计算公式如下：

所得税费用 = 利润总额 × 所得税税率

净利润 = 利润总额 − 所得税费用

## （二）账户设置

**1. "本年利润"账户**

"本年利润"账户属于所有者权益类账户，用来核算企业利润（或亏损）总额的形成。该账户贷方登记"主营业务收入""其他业务收入""投资收益""营业外收入"等账户的转入数；借方登记"主营业务成本""税金及附加""其他业务成本""销售费用""管理费用""财务费用""营业外支出""所得税费用"等账户的转入数；期末余额若在贷方，表示企业实现的净利润，期末余额若在借方，则表示企业发生的亏损。

**2. "投资收益"账户**

"投资收益"账户属于损益类账户，用来核算企业对外投资取得的收入或发生的损失。该账户贷方登记企业取得的投资收益，借方登记发生的投资损失；期末应将本账户发生额转入"本年利润"账户，结转后无余额。

**3. "营业外收入"账户**

"营业外收入"账户属于损益类账户，用来核算企业发生的与经营业务无直接关系的各项收入。该账户贷方登记营业外收入的增加数，借方登记期末转入"本年利润"账户的营业外收入数，期末结转后无余额。

4. "营业外支出"账户

"营业外支出"账户属于损益类账户,用来核算企业发生的与经营业务无直接关系的各项支出。该账户借方登记营业外支出的发生数,贷方登记期末转入"本年利润"账户的营业外支出数,期末结转后无余额。

5. "所得税费用"账户

"所得税费用"账户属于损益类账户,用来核算企业所得税费用。该账户借方登记所得税费用的发生数,贷方登记期末转入"本年利润"账户的所得税数额,期末结转后无余额。

(三) 账务处理

会计期末,结转各项收入时,应借记"主营业务收入""其他业务收入""投资收益""营业外收入"等科目,贷记"本年利润"科目;结转各项费用支出时,应借记"本年利润"科目,贷记"主营业务成本""其他业务成本""税金及附加""销售费用""管理费用""财务费用""资产减值损失""营业外支出""所得税费用"等科目。结转后"本年利润"科目如为贷方余额,表示当年实现的净利润;如为借方余额,表示当年发生的净亏损。

【例5-31】 收到一笔罚款收入1 000元,存入银行。

借:银行存款　　　　　　　　　　　　　　　　　　　1 000
　　贷:营业外收入　　　　　　　　　　　　　　　　　　1 000

【例5-32】 以银行存款10 000元捐赠地震灾区。

借:营业外支出——公益捐赠　　　　　　　　　　　　10 000
　　贷:银行存款　　　　　　　　　　　　　　　　　　10 000

【例5-33】 收到向联营企业投资的收益80 000元,存入银行。

借:银行存款　　　　　　　　　　　　　　　　　　　80 000
　　贷:投资收益　　　　　　　　　　　　　　　　　　80 000

【例5-34】 月末根据前述资料计算本月利润及所得税费用(1—11月净利润为90 000元,所得税率为25%)。

营业利润 = 营业收入 - 营业成本 - 税金及附加 - 销售费用 -
　　　　　 管理费用 - 财务费用 + 投资收益
　　　　 = 50 000 + 30 000 + 3 000 - 22 300 - 16 200 - 2 000 - 3 000 - 5 000 -
　　　　　 11 310 - 500 + 80 000
　　　　 = 102 690 (元)

利润总额 = 营业利润 + 营业外收入 - 营业外支出
　　　　 = 102 690 + 1 000 - 10 000 = 93 690 (元)

所得税费用 = 93 690 × 25% = 23 423 (元)

全年净利润 = 93 690 - 23 423 + 90 000 = 160 267 (元)

借:所得税费用　　　　　　　　　　　　　　　　　　23 423
　　贷:应交税费——应交所得税　　　　　　　　　　　23 423

【例5-35】 月末将各损益账户发生额转入"本年利润"账户。

借：本年利润 93 733
　　贷：主营业务成本——甲产品 22 300
　　　　　　　　　　——乙产品 16 200
　　　　其他业务成本——D材料 2 000
　　　　税金及附加 3 000
　　　　销售费用 5 000
　　　　管理费用 11 310
　　　　财务费用 500
　　　　营业外支出 10 000
　　　　所得税费用 23 423
借：主营业务收入——甲产品 50 000
　　　　　　　　——乙产品 30 000
　　其他业务收入——D材料 3 000
　　营业外收入 1 000
　　投资收益 80 000
　　贷：本年利润 164 000

## 二、利润分配的账务处理

利润分配是指企业根据国家有关规定和企业章程、投资者的决议等，对企业当年可供分配的利润所进行的分配。利润分配的过程与结果，不仅关系到每个股东的合法权益是否得到保障，而且还关系到企业未来的发展。

利润分配的计算

### （一）利润分配的顺序

根据我国《公司法》等有关法规的规定，企业当年实现的净利润，一般应按照下列顺序进行分配。

1. 计算可供分配的利润

企业在进行利润分配前，首先应计算出可供分配的利润。如果可供分配的利润为负数（即亏损），则不能进行后续分配；如果可供分配利润为正数（即本年累计盈利），则进行后续分配。

可供分配的利润 = 当年净利润（或亏损）+ 年初未分配利润 −
　　　　　　　　弥补以前年度亏损 + 其他转入的金额

2. 提取法定盈余公积

按照《公司法》的有关规定，公司应当按照当年净利润（抵减年初累计亏损后）的10%提取法定盈余公积金，法定盈余公积金已达注册资本的50%时可不再提取。

3. 提取任意盈余公积

公司提取法定盈余公积后，经股东会或股东大会决议，还可以从净利润中提取任意盈余公积。

4. 向投资者分配利润（或股利）

企业可供分配的利润扣除提取的盈余公积后，形成可供投资者分配的利润，即：可供投资者分配的利润＝可供分配的利润－提取的盈余公积。

企业可采用现金股利、股票股利和财产股利等形式向投资者分配利润（或股利）。

## （二）账户设置

1. "利润分配"账户

"利润分配"账户属于所有者权益类账户，用来核算企业利润的分配（或亏损的弥补）和历年分配（或弥补）后的结存数额。该账户的借方登记按规定实际分配的利润数；贷方登记年终时从"本年利润"账户借方转来的全年实现的净利润总额；年终贷方余额表示历年积存的未分配利润，如为借方余额，则表示历年积存的未弥补亏损。该账户应设置"提取法定盈余公积""提取任意盈余公积""应付现金股利""未分配利润"等明细账户，进行明细分类核算。

2. "盈余公积"账户

"盈余公积"账户属于所有者权益类账户，用来核算企业从净利润中提取的盈余公积。该账户的贷方登记提取盈余公积数；借方登记盈余公积的支出数，包括弥补亏损、转增资本、分配利润等；期末余额在贷方，反映企业提取的盈余公积余额。

3. "应付股利"账户

"应付股利"账户属于负债类账户，用来核算应分配给投资者的现金股利或利润。该账户贷方登记企业确定应付给投资者的股利或利润，借方登记实际支付的股利或利润。期末余额在贷方，反映企业尚未支付的股利或利润。

## （三）账务处理

1. 净利润转入利润分配

会计期末，企业应将"本年利润"科目的本年累计余额转入"利润分配——未分配利润"科目。如"本年利润"为贷方余额，借记"本年利润"科目，贷记"利润分配——未分配利润"科目；如为借方余额，做相反的会计分录。结转后"本年利润"科目应无余额。

2. 提取盈余公积

企业按规定提取法定盈余公积，借记"利润分配——提取法定盈余公积"科目，贷记"盈余公积——法定盈余公积"科目；提取任意盈余公积，借记"利润分配——提取任意盈余公积"科目，贷记"盈余公积——任意盈余公积"科目。

3. 向投资者分配利润或股利

企业根据股东大会或类似机构审议批准的利润分配方案，按应支付的现金股利或利润，借记"利润分配——应付现金股利"科目，贷记"应付股利"科目；以股票股利转作股本的金额，借记"利润分配——转作股本股利"科目，贷记"股本"科目。

董事会或类似机构通过的利润分配方案中拟分配的现金股利或利润，不做账务处理，但应在附注中披露。

4. 盈余公积补亏

企业发生的亏损，除用当年实现的净利润弥补外，还可使用累积的盈余公积弥补，以盈余公积弥补亏损时，借记"盈余公积"科目，贷记"利润分配——盈余公积补亏"科目。

5. 企业未分配利润的形成

年度终了，企业应将"利润分配"科目所属的其他明细科目的余额转入该科目的"未分配利润"明细科目，即借记"利润分配——未分配利润""利润分配——盈余公积补亏"贷记"利润分配——提取法定盈余公积""利润分配——提取任意盈余公积""利润分配——应付现金股利""利润分配——转作股本股利"等科目。结转后，"利润分配"的明细科目除"未分配利润"有余额之外，所属的其他明细科目均无余额，"利润分配——未分配利润"科目贷方余额表示累积未分配的利润，该科目如为借方余额，则表示累积未弥补的亏损。

仍以内蒙古东达有限公司发生的经济业务为例，编制会计分录。

【例 5-36】 月末将全年净利润转入"利润分配——未分配利润"账户。

借：本年利润　　　　　　　　　　　　　　　　　　　　　　160 267
　　　贷：利润分配——未分配利润　　　　　　　　　　　　　　　160 267

【例 5-37】 月末按税后利润 10% 提取法定盈余公积，按 5% 提取任意盈余公积，30% 分配现金股利，则：

提取法定盈余公积：160 267 × 10% = 16 027（元）

提取任意盈余公积：160 267 × 5% = 8 014（元）

应付现金股利：160 267 × 30% = 48 080（元）

未分配利润：160 267 - 16 027 - 8 014 - 48 080 = 88 146（元）

这项经济业务的会计分录为：

借：利润分配——提取法定盈余公积　　　　　　　　　　　　　16 027
　　　　　　——提取任意盈余公积　　　　　　　　　　　　　　8 014
　　　贷：盈余公积——法定盈余公积　　　　　　　　　　　　　16 027
　　　　　　　　　——任意盈余公积　　　　　　　　　　　　　8 014
借：利润分配——应付现金股利　　　　　　　　　　　　　　　48 080
　　　贷：应付股利　　　　　　　　　　　　　　　　　　　　　48 080

【例 5-38】 月末将全年已分配的利润结转到"利润分配——未分配利润"明细账户。

借：利润分配——未分配利润　　　　　　　　　　　　　　　　72 121
　　　贷：利润分配——提取法定盈余公积　　　　　　　　　　　16 027

　　　　——提取任意盈余公积　　　　　　　　　　　　　　　8 014
　　　　——应付现金股利　　　　　　　　　　　　　　　　48 080

【思考】"利润分配——未分配利润"账户余额是多少？

## 【项目小结】

　　本项目主要针对工业企业在经营过程中发生的主要经济业务进行会计核算，包括资金筹集业务、设备购置业务、材料采购业务、产品生产业务、商品销售业务以及利润形成与分配业务的账务处理。资金筹集业务设置的账户有"实收资本""资本公积""短期借款""长期借款"等；设备购置业务设置的账户有"固定资产""在建工程""累计折旧"等；材料采购业务设置的账户有"在途物资""材料采购""应交税费""原材料""应付账款"等；产品生产业务设置的账户有"生产成本""制造费用""库存商品"等；商品销售业务设置的账户有"主营业务收入""主营业务成本""销售费用""应收账款"等；利润形成与分配业务设置的账户有"本年利润""利润分配""盈余公积""应付股利""营业外收入""营业外支出"等。

## 【项目考核】

### 一、单项选择题

1. "固定资产"账户反映固定资产的（　　）。
   A. 磨损价值　　　B. 累计折旧　　　C. 原始价值　　　D. 净值
2. 企业2月末应收款总额300万元，3月份收回欠款80万元，用银行存款归还借款40万元，收到客户交来预付款5万元，则3月末应收款总额为（　　）。
   A. 220万元　　　B. 180万元　　　C. 185万元　　　D. 345万元
3. 与制造费用账户不可能发生对应关系的是（　　）。
   A. 银行存款　　　B. 生产成本　　　C. 库存商品　　　D. 应付职工薪酬
4. 期间费用账户期末余额为（　　）。
   A. 借方余额　　　　　　　　　　　B. 贷方余额
   C. 没有余额　　　　　　　　　　　D. 有可能借方、也有可能贷方
5. 乙公司为增值税一般纳税人，从外地购入A材料10吨，货款计10 000元，增值税税额1 300元，并以现金支付所负担的A材料运杂费400元，则A材料的采购成本为（　　）。
   A. 10 000元　　　B. 11 300元　　　C. 12 000元　　　D. 10 400元
6. 材料采购成本一般不包括下列（　　）内容。
   A. 买价　　　　　　　　　　　　　B. 采购人员差旅费
   C. 装卸费　　　　　　　　　　　　D. 运输费
7. 丙公司为增值税一般纳税人，购买甲材料200千克，单价90元，增值税进项税额2 340元，另支付运费800元，则甲材料的实际成本是（　　）元。
   A. 18 000　　　B. 20 340　　　C. 18 800　　　D. 21 140

8. 某企业为增值税一般纳税人，本期购入原材料一批，发票价款为 40 000 元，增值税额为 5 200 元；运输途中合理损耗 120 元，入库前发生的整理挑选费为 1 400 元。该批原材料的入账价值为（　　）。

A. 40 000 元　　　B. 41 400 元　　　C. 41 280 元　　　D. 46 720 元

9. 下列费用中，不应计入产品成本的有（　　）。

A. 直接材料费　　　　　　　　B. 直接人工费
C. 制造费用　　　　　　　　　D. 期间费用

10. 下列项目中，不属于生产成本的是（　　）。

A. 生产产品领用的材料　　　　B. 生产工人的工资
C. 生产用固定资产折旧　　　　D. 厂部管理人员工资

11. 企业购入需要安装的固定资产发生的安装费用应记入（　　）科目。

A. 固定资产　　B. 在建工程　　C. 管理费用　　D. 营业外支出

12. 下列各项中，不应计提固定资产折旧的有（　　）。

A. 经营租入的设备
B. 融资租入的办公楼
C. 已投入使用但未办理竣工决算的厂房
D. 已达到预定可使用状态但未投产的生产线

13. 下列关于固定资产计提折旧的表述，错误的是（　　）。

A. 提前报废的固定资产不再补提折旧
B. 固定资产折旧方法一经确定不得随意改变
C. 已提足折旧但仍继续使用的固定资产不再计提折旧
D. 自行建造的固定资产应自办理竣工决算时开始计提折旧

## 二、判断题

1. 材料采购是损益类账户，期末应全部转入"本年利润"的借方。（　　）
2. 企业材料采购成本是供货单位发票上的价税合计数与进货费用之和。（　　）
3. 企业管理部门消耗的材料也应记入商品生产成本。（　　）
4. 已销商品的成本应包含商品生产成本、销售费用。（　　）
5. 制造费用账户期末应结转至本年利润，该账户结转后无余额。（　　）
6. 管理费用、制造费用均属于期间费用。（　　）

## 【任务实施】

### 实训一　练习工业企业筹集资金业务的账务处理

资料：某公司 2021 年 8 月份发生下列业务：

（1）1 日，接受外商投资 70 000 元存入银行。

（2）5 日，接受外单位投资厂房价值 50 000 元。

（3）8 日，从金融机构借入款项 20 000 元，存入银行，该借款期限为 6 个月。

(4) 20 日，计提短期借款利息 1 000 元，尚未支付。

(5) 25 日，以银行存款 30 000 元偿还已到期的短期借款。

要求：编制会计分录。

### 实训二　练习材料采购业务的账务处理

资料：某公司 2021 年 9 月份发生下列有关材料采购的经济业务：

(1) 2 日，采购员张立出差预借差旅费 1 000 元，以现金付讫。

(2) 3 日，公司购入 A，B，C 三种材料，增值税率 13%，材料未入库，开出一张商业汇票。其中：A 材料 1 500 千克，单价 20 元，计 30 000 元；B 材料 1 000 千克，单价 16 元，计 16 000 元；C 材料 500 千克，单价 8 元，计 4 000 元。

(3) 5 日，以银行存款支付上述材料运费 600 元，按重量比例分配采购费用。

(4) 8 日，采购员张立出差归来，报销差旅费 1 200 元，补付现金 200 元。

(5) 10 日，本月购入的 A，B，C 材料已到货，验收入库，结转其成本。

(6) 12 日，收到某客户预付货款 50 000 元存入银行。

要求：编制会计分录。

### 实训三　练习固定资产业务的账务处理

资料：乙公司为增值税一般纳税人，对运输车辆采用工作量法计提折旧。2020 年 12 月 20 日，该公司管理部门购入小轿车一辆，价款 300 000 元，增值税 39 000 元，另支付保险费 9 000 元，款项均以银行存款支付。即日起投入使用，预计行驶里程为 200 000 千米，预计净残值为 10 000 元，2021 年 1 月行驶 5 000 千米。

要求：

(1) 编制乙公司购入车辆时的会计分录。

(2) 计算 2021 年 1 月应计提的折旧额。

(3) 编制乙公司 2021 年 1 月计提折旧时的会计分录。

### 实训四　练习生产过程业务的账务处理

资料：某公司 2021 年 9 月发生下列生产业务：

(1) 5 日，仓库发出材料，用途如下：生产甲产品用料 6 500 元，生产乙产品用料 12 500 元，车间用料 800 元，管理部门用料 200 元。

(2) 6 日，开出现金支票 80 000 元，提取现金直接发放工资。

(3) 8 日，开出现金支票 600 元购买办公用品。

(4) 9 日，行政管理人员报销差旅费 1 500 元，原预支 1 000 元，差额补付现金。

(5) 25 日，结算本月应付职工工资，按用途归集如下：

甲产品生产工人工资 25 000 元

乙产品生产工人工资 20 000 元

车间管理人员工资 14 000 元

厂部管理人员工资12 000元。

（6）26日，以银行存款支付水电费5 000元，其中：车间水电费3 000元，管理部门水电费2 000元。

（7）30日，计提固定资产折旧8 000元，其中：车间5 000元，管理部门3 000元。

（8）30日，按生产工人工资比例分配制造费用。

（9）30日，结转本月完工产品成本，其中甲产品全部完工，乙产品全部未完工，期初在产品成本均为0。

要求：根据上述经济业务编制会计分录。

### 实训五　练习销售过程的账务处理

资料：某公司2021年6月发生如下经济业务：

（1）5日，向华中工厂出售甲产品200件，单价70元，增值税率13%，货款尚未收到。

（2）10日，向华东工厂出售乙产品500件，单价90元，增值税率13%，款项均已存入银行。

（3）15日，以现金支票支付财务部门购买办公用品500元。

（4）20日，预收客户订货款50 000元存入银行。

（5）30日，以银行存款支付广告费20 000元。

（6）30日，结算本月销售机构人员工资3 000元。

（7）30日，出售A材料500千克，每千克售价30元，增值税率13%，货款收到存入银行。

（8）30日，结转已销售材料成本。（每千克成本20元）

（9）30日，结转已销售商品成本，甲产品单位成本30元，乙产品单位成本50元。

（10）30日，计提本月应交城建税800元、教育费附加500元。

要求：根据上述各项经济业务编制会计分录。

### 实训六　练习销售业务的账务处理

资料：某公司2021年7月份发生如下经济业务：

（1）2日，收到立信公司预付款3 500元存入银行。

（2）3日，售出甲商品50件，单价70元，共计3 500元，增值税率13%，货款未收。

（3）5日，收到X公司前欠购货款8 000元，存入银行。

（4）8日，购入丁材料4 000元，增值税率13%，开出一张商业汇票。

（5）10日，收取出租包装物的押金350元存入银行。

（6）15日，以银行存款50 000元归还前欠货款。

（7）20日，没收逾期未退的包装物押金2 000元。

（8）30日，将无法偿还的应付账款3 700元转作营业外收入。

要求：编制会计分录。

## 实训七　练习工业企业日常经济业务的账务处理

资料：甲公司2021年8月发生以下经济业务：

（1）2日，收到国家投入的资金200 000元，存入银行。

（2）5日，收到A公司投入的设备一台，双方协议价120 000元，设备已投入使用。

（3）6日，B公司投入商标权，专家评估价90 000元。

（4）8日，按照合同规定，向E公司预付材料款50 000元。

（5）10日，向银行申请借入流动资金200 000元，期限3个月，已存入银行。

（6）12日，从D公司购入材料，买价50 000元，增值税6 500元，对方代垫运费600元，款未付，材料已验收入库。

（7）15日，开出一张银行承兑汇票抵付D公司货款，面值58 600元。

（8）16日，以现金支付车间购买办公用品500元。

（9）18日，根据领料汇总表分配材料费：生产丙产品领用材料60 000元，生产丁产品领用材料40 000元，车间一般耗用2 000元，行政管理部门耗用500元，销售部门耗用300元。

（10）20日，分配本月工资：生产丙产品工人工资40 000元，生产丁产品工人工资20 000元，车间管理人员工资15 000元，行政管理人员工资18 000元，销售人员工资12 000元。

（11）20日，以现金支付车间水电费5 000元。

（12）22日，结转分配本月制造费用，按生产工人工资分配。

（13）22日，已知丙产品期初在产品成本15 000元，期末在产品成本50 000元；丁产品期初在产品成本8 500元，期末在产品成本10 000元，本月完工丙、丁产品各1 000件，计算丙、丁完工产品总成本及单位成本，并结转完工产品成本。

（14）23日，销售给F公司丙产品500件，单价200元，增值税率13%，收到一张商业汇票。

（15）23日，预收X公司货款80 000元，存入银行。

（16）25日，销售不需用材料300千克，单价50元，增值税率13%，款已收。

（17）26日，支付因销售产品而发生的运输费2 000元。

（18）28日，销售给Y公司丁产品500件，单价100元，增值税率13%，款未收。

（19）31日，月末结转已销售产品成本。

（20）31日，月末结转已销售材料成本12 000元。

（21）31日，月末计算本月应交城建税3 200元。

（22）31日，从其他单位分得投资利润20 000元，存入银行。

（23）31日，收到其他单位捐赠利得50 000元，存入银行。

（24）31日，以银行存款支付罚款2 000元。

（25）31日，月末计算应交所得税。

（26）31日，结转损益类账户，并计算净利润。

(27) 将净利润转入利润分配账户。
(28) 按净利润10%提取法定盈余公积金。
(29) 按利润分配方案，应向投资者分配现金股利 5 000 元。
(30) 结转利润分配各明细账户。

要求：编制会计分录。

# 项目 6
# 会计凭证

## 【知识目标】

1. 理解会计凭证的概念、作用及其分类；
2. 了解会计凭证的传递程序和保管要求；
3. 掌握填制和审核会计凭证的方法。

## 【技能目标】

1. 能够正确填制和审核原始凭证；
2. 能够正确填制和审核记账凭证。

## 【案例导入】

内蒙古蓝天服装有限公司（增值税一般纳税人）销售部门张华，2021年5月1日去上海参加商品展销会，5月6日出差回来报销差旅费。张华提供的原始单据有：出差审批表、借款单、差旅费报销单、航空运输电子客票行程单、航空意外保险发票、住宿发票。

请结合本项目所学内容，思考：

1. 上述原始单据属于哪类会计凭证，应如何分类？
2. 会计凭证的填制和审核，应符合哪些具体要求？

## 【会计核算流程图】

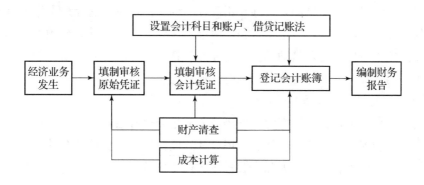

# 任务 6.1　认识会计凭证

会计凭证

## 一、会计凭证的概念与作用

### （一）会计凭证的概念

会计凭证简称凭证，是记录经济业务，明确经济责任，作为登记账簿依据的书面证明。会计主体办理任何一项经济业务，都必须办理凭证手续，由执行和完成该项经济业务的有关人员取得或填制会计凭证，记录经济业务的发生日期、具体内容以及数量和金额，并在凭证上签名或盖章，对经济业务的合法性、真实性和正确性负责。所有会计凭证都要由会计部门审核无误后才能作为记账的依据。

### （二）会计凭证的作用

填制和审核会计凭证，是会计核算的专门方法之一。会计核算程序主要包括填制和审核会计凭证、登记会计账簿、编制会计报表三个步骤，其中，填制和审核会计凭证是整个会计核算工作的起点和基础。因此，准确填制和严格审核会计凭证，对完成会计工作的任务，实现会计的职能，充分发挥会计的作用，具有重要的意义。

1. 会计凭证是登记账簿的依据

会计凭证是记账的依据，任何一笔经济业务都要记账，记账必须以审核无误的会计凭证为依据，这就保证了账簿记录的真实性和正确性，保证了会计的信息质量，防止主观随意性和弄虚作假等行为的发生。

2. 会计凭证是加强经济责任制的手段

由于会计凭证记录了每项经济业务的内容，并要求有关部门和经办人员签章，这就要求有关部门和人员对经济活动的真实性、正确性、合法性负责。这无疑会增强有关部门和有关人员的责任感，促使他们严格执行相关政策、法令、制度、计划或预算。如果发生违法乱纪或经济纠纷事件，也可借助于会计凭证确定各经办部门和人员所负的经济责任，并据以进行正确的处理，从而加强经营管理的岗位责任制。

3. 会计凭证是实行会计监督的条件

通过会计凭证的审核，可以查明各项经济业务是否符合法规、制度的规定，有无贪污盗窃、铺张浪费和损公肥私行为，从而发挥会计的监督作用，保护各会计主体所拥有资产的安全完整，维护投资者、债权人和有关各方的合法权益。

## 二、会计凭证的种类

会计凭证按其填制程序和用途的不同，可以分为原始凭证和记账凭证两大类。

### （一）原始凭证

原始凭证是记录经济业务已经发生、执行或完成情况，用以明确经济责任，作为记账依据的最初的书面证明文件，如出差乘坐的车船票、采购材料的发货票、领料单等。原始凭证是在经济业务发生的过程中直接产生的，是经济业务发生的最初证明，在法律上具有证明效力。凡不能证明经济业务发生或完成情况的各种单证不能作为原始凭证并据以记账，如购销合同、采购申请单、银行存款余额调节表等。

### （二）记账凭证

记账凭证是会计人员根据审核无误的原始凭证或汇总原始凭证填制的，用来确定经济业务应借、应贷的会计科目和金额，作为登记账簿直接依据的会计凭证。在登记账簿之前，应按实际发生经济业务的内容编制会计分录，然后据以登记账簿，在实际工作中，会计分录是通过填制记账凭证来完成的。

由于原始凭证来自不同的单位，种类繁多，数量庞大，格式不一，不能清楚地表明应记入的会计科目的名称和方向。为了便于登记账簿，需要根据原始凭证反映的不同经济业务，加以归类和整理，填制具有统一格式的记账凭证，确定会计分录，并将相关的原始凭证附在后面。这样不仅可以简化记账工作、减少差错，而且有利于原始凭证的保管，便于对账和查账，提高会计工作质量。

# 任务 6.2　原始凭证

## 【任务导入】

内蒙古蓝天服装有限公司（增值税一般纳税人）2021 年 11 月 11 日向民族有限公司销售服装，其中男装 60 件，单价 600 元，女装 50 件，单价 800 元，增值税率 13%，由公司开票人员开具增值税专用发票。

请结合本任务所学内容，将增值税专用发票内容填列齐全。

**内蒙古增值税专用发票**

发票联

开票日期：　　年　　月　　日

| 购货单位 | 名　　　称： |||| 密码区 | 78945＊54＋3－47＜45＞＞＞3<br>579235＊65＋65－＊＜＜＞3640＊<br>63895＊54＋3－47＜45＞＞＞3<br>92635＊65＋65－＊＜＜＞3640＊ ||
||纳税人识别号：150102234567890 ||||||
||地　　　址：呼和浩特海东路××号 ||||||
||开户银行及账号：工商银行海东路支行<br>　　　　　　　6222020602168765432 ||||||
| 货物或应税劳务名称 | 规格型号 | 单位 | 数量 | 单价 | 金额 | 税率（％） | 税额 |
|  |  |  |  |  |  |  |  |
|  |  |  |  |  |  |  |  |
| 合计 |  |  |  |  |  |  |  |
| 价税合计（大写） ||||| (小写) |||
| 销货单位 | 名　　　称： |||| 备注 ||| 
||纳税人识别号：150105114156789 ||||||
||地　　　址：呼和浩特市新华大街××号 ||||||
||开户银行及账号：工商银行大学路支行<br>　　　　　　　62220206020007654321 ||||||

收款人：　　　　复核：　　　　开票人：　　　　销货单位：（公章）

## 一、原始凭证的种类

### （一）原始凭证按其取得的来源不同分类

1. 自制原始凭证

自制原始凭证是指在经济业务发生、执行或完成时，由本单位的经办人员自行填制的原始凭证，如收料单、领料单、产品入库单、报销单等。

2. 外来原始凭证

外来原始凭证是指在经济业务发生时，从其他单位或个人取得的凭证。例如，购货时取得的发票，付款时取得的收据等都属于外来原始凭证。外来原始凭证一般都是一次凭证。

 **知识链接**

外来的原始凭证可以没有公章吗？

《会计基础工作规范》明确指出："从外单位取得的原始凭证，必须盖有填制单位的公章"。而实际操作过程中，也存在一些特殊现象，出于习惯或使用单位认为不易伪造的原始凭证，则不加盖公章。例如：飞机票、船票、火车票和汽车票等一般都没有公章。

### （二）原始凭证按其格式不同分类

1. 通用原始凭证

通用原始凭证是指在一定范围内具有统一格式和使用方法的原始凭证。通用凭证的使用范围，可以是全国通用，也可以是某一地区、某一行业、某一系统内使用。例如，全国统一使用的银行转账结算凭证，某一地区统一印制的增值税专用发票等，如表6-1、表6-2所示。

2. 专用原始凭证

专用原始凭证是指一些单位具有特定内容和专门用途的原始凭证。例如，差旅费报销单等。

### （三）原始凭证按填制的手续和内容不同分类

1. 一次凭证

一次凭证是指只反映一项经济业务，或者同时反映若干项同类性质的经济业务，其填制手续是一次完成的会计凭证。如企业购进材料验收入库，由仓库保管员填制的"收料单"；车间或班组向仓库领用材料时填制的"领料单"；以及报销人员填制的、出纳人员据以付款的"报销凭单"等，都是一次凭证，如表6-3所示领料单。

2. 累计凭证

累计凭证是指在一定期间内，连续多次记载若干不断重复发生的同类经济业务，直到期末凭证填制手续才算完成，以期末累计数作为记账依据的原始凭证，如工业企业常用的限额领料单（见表6-4）等。使用累计凭证，可以简化核算手续，能对材料消耗、成本管理起事先控制作用，是企业进行计划管理的手段之一。

表6-1 银行收款通知

中国工商银行进账单 （回单或收账通知）

20 年 月 日 第 号

| 付款人 | 全称 | | 收款人 | 全称 | | | | | | | | | | | 此联是收款人开户行交给收款人的回单或收账通知 |
|---|---|---|---|---|---|---|---|---|---|---|---|---|---|---|---|
| | 账号 | | | 账号 | | | | | | | | | | | |
| | 开户银行 | | | 开户银行 | | | | | | | | | | | |
| 人民币（大写） | | | | | | 千 | 百 | 十 | 万 | 千 | 百 | 十 | 元 | 角 | 分 |
| | | | | | | | | | | | | | | | |
| 票据种类 | | | | | | | | | | | | | | | |
| | | | | | | | | | | | | | | | |
| | | | | | 收款人开户银行盖章 | | | | | | | | | | |

表 6-2　××市增值税专用发票

NO：11675232

发票联　　　　开票日期：20××年8月10日

| 购买方 | 名　　称：红星加工厂<br>纳税人识别号：410305123467568<br>地　址、电　话：××市中山路8号 63249865<br>开户银行及账号：工行中山分理处 321678954 | | | | | | 密码区 | | |
|---|---|---|---|---|---|---|---|---|---|
| 货物或应税劳务名称 | 规格型号 | 单位 | 数量 | 单价 | 金额 | | 税率 | 税额 | |
| 甲材料 | E-66 | 千克 | 500 | 1 000.00 | 500 000.00 | | 13% | 65 000.00 | |
| 合计 | | | | | ¥500 000.00 | | | ¥65 000.00 | |
| 价税合计（大写） | 伍拾陆万伍仟元整 | | | | | | | ¥565 000.00 | |
| 销售方 | 名　　称：永安材料厂<br>纳税人识别号：563874997521012<br>地　址、电　话：××市鸿盛工业园区6号 76532928<br>开户银行及账号：建行明珠支行 86543298 | | | | | | 备注 | | |

收款人：张立　　　复合：赵宝强　　　开票人：孟志华　　　销售方：（章）

表 6-3　领料单

领料部门：　　　　　　　　　　　　　　　　　　　　　　　　编号：
用　途：　　　　　　　　　　年　月　日　　　　　　　　　　仓库

| 材料类别 | 材料编号 | 材料名称 | 规格 | 计量单位 | 数量 | | 单价 | 金额 |
|---|---|---|---|---|---|---|---|---|
| | | | | | 请领 | 实发 | | |
| | | | | | | | | |
| | | | | | | | | |
| | | | | | | | | |
| 合计 | | | | | | | | |

制单：　　　　　　审核：　　　　　　领料人：　　　　　　　　　　发料人：

表6-4 限额领料单

领料单位：第一车间　　　　　　　　　　　　　　　　　　　　　仓库：3号
用途：制造甲产品　　　　　　　　　　　　　　　　　　　　　　计划产量：1 000台
　　　　　　　　　　　　　　　　　　　　　　　　　　　　　　单位消耗定额：0.5千克/台

| 材料类别 | 材料编号 | 材料名称 | 规格 | 计量单位 | 单价 | 领料限额 | 全月实领 | |
|---|---|---|---|---|---|---|---|---|
| | | | | | | | 数量 | 金额 |
| 黑色金属 | 8303 | 圆钢 | ×× | 千克 | 2 | 1 000 | 950 | 1 900 |

| 日期 | 请领 | | | 实发 | | 代用材料 | | | 限额节余 |
|---|---|---|---|---|---|---|---|---|---|
| | 数量 | 领料单位负责人签章 | 领料人签章 | 数量 | 发料人签章 | 数量 | 单位 | 金额 | |
| 5 | 500 | 李小明 | 杨光 | 500 | 赵华 | | | | 500 |
| 15 | 300 | 李小明 | 杨光 | 300 | 赵华 | | | | 200 |
| 20 | 150 | 李小明 | 杨光 | 150 | 赵华 | | | | 50 |

3. 汇总凭证

汇总凭证是指在会计核算工作中，为简化记账凭证的编制工作，将一定时期内若干份记录同类经济业务的原始凭证按照一定的管理要求汇总编制一张汇总凭证，用以集中反映某项经济业务总括发生情况的会计凭证，如"发出材料汇总表"（见表6-5）、"商品销货汇总表"等都是汇总原始凭证。

汇总原始凭证只能将同类内容的经济业务汇总填列在一张汇总凭证中。在一张汇总凭证中，不能将两类或两类以上的经济业务汇总填列。汇总原始凭证在大中型企业中使用得非常广泛，因为它可以简化核算手续，提高核算工作效率，能够使核算资料更为系统化，使核算过程更为条理化；能够直接为管理提供某些综合指标。

表6-5 发出材料汇总表

20××年12月31日

| 领料单位 | 材料名称 | 用途 | 单位 | 数量 | 单位 | | 总成本 | |
|---|---|---|---|---|---|---|---|---|
| | | | | | 计划 | 实际 | 计划 | 实际 |
| 一车间 | 甲材料 | A产品 | kg | 1 000 | 15 | | 15 000.00 | |
| 二车间 | 乙材料 | 一般耗用 | kg | 800 | 10 | | 8 000.00 | |
| 厂部 | 辅料 | 一般耗用 | kg | 400 | 16 | | 6 400.00 | |
| 销售科 | 配件 | 其他销售 | kg | 2 000 | 5 | | 10 000.00 | |
| | | | | | | | | |
| | | | | | | | | |
| | | | | | | | | |
| 合计 | | | | | | | ¥39 400.00 | |

主管：　　　　　　审核：　　　　　　材料：　　　　　　保管：

## 二、原始凭证的基本内容

经济业务的内容是多种多样的，记录经济业务的原始凭证所包括的具体内容也各不相同。但每一种原始凭证都必须客观地、真实地记录和反映经济业务的发生、完成情况，都必须明确有关单位、部门及人员的经济责任。原始凭证必须具备以下几方面的基本内容：

（1）原始凭证的名称；
（2）填制凭证的日期和编号；
（3）接受原始凭证的单位名称；
（4）经济业务所涉及的数量、计量单位、单价和金额；
（5）经济业务的内容摘要；
（6）填制凭证单位的名称或填制人姓名；
（7）有关人员的签章。

## 三、原始凭证的填制要求

### （一）原始凭证填制的基本要求

原始凭证作为经济业务的原始证明，是进行会计核算工作的原始资料和重要依据，也是有效提供会计信息的基础。尽管各种原始凭证的具体填制依据和方法不尽一致，但就原始凭证应反映的经济业务、明确经济责任而言，其填制必须符合以下基本要求：

（1）记录要真实。原始凭证所填列的经济业务内容和数字，必须真实可靠，符合实际情况。

（2）内容要完整。原始凭证所要求填列的项目必须逐项填列齐全，不得遗漏和省略。

（3）手续要完备。单位自制的原始凭证必须有经办单位领导人或者其他指定的人员签名盖章；对外开出的原始凭证必须加盖本单位公章；从外部取得的原始凭证，必须盖有填制单位的公章；从个人取得的原始凭证，必须有填制人员的签名盖章。

（4）书写要清楚、规范。原始凭证要按规定填写，文字要简要，字迹要清楚，易于辨认，不得使用未经国务院公布的简化汉字。大小写金额必须相符且填写规范，小写金额用阿拉伯数字逐个书写，不得写连笔字。在金额前要填写人民币符号"￥"（用外币计价、结算的凭证，金额前要加注外币符号，如"HK＄""US＄"等），人民币符号"￥"与阿拉伯数字之间不得留有空白。金额数字一律填写到角、分，无角、分的，写"00"或符号"—"；有角无分的，分位写"0"，不得用符号"—"。大写金额用汉字壹、贰、叁、肆、伍、陆、柒、捌、玖、拾、佰、仟、万、亿、元（圆）、角、分、零、整（正）等。大写金额前未印有"人民币"字样的,应加写"人民币"三个字,"人民币"字样和大写金额之间不得留有空白。大写金额到元或角为止的,后面要写"整"或"正"字;有分的,不写"整"或"正"字。如小写金额为¥5 680.00,大写金额应写成"人民币伍仟陆佰捌拾元整"。

阿拉伯金额数字中间有"0"时,汉字大写金额要写"零"字,如"¥2 406.30",汉字大写金额应写成"人民币贰仟肆佰零陆元叁角整"。阿拉伯金额数字中间连续有几个"0"时,汉字大写金额中可以只写一个"零"字。如"¥7 008.95",汉字大写金额应写成"人民币柒仟零捌元玖角伍分"。阿拉伯金额数字万位或元位是"0",或者数字中间连续有几个"0",元位也是"0",但千位、角位不是"0"时,汉字大写金额中可以只写一个"零"字,也可以不写"零"字。例如"¥9 460.31"应写成"人民币玖仟肆佰陆拾元零叁角壹分",或者写成"人民币玖仟肆佰陆拾元叁角壹分"。又如,"¥108 000.38"应写成"人民币壹拾万捌仟元零叁角捌分",或者写成"人民币壹拾万捌仟元叁角捌分"。阿拉伯数字角位是"0",而分位不是"0"时,汉字大写金额"元"后面应写"零"字。例如,"¥2 508.02",应写成"人民币贰仟伍佰零捌元零贰分。"

(5) 编号要连续。如果原始凭证已预先印制编号,在写错作废时,应加盖"作废"戳记,妥善保管,不得撕毁。

(6) 不得涂改、刮擦、挖补。原始凭证有错误的,应当由出具单位重开或更正,更正处应当加盖出具单位印章。原始凭证金额有错误的,应当由出具单位重开,不得在原始凭证上更正。

(7) 填制要及时。各种原始凭证一定要及时填写,并按规定的程序及时送交会计机构审核。

### (二) 自制原始凭证的填制要求

不同的自制原始凭证,填制要求也有所不同。

1. 一次凭证的填制

一次凭证应在经济业务发生或完成时,由相关业务人员一次填制完成。该凭证往往只能反映一项经济业务,或者同时反映若干项同一性质的经济业务。

2. 累计凭证的填制

累计凭证应在每次经济业务完成后,由相关人员在同一张凭证上重复填制完成。该凭证能在一定时期内不断重复地反映同类经济业务的完成情况。

3. 汇总凭证的填制

汇总凭证应由相关人员在汇总一定时期内反映同类经济业务的原始凭证后填制完成。该凭证只能将类型相同的经济业务进行汇总,不能汇总两类或两类以上的经济业务。

### (三) 外来原始凭证的填制要求

外来原始凭证应在企业同外单位发生经济业务时,由外单位的相关人员填制完成。外来原始凭证一般由税务局等部门统一印制，或经税务部门批准由经营单位印制，在填制时加盖出具凭证单位公章方为有效。对于一式多联的原始凭证必须用复写纸套写或打印机套打。

 **知识链接**

原始凭证粘贴单

原始凭证粘贴单也称原始单据粘贴单，是用来粘贴原始凭证的。其作用是汇总、归类原始凭证（单据），保证原始单据不丢失。通常附于记账凭证之后，并与记账凭证一起装订成册，以备查询。原始凭证的粘贴要求，按照原始凭证内容进行分类整理、序时粘贴，不得随意、无序粘贴。

## 四、原始凭证的审核

为了如实反映经济业务的发生和完成情况，充分发挥会计的监督职能，保证会计信息的真实、合法、完整和准确，会计人员必须对原始凭证进行严格审核。审核的内容主要包括：

（1）审核原始凭证的真实性；
（2）审核原始凭证的合法性；
（3）审核原始凭证的合理性；
（4）审核原始凭证的完整性；
（5）审核原始凭证的正确性；
（6）审核原始凭证的及时性。

原始凭证的审核，是一项十分细致而严肃的工作，必须坚持原则，依法办事。经审核的原始凭证应根据不同情况处理：

（1）对于完全符合要求的原始凭证，应及时据以编制记账凭证入账。
（2）对于真实、合法、合理但内容不够完整、填写有错误的原始凭证，应退回给有关经办人员，由其负责将有关凭证补充完整、更正错误或重开后，再办理正式会计手续。
（3）对于不真实、不合法的原始凭证，会计机构和会计人员有权不予接受，并向单位负责人报告。

## 任务 6.3　记账凭证

**【任务导入】**

内蒙古蓝天服装有限公司 2020 年 10 月 20 日，收到长江公司前欠货款 300 000 元，开户银行已收到款项，并开具进账单。

## 中国工商银行进账单（收账通知　　）

2020 年 10 月 20 日　　　第 10 号

| 付款人 | 全称 | 长江公司 | 收款人 | 全称 | 内蒙古蓝天服装有限公司 |
|---|---|---|---|---|---|
| | 账号 | 6222020602008765432 | | 账号 | 6222020602007654321 |
| | 开户银行 | 工商银行如意支行 | | 开户银行 | 工商银行大学路支行 |

| 人民币（大写）叁拾万元整 | 千 | 百 | 十 | 万 | 千 | 百 | 十 | 元 | 角 | 分 |
|---|---|---|---|---|---|---|---|---|---|---|
| | | | ¥3 | 0 | 0 | 0 | 0 | 0 | 0 | 0 |

| 票据种类 | 转账支票 |
|---|---|
| 票据张数 | 1 张 |
| 单位主管　　会计　　复核　　记账 | 收款人开户银行盖章<br>工商银行大学路支行<br>2020.10.20<br>收讫 |

此联是银行交给收款人的回单

任务要求：请结合本任务所学内容，根据银行进账单，填制记账凭证：

### 记账凭证

　　年　月　日　　　　　　　　　　　　　　　字第　号

| 摘要 | 总账科目 | 明细科目 | 借方金额 | | | | | | | | | | 贷方金额 | | | | | | | | | | 记账 |
|---|---|---|---|---|---|---|---|---|---|---|---|---|---|---|---|---|---|---|---|---|---|---|---|
| | | | 千 | 百 | 十 | 万 | 千 | 百 | 十 | 元 | 角 | 分 | 千 | 百 | 十 | 万 | 千 | 百 | 十 | 元 | 角 | 分 | |
| | | | | | | | | | | | | | | | | | | | | | | | |
| | | | | | | | | | | | | | | | | | | | | | | | |
| | | | | | | | | | | | | | | | | | | | | | | | |
| | | | | | | | | | | | | | | | | | | | | | | | |
| 合计 | | | | | | | | | | | | | | | | | | | | | | | |

财务主管：　　记账：　　出纳：　　审核：　　制单：

附件　张

　　记账凭证是会计人员根据审核无误的原始凭证或汇总原始凭证填制的，用来确定经济业务应借、应贷的会计科目和金额，作为登记账簿直接依据的会计凭证。在登记账簿之前，应按实际发生经济业务的内容编制会计分录，然后据以登记账簿，在实际工作中，会计分录是通过填制记账凭证来完成的。

　　由于原始凭证来自不同的单位，种类繁多，数量庞大，格式不一，不能清楚地表明应记入的会计科目的名称和方向。为了便于登记账簿，需要根据原始凭证反映的不同经济业务，加以归类和整理，填制具有统一格式的记账凭证，确定会计分录，并将相关的原始凭证附在后面。这样不仅可以简化记账工作、减少差错，而且有利于原始凭证的保管，便于对账和查账，提高会计工作质量。

## 一、记账凭证的种类

### (一)记账凭证按用途分类

记账凭证

#### 1. 专用记账凭证

专用记账凭证是指分类反映经济业务的记账凭证。这种记账凭证按其反映经济业务的内容不同,又可分为收款凭证(见表6-6)、付款凭证(见表6-7)和转账凭证(见表6-8)。收款凭证和付款凭证是用来反映货币资金收付业务的凭证。货币资金的收入、付出业务就是直接引起现金或银行存款增减变动的业务,如用现金发放职工工资、以银行存款支付费用、收到销货款存入银行等。转账凭证是用来反映非货币资金业务的凭证。非货币资金业务亦称转账业务,是指不涉及货币资金增减变动的业务,如车间领料、产成品入库、分配费用等。

表6-6 收款凭证

收款凭证

借方科目:　　　　　　　　　年　月　日　　　　　　　　收字　号

| 摘要 | 贷方总账科目 | 明细科目 | 金额 | | | | | | | | | 记账 |
|---|---|---|---|---|---|---|---|---|---|---|---|---|
| | | | 千 | 百 | 十 | 万 | 千 | 百 | 十 | 元 | 角 | 分 | |
| | | | | | | | | | | | | | |
| | | | | | | | | | | | | | |
| | | | | | | | | | | | | | |
| | | | | | | | | | | | | | |
| 合计 | | | | | | | | | | | | | |

附件　张

财务主管:　　　记账:　　　出纳:　　　审核:　　　制单:

表6-7 付款凭证

付款凭证

贷方科目:　　　　　　　　　年　月　日　　　　　　　　付字　号

| 摘要 | 借方总账科目 | 明细科目 | 金额 | | | | | | | | | 记账 |
|---|---|---|---|---|---|---|---|---|---|---|---|---|
| | | | 千 | 百 | 十 | 万 | 千 | 百 | 十 | 元 | 角 | 分 | |
| | | | | | | | | | | | | | |
| | | | | | | | | | | | | | |
| | | | | | | | | | | | | | |
| | | | | | | | | | | | | | |
| 合计 | | | | | | | | | | | | | |

附件　张

财务主管:　　　记账:　　　出纳:　　　审核:　　　制单:

表 6-8 转账凭证

**转账凭证**

年　月　日　　　　　　　　　　　　　　　　转字　号

| 摘要 | 总账科目 | 明细科目 | 借方金额 | | | | | | | | | 贷方金额 | | | | | | | | | 记账 |
|---|---|---|---|---|---|---|---|---|---|---|---|---|---|---|---|---|---|---|---|---|---|
| | | | 千 | 百 | 十 | 万 | 千 | 百 | 十 | 元 | 角 | 分 | 千 | 百 | 十 | 万 | 千 | 百 | 十 | 元 | 角 | 分 | |
| | | | | | | | | | | | | | | | | | | | | | | | |
| | | | | | | | | | | | | | | | | | | | | | | | |
| | | | | | | | | | | | | | | | | | | | | | | | |
| | | | | | | | | | | | | | | | | | | | | | | | |
| 合计 | | | | | | | | | | | | | | | | | | | | | | | | |

财务主管：　　　记账：　　　出纳：　　　审核：　　　制单：

附件　张

### 2. 通用记账凭证

通用记账凭证是指用来反映所有经济业务的记账凭证。通用记账凭证的格式，不再分为收款凭证、付款凭证和转账凭证，而是以一种格式记录全部经济业务。通用记账凭证的格式（见表6-9），与转账凭证基本相同。

表 6-9 通用记账凭证

**记账凭证**

年　月　日　　　　　　　　　　　　　　　　字第　号

| 摘要 | 总账科目 | 明细科目 | 借方金额 | | | | | | | | | 贷方金额 | | | | | | | | | 记账 |
|---|---|---|---|---|---|---|---|---|---|---|---|---|---|---|---|---|---|---|---|---|---|
| | | | 千 | 百 | 十 | 万 | 千 | 百 | 十 | 元 | 角 | 分 | 千 | 百 | 十 | 万 | 千 | 百 | 十 | 元 | 角 | 分 | |
| | | | | | | | | | | | | | | | | | | | | | | | |
| | | | | | | | | | | | | | | | | | | | | | | | |
| | | | | | | | | | | | | | | | | | | | | | | | |
| | | | | | | | | | | | | | | | | | | | | | | | |
| 合计 | | | | | | | | | | | | | | | | | | | | | | | | |

财务主管：　　　记账：　　　出纳：　　　审核：　　　制单：

附件　张

在经济业务比较简单的单位，为了简化凭证可以使用通用记账凭证，记录所发生的各种经济业务。

## （二）记账凭证按填列方式分类

### 1. 单式记账凭证

单式记账凭证又叫做单科目记账凭证，要求将某项经济业务所涉及的每个会计科目，分别填制记账凭证，每张记账凭证只填列一个会计科目，其对方科目只供参考，不据以记账。也就是把某一项经济业务的会计分录，按其所涉及的会计科目，分别填制两张或两张以上的记账凭证，见表6-10和表6-11。

表 6–10 借项记账凭证（单式记账凭证）

借项记账凭证

对应科目：应收账款　　　　　20××年×月×日　　　　　　编号 $1\frac{1}{2}$

| 摘要 | 一级科目 | 二级或明细科目 | 金额 | 记账 |
|---|---|---|---|---|
| 收到大明公司9月份所欠货款 | 银行存款 | | 56 000 | |

附件1张

财务主管：　　　记账：　　　出纳：　　　审核：　　　制单：

表 6–11 贷项记账凭证（单式记账凭证）

贷项记账凭证

对应科目：银行存款　　　　　20××年×月×日　　　　　　编号 $\frac{2}{2}$

| 摘要 | 一级科目 | 二级或明细科目 | 金额 | 记账 |
|---|---|---|---|---|
| 收到大明公司9月份所欠货款 | 应收账款 | 大明公司 | 56 000 | |

附件1张

财务主管：　　　记账：　　　出纳：　　　审核：　　　制单：

单式记账凭证反映内容单一，便于分工记账，但一张凭证不能反映每一笔经济业务的全貌，不便于检验会计分录的正确性。为了保持会计科目间的对应关系，便于核对，在填制一笔会计分录时编一个总号，再按凭证张数编几个分号。例如某月发生的第一笔经济业务涉及两个会计科目，则记账凭证的编号分别为 $1\frac{1}{2}$、$1\frac{2}{2}$。由于凭证张数多，不易保管，填制凭证的工作量较大，故使用的单位较少。

2. 复式记账凭证

复式记账凭证又叫作多科目记账凭证，要求将某项经济业务所涉及的全部会计科目集中填列在一张记账凭证上。复式记账凭证可以集中反映账户的对应关系，因而便于了解经济业务的全貌，了解资金的来龙去脉，便于查账，同时可以减少填制记账凭证的工作量，减少记账凭证的数量。但是不便于汇总计算每一会计科目的发生额，不便于分工记账。前述收款凭证、付款凭证和转账凭证都是复式记账凭证。

## 二、记账凭证的基本内容

记账凭证是会计人员根据审核无误的原始凭证或汇总原始凭证填制的，用来确定经济业务应借、应贷的会计科目和金额，作为登记账簿直接依据的会计凭证。由于原始凭证只表明经济业务的内容，而且种类繁多、数量庞大、格式不一，因而不能直接记账。为了分类反映经济业务的内容，必须按会计核算方法的要求，将其归类、整理、编制记账凭证，标明经济业务应记的账户名称及应借应贷的金额，作为记账的直接依据。所以，记账凭证必须具备以下内容：

(1) 记账凭证的名称；
(2) 填制凭证的日期、凭证编号；
(3) 经济业务的内容摘要；
(4) 经济业务应记入账户的名称（包括一级、二级或明细账户）、记账方向和金额；
(5) 所附原始凭证的张数和其他附件资料；
(6) 会计主管、记账、复核、出纳、制单等有关人员签名或盖章。

记账凭证和原始凭证同属于会计凭证，但二者存在以下不同：原始凭证是由经办人员填制，记账凭证一律由会计人员填制；原始凭证根据发生或完成的经济业务填制，记账凭证根据审核后的原始凭证填制；原始凭证仅用以记录、证明经济业务已经发生或完成，记账凭证要依据会计科目对已经发生或完成的经济业务进行归类、整理；原始凭证是填制记账凭证的依据，记账凭证是登记账簿的依据。

## 三、记账凭证的填制要求

### （一）记账凭证填制的基本要求

填制记账凭证是一项重要的会计工作，为了便于登记账簿，保证账簿记录的正确性，填制记账凭证应符合以下要求。

1. 依据真实

除结账和更正错误外，记账凭证应根据审核无误的原始凭证及有关资料填制，记账凭证必须附有原始凭证并如实填写所附原始凭证的张数。记账凭证所附原始凭证张数的计算一般应以原始凭证的自然张数为准。如果记账凭证中附有原始凭证汇总表，则应该把所附的原始凭证和原始凭证汇总表的张数一起记入附件的张数之内。但报销差旅费等零散票据，可以粘贴在一张纸上，作为一张原始凭证。一张原始凭证如果涉及几张记账凭证的，可以将原始凭证附在一张主要的记账凭证后面，在该主要记账凭证摘要栏注明"本凭证附件包括××号记账凭证业务"字样，并在其他记账凭证上注明该主要记账凭证的编号或者附上该原始凭证的复印件，以便复核查阅。

2. 内容完整

记账凭证应具备的内容都要按照记账凭证上所列项目逐一填写清楚，有关人员的签名或者盖章要齐全不可缺漏。如有以自制的原始凭证或者原始凭证汇总表代替记账凭证使用的，也必须具备记账凭证应有的内容。金额栏数字的填写必须规范、准确，与所附原始凭证的金额相符。金额登记方向、数字必须正确，角分位不留空格。

3. 分类正确

填制记账凭证，要根据经济业务的内容，区别不同类型的原始凭证，正确应用会计科目和记账凭证。记账凭证可以根据每一张原始凭证填制，或者根据若干张同类原始凭证汇总填制，也可以根据原始凭证汇总表填制，但不得将不同内容或类别的原始凭证汇总填制在一张记账凭证上，会计科目要保持正确的对应关系。一般情况下，现金或银行存款的收、付款业务，应使用收款凭证或付款凭证；不涉及现金或银行存款收付的业务，应使用转账凭证。对于只涉及现金和银行存款之间的业务，如将现金送存银行，或者从银行提取现金，通常只填制付款凭证，以避免重复记账。在一笔经济业务中，如果既涉及现金或银行存款收、付业务，又涉及转账业务，则应分别填制收款或付款凭证和转账凭证。例如，单位职工出差归来报销差旅费并交回剩余现金时，就应根据有关原始凭证按实际报销的金额填制一张转账凭证，同时按收回的现金数额填制一张收款凭证。各种记账凭证的使用格式应相对稳定，特别是在同一会计年度内，不宜随意更换，以免引起编号、装订、保管方面的不便与混乱。

4. 连续编号

为了分清会计事项处理的先后顺序，以便记账凭证与会计账簿之间的核对，确保记账凭证完整无缺，填制记账凭证时，应当对记账凭证连续编号。记账凭证编号的方法有多种：一种是将全部记账凭证作为一类统一编号；另一种是分别按现金和银行存款收入业务、现金和银行付出业务、转账业务三类进行编号，这样记账凭证的编号应分为收字第×号、付字第×号、转字第×号；还有一种是分别按现金收入、现金支出、银行存款收入、银行存款支出和转账业务五类进行编号，这种情况下，记账凭证的编号应分为现收字第×号、现付字第×号、银收字第×号、银付字第×号和转字第×号。各单位应当根据本单位的实际情况来选择便于记账、查账、内部稽核、简单严密的编号方法。无论采用哪一种编号方法，都应该按月顺序编号，即每月都从一号编起，按自然数1、2、3、4、5、…顺序编至月末，不得跳号、重号。一笔经济业务需要填制两张或两张以上记账凭证的，可以采用分数编号法进行编号，例如有一笔经济业务需要填制两张记账凭证，凭证顺序号为8，就可以编成$8\frac{1}{2}$、$8\frac{2}{2}$，前面的数表示凭证顺序，后面分数的分母表示该号凭证共有两张，分子表示两张凭证中的第一张、第二张。

5. 简明摘要

记账凭证的摘要栏是填写经济业务简要说明的，摘要应与原始凭证内容一致，能正确反映经济业务的主要内容，既要防止简而不明，又要防止过于烦琐。应能使阅读者通过摘要就能了解该项经济业务的性质、特征，判断出会计分录的正确与否，一般不需要再去翻阅原始凭证或询问有关人员。

6. 分录正确

会计分录是记账凭证中重要的组成部分，在记账凭证中，要正确编制会计分录并保持借贷平衡，必须根据国家统一会计制度的规定和经济业务的内容，正确使用会计科目，不得任意简化或改动。应填写会计科目的名称，或者同时填写会计科目的名称和会计科目编号，不应只填编号，不填会计科目的名称。应填明总账科目和明细科目，以便于登记总账和明细账。会计科目的对应关系要填写清楚，应先借后贷，一般填制一借一贷、一借多贷或者多借一贷的会计分录。但如果某项经济业务本身就需要编制一个多借多贷的会计分录，也可以填制多借多贷的会计分录，以集中反映该项经济业务的全过程。填入金额数字后，要在记账凭证的合计行计算填写合计金额。记账凭证中借、贷方的金额必须相等，合计数必须计算正确。

7. 注销空行

填制记账凭证时,应按行次逐行填写,不得跳行或留有空行。记账凭证填完经济业务后,如有空行,应当在金额栏自最后一笔金额数字下的空行至合计数上的空行处划斜线注销。

### (二) 收款凭证的填制要求

凡是涉及现金或银行存款增加的经济业务,应填制收款凭证。收款凭证左上方的借方科目,应填写库存现金或银行存款;右上方填写凭证编号。收款凭证的编号一般按现收×号和银收×号分类,业务量少的单位也可不分现收与银收,而按收款业务发生的先后顺序统一编号,如收字×号。摘要栏内填写经济业务的内容梗概;贷方科目栏内填写与库存现金或银行存款科目相对应的总账科目及其所属明细科目;金额栏内填写实际收到的现金或银行存款数额;记账符号栏供记账人员在根据收款凭证登记有关账簿以后作标记,表示该项金额已经记入有关账户,避免重记或漏记。

【例6-1】 某企业收到A公司前欠货款500 000元,存入银行。应填制收款凭证如表6-12所示。

表6-12 收款凭证的填制

**收款凭证**

借方科目:银行存款　　　　20××年10月12日　　　　银收字28号

| 摘要 | 贷方总账科目 | 明细科目 | 金额 | | | | | | | | | | 记账 |
|---|---|---|---|---|---|---|---|---|---|---|---|---|---|
| | | | 千 | 百 | 十 | 万 | 千 | 百 | 十 | 元 | 角 | 分 | |
| 收回货款 | 应收账款 | A公司 | | 5 | 0 | 0 | 0 | 0 | 0 | 0 | 0 | | |
| | | | | | | | | | | | | | 附件1张 |
| 合计 | | | ¥ | 5 | 0 | 0 | 0 | 0 | 0 | 0 | 0 | | |

财务主管:杨丽荣　　记账:李华　　出纳:周桥　　审核:陈红　　制单:王伟

### (三) 付款凭证的填制要求

凡是涉及现金或银行存款减少的经济业务,应填制付款凭证。付款凭证的填制方法和要求与收款凭证基本相同,不同的是在付款凭证的左上方应填列贷方科目,因为库存现金和银行存款的减少应记入账户的贷方;借方科目栏应填写与库存现金或银行存款科目相对应的总账科目及其所属明细科目。

【例6-2】 某企业业务员因公外出,预借差旅费3 000元,财务科以现金付讫。填制付款凭证如表6-13所示。

对于只涉及现金与银行存款这两个账户的业务，如从银行存款中提取现金或以现金存入银行等，只需填制付款凭证，不再填制收款凭证，以免重复记账。

表 6-13 付款凭证的填制

**付款凭证**

贷方科目：库存现金　　　　　　　20××年10月20日　　　　　　　现付字10号

| 摘要 | 借方总账科目 | 明细科目 | 金额（千百十万千百十元角分） | 记账 |
|---|---|---|---|---|
| 支付业务员差旅费 | 其他应收款 | 李小刚 | 3 0 0 0 0 0 | |
| | | | | |
| | | | | |
| | | | | |
| 合计 | | | ¥ 3 0 0 0 0 0 | |

附件1张

财务主管：杨丽荣　　记账：李华　　出纳：周桥　　审核：陈红　　制单：王伟

### （四）转账凭证的填制要求

转账凭证根据不涉及现金和银行存款收付的转账业务的原始凭证填制。凡是不涉及现金和银行存款增加或减少的业务，都必须填制转账凭证。转账业务没有固定的账户对应关系，因此在转账凭证中，要按借方科目和贷方科目分别填列有关总账科目和明细科目。

转账凭证的填制

**【例6-3】** 投资人向企业投入一台设备，价值1 500 000元。应填制转账凭证，见表6-14。

表 6-14 转账凭证的填制

**转账凭证**

20××年10月29日　　　　　　　　　　　　　　　转字65号

| 摘要 | 总账科目 | 明细科目 | √ | 借方金额（千百十万千百十元角分） | √ | 贷方金额（千百十万千百十元角分） |
|---|---|---|---|---|---|---|
| 收到投资的设备 | 固定资产 | | | 1 5 0 0 0 0 0 0 0 | | |
| | 实收资本 | | | | | 1 5 0 0 0 0 0 0 0 |
| | | | | | | |
| | | | | | | |
| 合计 | | | | ¥ 1 5 0 0 0 0 0 0 0 | | ¥ 1 5 0 0 0 0 0 0 0 |

附件2张

财务主管：杨丽荣　　记账：李华　　出纳：周桥　　审核：陈红　　制单：王伟

## (五) 通用记账凭证的填制要求

通用记账凭证的名称为记账凭证或记账凭单。它集收款、付款和转账凭证于一身,通用于收款、付款和转账等各种类型的经济业务。其格式与填制方法与转账凭证相同。

【例6-4】 企业用现金购买办公用品2 600元,管理部门领用1 500元,生产车间领用1 100元。填制通用记账凭证,如表6-15所示。

表6-15 通用记账凭证的填制

记账凭证

20××年10月2日　　　　　　　　　记字第9号

| 摘要 | 总账科目 | 明细科目 | √ | 借方金额 千 百 十 万 千 百 十 元 角 分 | √ | 贷方金额 千 百 十 万 千 百 十 元 角 分 | |
|---|---|---|---|---|---|---|---|
| 领用办公用品 | 管理费用 | | | 　　　　　1 5 0 0 0 0 | | | 附件1张 |
| | 制造费用 | | | 　　　　　1 1 0 0 0 0 | | | |
| | 库存现金 | | | | | 　　　　　2 6 0 0 0 0 | |
| | | | | | | | |
| | | | | | | | |
| 合计 | | | | ￥ 2 6 0 0 0 0 | | ￥ 2 6 0 0 0 0 | |

财务主管:杨丽荣　记账:李华　出纳:周侨　审核:陈红　制单:王伟

# 四、记账凭证的审核

记账凭证是登记账簿的直接依据,收款、付款凭证还是出纳人员收付款项的依据,为了保证账簿记录的正确性,监督各种款项的收付、财产物资的收发、往来的结算以及其他经济业务的合理合法性,必须在记账前对凭证进行审核。记账凭证的审核一般应包括以下几个方面的内容。

## (一) 记账凭证的内容是否真实

审核记账凭证是否附有原始凭证,所附原始凭证的内容是否与记账凭证记录的内容一致,记账凭证汇总表的内容与所依据的记账凭证是否一致等。

## (二) 记账凭证的项目是否齐全

审核记账凭证各项目的填写是否齐全,如日期、凭证编号、摘要、会计科目、金额、所附原始凭证张数及有关人员签章等。

### （三）记账凭证的科目是否正确

审核记账凭证的应借、应贷科目是否正确，是否有明确的账户对应关系，所使用的会计科目是否符合会计制度的规定等。

### （四）记账凭证的金额是否正确

审核记账凭证所记录的金额与原始凭证的有关金额是否一致，计算是否正确，记账凭证汇总表的金额与记账凭证的金额合计是否相等。

### （五）记账凭证的书写是否规范

审核记账凭证中的记录是否文字工整、数字清晰，是否按规定使用蓝黑墨水或碳素墨水，是否按规定进行更正等。

### （六）记账凭证的手续是否完备

另外，出纳人员在办理完收付款业务后，应在凭证上加盖收讫或付讫的戳记，以免重复收付。

## 任务 6.4  会计凭证的传递与保管

### 一、会计凭证的传递

会计凭证的传递，是指凭证从取得或填制时起，经过审核、记账、装订到归档保管时止，在单位内部各有关部门和人员之间按规定的时间、路线办理业务手续和进行处理的过程。

正确、合理地组织会计凭证的传递，对于及时处理和登记经济业务，协调单位内部各部门、各环节的工作，加强经营管理的岗位责任制，实行会计监督，具有重要作用。例如，对材料收入业务的凭证传递，应明确规定：材料运达企业后，需多长时间验收入库，由谁负责填制收料单，又由谁在何时将收料单送交会计及其他有关部门；会计部门由谁负责审核收料单，由谁在何时编制记账凭证和登记账簿，又由谁负责整理或保管凭证，等等。这样，既可以把材料收入业务从验收入库到登记入账的全部工作在本单位内部进行分工，并通过各部门的协作来共同完成，同时也便于考核经办业务的有关部门和人员是否按照规定的会计手续办事。会计凭证传递主要包括凭证的传递路线、传递时间和传递手续三个方面的内容。

## (一) 确定凭证的传递路线

各单位应根据经济业务的特点，结合内部组织机构和人员分工情况，以及经营管理和会计核算的需要，确定凭证的传递路线和环节，并以此确定会计凭证的份数，使有关部门和人员，既能保证会计凭证经过必要的环节进行处理和审核，又可以避免会计凭证在不必要的环节停留，提高工作效率。

## (二) 规定凭证的传递时间

各单位要根据有关部门和人员办理经济业务的情况，恰当地规定凭证在各环节的停留时间和交接时间，以保证会计凭证快速、及时传递。

## (三) 制定会计凭证传递过程中的交接手续

为防止凭证在传递过程中出现遗失、毁损或其他意外情况，凭证在传递过程中，应建立凭证的交接签收制度，凭证的收发交接都按一定的手续和制度办理，以保证会计凭证的安全和完整。

在会计凭证传递过程中，如有不合理环节，应根据实际情况及时加以修改，确保会计凭证传递程序的合理化、制度化。

# 二、会计凭证的保管

会计凭证的保管是指会计凭证记账后的整理、装订、归档和存查工作。会计凭证是各项经济活动的历史记录，是重要的经济档案。为了便于随时查阅利用，各种会计凭证在办理好各项业务手续，并据以记账后，应由会计部门加以整理、归类，并送交档案部门妥善保管。会计凭证的保管要求主要有以下几个方面：

(1) 会计凭证应定期装订成册，防止散失。会计部门在依据会计凭证记账以后，应定期（每天、每旬或每月）对各种会计凭证进行分类整理，将各种记账凭证按照编号顺序，连同所附的原始凭证一起加具封面、封底，装订成册，并在装订线上加贴封签，由装订人员在装订线封签处签名或盖章。会计凭证装订封面一般格式如表 6-16 所示。

表 6-16 记账凭证封面

<u>(企业名称)</u>
记账凭证封面

| 时间 | 年　　月份 |
| --- | --- |
| 册数 | 本月共　　册　　本册是第　　册 |
| 张数 | 本册自第　　号至第　　号共　　张 |
| 附记 | |

负责人：　　　　　　　　　　　　　　　　　　制证：

从外单位取得的原始凭证遗失时，应取得原签发单位盖有公章的证明，并注明原始凭证的号码、金额、内容等，由经办单位会计机构负责人、会计主管人员和单位负责人批准后，才能代作原始凭证。若确实无法取得证明，如车票丢失，则应由当事人写明详细情况，由经办单位会计机构负责人、会计主管人员和单位负责人批准后，代作原始凭证。

（2）会计凭证封面应注明单位名称、凭证种类、凭证张数、起止号数、年度、月份、会计主管人员、装订人员等有关事项，会计主管人员和保管人员应在封面上签章。

（3）会计凭证应加贴封条，防止抽换凭证。原始凭证不得外借，其他单位如有特殊原因确实需要使用时，经本单位会计机构负责人或会计主管人员批准，可以复制。向外单位提供的原始凭证复制件，应在专设的登记簿上登记，并由提供人员和收取人员共同签名、盖章。

（4）原始凭证较多时可单独装订，但应在凭证封面上注明所属记账凭证的日期、编号和种类，同时在所属的记账凭证上应注明"附件另订"及原始凭证的名称和编号，以便查阅。对各种重要的原始凭证，如押金收据等，以及各种需要随时查阅的退回单据，应另编目录，单独保管，并在有关的记账凭证和原始凭证上分别注明日期和编号。

（5）每年装订成册的会计凭证，在年度终了时可暂由单位会计机构保管一年，期满后应当移交本单位档案机构统一保管；未设立档案机构的，应当在会计机构内部指定专人保管。出纳人员不得兼管会计档案。

（6）要严格遵守会计凭证的保管期限要求，期满前不得任意销毁。会计凭证的保管期限，一般为 15 年。保管期未满，任何人都不得随意销毁会计凭证。按规定销毁会计凭证时，必须开列清单，报经批准后，由档案部门和会计部门共同派员监销。在销毁会计凭证前，监督销毁人员应认真清点核对，销毁后，在销毁清册上签名或盖章，并将监销情况报本单位负责人。

## 【项目小结】

本项目主要阐述了会计凭证的概念、分类及各类凭证的填制和审核要求。具体分类如下：

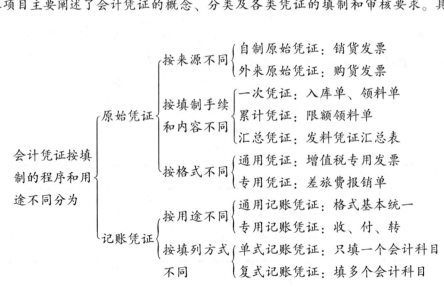

## 【项目考核】

### 一、单项选择题

1. 会计凭证按照填制的程序和用途不同,分为( )。
   A. 外来原始凭证　　　　　　　　B. 专用凭证和通用凭证
   C. 一次凭证和累计凭证　　　　　D. 原始凭证和记账凭证
2. 下列各项中,属于原始凭证的是( )。
   A. 银行对账单　　　　　　　　　B. 购销合同书
   C. 银行存款余额调节表　　　　　D. 账存实存对比表
3. 下列不属于原始凭证基本内容的是( )。
   A. 填制日期　　　　　　　　　　B. 经济业务内容
   C. 应借应贷科目　　　　　　　　D. 有关人员签章
4. 下列项目中,属于自制原始凭证的有( )。
   A. 领料单　　B. 购料发票　　C. 增值税发票　　D. 银行对账单
5. 记账凭证的填制依据是( )。
   A. 经济业务　　　　　　　　　　B. 原始凭证
   C. 账簿记录　　　　　　　　　　D. 审核无误的原始凭证
6. 下列凭证中,属于累计原始凭证的是( )。
   A. 收料单　　B. 领料单　　C. 发货票　　D. 限额领料单
7. 下列记账凭证中,可以不附原始凭证的是( )。
   A. 所有收款凭证　　　　　　　　B. 所有付款凭证
   C. 所有转账凭证　　　　　　　　D. 用于结账的凭证
8. 采购员报销950元差旅费,出纳员又补付其现金150元以结清其暂借款,这项业务应编制( )。
   A. 收款凭证和转账凭证　　　　　B. 收款凭证和付款凭证
   C. 两张付款凭证　　　　　　　　D. 付款凭证和转账凭证
9. 销售产品收到商业汇票一张,应该填制( )。
   A. 银收字记账凭证　　　　　　　B. 现付字记账凭证
   C. 现收字记账凭证　　　　　　　D. 转账凭证
10. 关于会计凭证的传递和保管,以下说法不正确的是( )。
    A. 科学合理的传递程序能保证会计凭证在传递过程中的安全、及时、准确和完整
    B. 要建立会计凭证交接的签收制度
    C. 原始凭证不得外借,也不得复制
    D. 会计凭证记账完毕后,应当按分类和编号顺序保管

### 二、多项选择题

1. 下列各项中,属于原始凭证审核内容的有( )。
   A. 原始凭证的真实性　　　　　　B. 原始凭证的合法性

C. 原始凭证的完整性　　　　　　D. 原始凭证的合理性

2. 单位的职工出差归来报销差旅费并交回剩余现金的事项，根据差旅费报销单和收据，应填制的记账凭证有（　　）。
   A. 现金付款凭证　　　　　　　　B. 现金收款凭证
   C. 银行收款凭证　　　　　　　　D. 转账凭证

3. 下列经济业务中，应填制转账凭证的是（　　）。
   A. 国家以厂房对企业投资　　　　B. 外商以货币资金对企业投资
   C. 购买材料未付款　　　　　　　D. 销售商品收到商业汇票一张

4. 在已经装订好的记账凭证的封面上，应该加盖印章的人员有（　　）。
   A. 记账凭证的填制人员　　　　　B. 装订人员
   C. 会计主管　　　　　　　　　　D. 出纳人员

### 三、判断题

1. 所有的会计凭证都是登记账簿的依据。（　　）
2. 从银行提取现金时，应编制现金收款凭证。（　　）
3. 自制原始凭证是企业内部经办业务的部门和人员填制的凭证。（　　）
4. 填制和审核会计凭证是整个会计核算工作的起点和基础。（　　）
5. 采用专用记账凭证，当发生现金和银行存款之间相互划转的经济业务时，为了避免重复记账，通常只编制付款凭证，不编制收款凭证。（　　）
6. 转账凭证是用于不涉及现金和银行存款收付业务的其他转账业务所用的记账凭证。（　　）

## 【任务实施】

### 实训一　填制原始凭证

任务要求：根据以下资料填制原始凭证
公司名称：内蒙古蓝天服装有限公司
地址：呼和浩特新华大街××号
经营范围：生产服装　　产品名称：男装、女装
开户银行：工商银行大学路支行
开户银行账号：6222 0206 0200 7654 321
纳税登记号：150105 114156789
2021 年 6 月发生的有关交易或事项如下：

1. 1 日，开出现金支票从银行提取 2000 元现金备用（填制表 6-17 现金支票）。
2. 2 日，销售部门职工王林赴南京开商品展销会，经批准向财务部门预借差旅费 5 000 元，财务人员审核无误后付现金（填制表 6-18 借款单）。
3. 9 日，王林开会回来报销差旅费 4 700，退回现金 300 元（填制表 6-19 差旅费报销单）。

表 6-17　　现金支票

| 中国建设银行<br>现金支票存根<br>No.33306451<br>附加信息＿＿＿＿＿＿<br>＿＿＿＿＿＿＿<br>日期　年　月　日<br>收款人：<br>金　额：<br>用　途：<br>单位主管　会计 | 中国建设银行现金支票　　　　　　　No. 33306451<br>出票日期（大写）　　　年　　月　　日　　付款行名称：<br>收款人：＿＿＿＿＿＿＿＿＿＿＿　　　　出票人账号：<br>人民币　　　　　　　　　　　　　百 十 万 千 百 十 元 角 分<br>（大写）<br>用途＿＿＿＿＿<br>上列款项请从<br>我账户内支付<br>出票人签章　　　　　　　　　复核　　　记账 |

表 6-18　借　款　单

年　月　日

| 部　门 | | 借款事由 | |
|---|---|---|---|
| 借款金额 | 金额（大写） | | ￥＿＿＿＿＿ |
| 批准金额 | 金额（大写） | | ￥＿＿＿＿＿ |
| 分管领导 | | 财务主管 | 借款人 |

表 6-19　差旅费报销单

部门：采购部　　　　　报销日期：　年　月　日　　　　　单位：元

| 公出事由：去上海参加商品展销会 | | | | 车船机票费 | 2 400.00 | 报销<br>金额（大写） |
|---|---|---|---|---|---|---|
| 起止日期 | | 地　　点 | | 住宿费 | 1 800.00 | |
| 月　日　至　月　日 | | 自　　　至 | | 伙食补助费 | 300.00 | |
| | | | | 市内交通费 | 200.00 | |
| | | | | 卧铺补助费 | | |
| | | | | 其他 | | |
| 经办人： | | | | 合计 | | |
| | | | | 原借： | 退： | |

单位负责人：　　　部门负责人：　　　审核：　　　出纳：

## 实训二 收款凭证的填制

内蒙古东达公司2021年9月发生以下经济业务，要求根据经济业务，填制收款凭证（表6-20~表6-22）。

1. 2日，接到开户银行的通知，胜利公司签发并承兑的商业汇票已到期，收到胜利公司支付的票据款120 000元。

表6-20　收　款　凭　证

借方科目：　　　　　　　　　　　年　月　日　　　　　　　　　　字　号

| 摘要 | 贷方总账科目 | 明细科目 | 金额 千 百 十 万 千 百 十 元 角 分 | 记账 |
|---|---|---|---|---|
|  |  |  |  |  |
|  |  |  |  |  |
|  |  |  |  |  |
|  |  |  |  |  |
|  |  |  |  |  |
|  | 合计 |  |  |  |

财务主管：　　　记账：　　　出纳：　　　审核：　　　制单：

附件1张

2. 3日，向工商银行签订借款协议，取得借款1 000 000元，期限6个月，年利率5%，借款已存入公司存款账户。

表6-21　收　款　凭　证

借方科目：　　　　　　　　　　　年　月　日　　　　　　　　　　字　号

| 摘要 | 贷方总账科目 | 明细科目 | 金额 千 百 十 万 千 百 十 元 角 分 | 记账 |
|---|---|---|---|---|
|  |  |  |  |  |
|  |  |  |  |  |
|  |  |  |  |  |
|  |  |  |  |  |
|  |  |  |  |  |
|  | 合计 |  |  |  |

财务主管：　　　记账：　　　出纳：　　　审核：　　　制单：

附件1张

3. 5日，销售A产品10台，每台售价8 000元，计80 000元，增值税税率13%，款已收到，存入银行。

表 6-22　　收　款　凭　证

借方科目：　　　　　　　　　年　月　日　　　　　　　字　号

| 摘要 | 贷方总账科目 | 明细科目 | 金额 千 百 十 万 千 百 十 元 角 分 | 记账 |
|---|---|---|---|---|
|  |  |  |  |  |
|  |  |  |  |  |
|  |  |  |  |  |
|  |  |  |  |  |
|  |  |  |  |  |
|  | 合计 |  |  |  |

附件1张

财务主管：　　　记账：　　　出纳：　　　审核：　　　制单：

## 实训三　填制付款凭证

内蒙古东达公司 2021 年 9 月发生以下经济业务，要求根据经济业务，填制付款凭证（表 6-23 ～表 6-25）。

1. 10 日，向宏达公司购买一批甲材料，按合同规定，本公司用银行存款预付购货款 50 000 元。

表 6-23　　付　款　凭　证

贷方科目：　　　　　　　　　年　月　日　　　　　　　字　号

| 摘要 | 借方总账科目 | 明细科目 | 金额 千 百 十 万 千 百 十 元 角 分 | 记账 |
|---|---|---|---|---|
|  |  |  |  |  |
|  |  |  |  |  |
|  |  |  |  |  |
|  |  |  |  |  |
|  |  |  |  |  |
|  | 合计 |  |  |  |

附件1张

财务主管：　　　记账：　　　出纳：　　　审核：　　　制单：

2. 12 日，购买办公用品，增值税专用发票上注明的买价为 5 000 元，增值税 650 元，以现金支付

3. 15 日，向苏达公司购进乙材料一批，增值税专用发票上注明的买价为 300 000 元，增值税 39 000 元，价税合计 339 000 元，款项已通过银行支付，材料尚未到达。

表 6-24　付　款　凭　证

贷方科目：　　　　　　　　　年　月　日　　　　　　　　　字　号

| 摘要 | 借方总账科目 | 明细科目 | 金额 千 百 十 万 千 百 十 元 角 分 | 记账 |
|---|---|---|---|---|
|  |  |  |  |  |
|  |  |  |  |  |
|  |  |  |  |  |
|  |  |  |  |  |
|  |  |  |  |  |
|  | 合计 |  |  |  |

附件 1 张

财务主管：　　　记账：　　　出纳：　　　审核：　　　制单：

表 6-25　付　款　凭　证

贷方科目：　　　　　　　　　年　月　日　　　　　　　　　字　号

| 摘要 | 借方总账科目 | 明细科目 | 金额 千 百 十 万 千 百 十 元 角 分 | 记账 |
|---|---|---|---|---|
|  |  |  |  |  |
|  |  |  |  |  |
|  |  |  |  |  |
|  |  |  |  |  |
|  |  |  |  |  |
|  | 合计 |  |  |  |

附件 1 张

财务主管：　　　记账：　　　出纳：　　　审核：　　　制单：

项目 7

# 会计账簿

**【知识目标】**

1. 理解会计账簿的概念、意义、种类、格式；
2. 掌握会计账簿的登记要求和登记方法。

**【技能目标】**

1. 能够正确设置与登记会计账簿；
2. 能够正确使用错账更正方法。

**【案例导入】**

会计入职思考

小张是一名某大学会计专业的毕业生，在校期间各科成绩优异，并通过初级会计师考试。毕业后，经学校推荐，在一家会计师事务所工作。实习期间，承担实习指导老师的会计助理工作，工作态度认真，勤奋好学，踏实肯干，得到了领导、老师和同事们的认可。经过 1 年的实习期，如今主要从事小企业代理记账工作。试分析：小张在接触代理记账工作之初，应储备哪些会计知识？具备哪些会计技能？

## 任务 7.1　认识会计账簿

### 一、会计账簿的概念

会计账簿是指由一定格式的账页组成，以经过审核的会计凭证为依据，全面、系统、连续地记录各项经济业务的簿籍。账簿从外表形式上看，是由具有专门格式而又相互联结在一起的若干账页组成的；从记录的内容看，是对所有的经济业务，按照账户进行归类并序时地进行记录的簿籍。各单位应当按照规定和业务需要设置会计账簿。账簿也是保存会计数据资料的重要工具。

## 二、会计账簿的作用

设置账簿是会计工作的一个重要环节，登记账簿是会计核算的一种专门方法，设置和登记账簿，是编制财务报表的基础，是连接财务报表和会计凭证的中间环节。

### （一）记载和储存会计信息

在会计核算中，通过会计凭证的填制或取得，并对其进行审核，可以反映和监督经济业务的发生或完成情况。但由于会计凭证种类多、数量大，对经济业务的反映是零散的、片面的，不能全面、连续、系统地反映经济活动的变化情况和结果。通过设置账簿可以将会计凭证所提供的大量分散的核算资料，加以归类整理，按照一定的规定登记到账簿中去，以便全面、连续、系统地反映经济活动情况。

### （二）分类和汇总会计信息

通过设置和登记账簿，可以将分散的会计凭证归类汇总，既能够提供各类经济业务的总括核算资料，也能够提供某类经济业务的明细核算资料；既能够提供动态的核算资料，也能够提供静态的核算资料。这样就可以全面而系统地反映各项资产、负债、所有者权益的增减变动情况；收入、费用的发生以及利润的实现和分配情况。

### （三）检查和校正会计信息

账簿是会计档案的主要资料，也是经济档案的重要组成部分。账簿中贮存的会计资料，有利于有关部门和人员日后查找和使用。

企业各类经济业务的发生和完成情况都被记录在账簿中，这样就可以使会计监督部门和审计监督部门等有关部门能通过对账簿记录的检查和监督，了解企业的经济活动是否合法，会计核算是否正确、完整，从而对企业的经济活动及会计管理的水平和质量做出评价和分析。有关反映财产物资的账簿，可以提供各种财产物资的账存数，与实地盘点获取的实存数相核对，用以反映账实是否相符，财产物资保管是否妥善。这样可以监督财产物资的管理状况，保护财产物资的安全完整。

### （四）编报和输出会计信息

会计人员对这些核算资料按照一定的方法加工整理后，就可以编制会计报表。账簿作为编制会计报表的主要依据，它记录的会计资料是否正确完整，将直接影响财务报表的质量。

## 三、会计账簿的基本内容

会计账簿的格式多种多样,但其基本构成包括封面、扉页和账页三个部分。

### (一) 封面

封面主要用来标明会计账簿的名称,如:总分类账、库存现金日记账、银行存款日记账、应收账款明细账等。

### (二) 扉页

扉页主要用来填列会计账簿的使用信息,其主要内容包括科目索引、账簿启用和经管人员一览表。

### (三) 账页

账页是会计账簿的主体,会计账簿由若干账页组成,每一账页应包括以下内容:
(1) 账户名称(即会计科目);
(2) 登记账簿的日期栏;
(3) 记账凭证的种类和号数栏;
(4) 摘要栏;
(5) 金额栏;
(6) 总页次和分页次栏。

## 四、会计账簿与账户的关系

账户存在于账簿之中,账簿中的每一账页就是账户的存在形式和载体,没有账簿,账户不能独立存在;账簿序时、分类地记载经济业务,是在账户中完成的。因此,账簿只是一个外在形式,账户才是其内在真实内容,二者间的关系是形式和内容的关系。

## 五、会计账簿的种类

在实际工作中,由于各个单位的经济业务和经营管理的要求不同,所设置的账簿也有所不同。账簿的种类及其格式是多种多样的,但一般可以按其用途和外表形式进行分类。

### (一) 账簿按用途分类

所谓账簿的用途,是指某一本账簿用来登记什么经济业务以及如何进行登记。账簿按其用途分类，一般可分为序时账簿、分类账簿和备查账簿。

1. 序时账簿

序时账簿通常称日记账，是对各项经济业务按发生时间的先后顺序，逐日逐笔连续进行登记的账簿。在会计核算工作中，序时账簿是根据会计部门收到会计凭证的先后顺序，即记账凭证编号的先后顺序，逐日逐笔进行登记，每日结出余额。序时账簿可以用来及时、详细地反映经济业务的发生和完成情况，提供连续系统的会计资料，而且也可以用来和分类账的有关账户进行相互核对。序时账簿按其记录经济业务范围的不同，又可以分为普通序时账簿和特种序时账簿。

（1）普通序时账簿。这种账簿也称普通日记账，是用来记录全部经济业务的完成情况的账簿。它的特点是将每日发生的全部经济业务，按其发生的时间先后顺序，根据原始凭证在账簿中逐笔编制会计分录，也可称为分录日记账。在会计实务中，由于经济业务的复杂多样性，采用一本账簿逐日逐笔序时登记全部的经济业务，显然比较困难，也不利于分工，因此现在已很少采用。这种账簿适用于会计电算化。

（2）特种序时账簿。这种账簿也称特种日记账，用来记录某一类经济业务的完成情况。它的特点是对某一类重要的、发生频繁的经济业务进行序时登记。例如，对现金和银行存款的收付业务，各单位必须设置现金日记账和银行存款日记账，以便加强货币资金的管理，提供货币资金收付业务的详细、及时的会计信息。

2. 分类账簿

分类账簿又称分类账。它是对各项经济业务按照账户进行分类登记的账簿。分类账簿按其反映经济内容详细程度的不同，又分为总分类账簿和明细分类账簿。

（1）总分类账簿。总分类账簿也称总分类账，简称总账，是根据总分类科目开设账户，用来分类登记全部经济业务，提供总括核算资料的分类账簿。

（2）明细分类账簿。也称明细分类账，简称明细账，通常是根据总账科目设置，按其所属二级或明细科目开设账户，用来分类登记某一类经济业务，提供明细核算资料的分类账簿。

分类账簿所提供的各项资产、负债、所有者权益、收入、费用和利润的总括和明细核算资料，是编制财务报表的重要依据。

3. 备查账簿

备查账簿又称辅助账簿，是对某些在序时账簿和分类账簿等主要账簿中未能记录或记录不全的经济业务，为便于备查而进行补充登记的账簿。主要是为某些经济业务的内容提供必要的参考资料。如经营租赁方式租入固定资产的登记簿、受托加工材料登记簿等。备查账簿没有固定的格式，可根据各个单位的实际需要灵活设置，并非每个单位都必须设置。备查账簿的记录与编制财务报表无直接关系，所以，它是一种表外账簿。

### （二）账簿按其外形特征分类

所谓账簿的外形特征，是指将组成账簿的账页固定地装订成册，还是采取散页不加以固定的方式。账簿按其外形特征分类，一般可以分为订本式账簿、活页式账簿和卡片式账簿。

1. 订本式账簿

订本式账簿简称订本账，它是在启用前就将若干顺序编号的账页固定装订成册的账簿。采用订本式账簿，可以避免账页散失和抽换账页，从而能够保证账簿资料的安全与完整。其不足之处在于，同一本账簿在同一时间内只能由一人登记，不能分工记账。另外，订本式账簿账页固定，不能根据需要增减，因而必须预先估计每一个账户需要的页数，以此来保留空白账页。如果保留账页过多，就会造成浪费；订本式账簿一般用于现金日记账、银行存款日记账和总分类账。

2. 活页式账簿

该账簿简称活页账，它是将分散的账页装存在账夹内而不固定，可以随时增减账页的账簿。活页式账簿的优点是可以随时加入空白账页，便于分工记账，提高工作效率。它的缺点在于如果管理不善，账页容易散失或被抽换。为保证账簿资料的安全与完整，在使用时应注意顺序编号，在使用完毕不再继续登记时，应装订成册并妥善保管。在会计实务中，活页式账簿主要用于各种明细分类账。

3. 卡片式账簿

该账簿简称卡片账，它是由许多具有账页格式的卡片组成的账簿。卡片式账簿在使用之前不加装订，根据记录需要随时增添卡片数量，为便于保管，通常将卡片存放于卡片箱中。卡片式账簿的优缺点与活页式账簿相同。在使用卡片账时，为防止散失和抽换，应顺序编号，并由有关人员在卡片上签章，同时存入卡片箱中由专人保管。在使用完毕更换新账后应予以封扎，妥善保管。在会计实务中，卡片式账簿主要用于财产明细账，如材料卡片账，固定资产实物卡片账等。

## （三）账簿按账页格式分类

1. 两栏式账簿

两栏式账簿是指只有借方和贷方两个基本金额栏目的账簿。普通日记账和转账日记账采用两栏式账簿。

2. 三栏式账簿

三栏式账簿是设有借方、贷方和余额三个基本栏目的账簿。各种日记账、总分类账以及资本、债权、债务明细账都可采用三栏式账簿。

3. 多栏式账簿

多栏式账簿是在账簿的两个基本栏目借方和贷方按需要分设若干专栏的账簿。收入、费用明细账一般均采用这种格式的账簿。

4. 数量金额式账簿

数量金额式账簿的借方、贷方和余额三个栏目内，都分设数量、单价和金额三小栏，借以反映财产物资的实物数量和价值量。原材料、库存商品、产成品等明细账通常采用数量金额式账簿。

5. 横线登记式账簿

横线登记式账簿又称平行式账簿,是指将前后密切相关的经济业务登记在同一行上,以便检查每笔经济业务的发生和完成情况的账簿。该账簿格式适用于材料采购、在途物资、应收票据和一次性备用金等明细账。

# 任务 7.2  会计账簿的启用与登记要求

## 一、会计账簿的启用

账簿记录是重要的会计资料,为了保证会计资料的可靠性,规范账簿的登记,各单位在登记账簿时必须遵循基本的规则。

为了保证会计账簿记录的合法性和资料的完整性,明确记账责任,会计账簿应当有专人负责登记。在账簿启用时,应当在账簿封面上写明单位名称和账簿名称,填写账簿扉页上的"账簿启用和经管人员一览表",内容包括:单位名称、账簿名称、账簿编号、启用日期、账簿册数、账簿页数并加盖单位公章及会计主管和记账人员名章。记账人员或者会计机构负责人、会计主管人员调动工作时应当注明交接日期、接办人员和监交人员姓名。并由交接双方人员签名或者盖章。"账簿启用和经管人员一览表"的格式如表 7-1 所示。

表 7-1  账簿启用和经管人员一览表

账簿名称:  　　　　　　　　　　　　　　　　单位名称:
账簿编号:  　　　　　　　　　　　　　　　　账簿册数:
账簿页数:  　　　　　　　　　　　　　　　　启用日期:
会计主管:  　　　　　　　　　　　　　　　　记账人员:

| 移交日期 | | | 移交人 | | 接管日期 | | | 接管人 | |
|---|---|---|---|---|---|---|---|---|---|
| 年 | 月 | 日 | 姓名 | 盖章 | 年 | 月 | 日 | 姓名 | 盖章 |
| | | | | | | | | | |

## 二、会计账簿的登记要求

(1) 登记会计账簿时,应当将会计凭证日期、编号、业务内容摘要、金额和其他有关资料逐项计入账内,做到数字准确、摘要清楚、登记及时、字迹工整。登记完毕后,要在记账凭证上签名或盖章并注明已经登账的符号,即在记账凭证上所设的专门栏目中注明"√",表示已经记账。以免发生重记或漏记。

(2) 账簿中书写的文字或数字上面要留有适当的空格，不要写满格，一般应占格距的二分之一。这样，在一旦发生登记错误时，能比较容易地进行更正，同时也方便查账工作。

(3) 登记账簿要用蓝黑墨水或者碳素墨水书写，不得用圆珠笔（银行的复写账簿除外）或者铅笔书写。在会计上，数字的颜色是最重要的语素之一，它同数字和文字一起传递会计信息。书写的墨水的颜色用错了，所传递的也将是错误的会计信息。一般在下列情况，可以用红色墨水记账：

①按照红字冲账的记账凭证，冲销错误记录。
②在不设借贷等栏的多栏式账页中，登记减少数。
③在三栏式账户的余额栏前，如未印明余额方向，在余额栏内登记负数余额。
④根据国家统一会计制度的规定可以用红字登记的其他会计记录。

(4) 各种账簿按页次顺序连续登记，不得跳行、隔页。如果发生跳行、隔页，应当将空行、空页划线注销，或者注明"此行空白""此页空白"字样，并由记账人员签名或盖章。

(5) 凡需要结出余额的账户，结出余额后，应当在"借或贷"等栏内写明"借"或者"贷"等字样，没有余额的账户，应当在"借或贷"等栏写"平"字，并在余额栏内用"—"表示。现金日记账和银行存款日记账必须逐日结出余额。

(6) 每一账页登记完毕结转下页时，应当结出本页合计数及余额，写在本页最后一行和下页第一行有关栏内，并在摘要栏内注明"过次页"和"承前页"字样。也可以将本页合计数及金额只写在下页第一行有关栏内，并在摘要栏内注明"承前页"字样。

## 任务7.3　会计账簿的格式与登记方法

### 一、日记账的格式和登记方法

各单位根据会计业务的需要，可设置普通日记账和特种日记账。在我国，大多数企业一般只设置库存现金日记账和银行存款日记账。

#### (一) 库存现金日记账

库存现金日记账是用来核算和监督库存现金的增减变化及其结果的日记账，一般采用三栏式账页，设有借方、贷方及余额栏（见表7-2），又称为收入、支出、结余三个栏目。

表 7-2　库存现金日记账　　　　　　　　单位：元

| 2018 年 | | 凭证字号 | 摘要 | 借方 | 贷方 | 借或贷 | 余额 |
|---|---|---|---|---|---|---|---|
| 月 | 日 | | | | | | |
| | 1 | | 上年结余 | | | 借 | 1 200 |
| | 3 | 银付 1 | 提取现金 | 600 | | 借 | 1 800 |
| | 3 | 现付 1 | 借差旅费 | | 500 | 借 | 1 300 |
| | 3 | 现付 2 | 支付运费 | | 80 | 借 | 1 220 |
| | 3 | 现付 3 | 购办公用品 | | 775 | | 445 |
| | 3 | | 本日合计 | 600 | 1 355 | | 445 |
| | 31 | | 本日合计 | 565 | 420 | | 396 |
| | 31 | | 本月合计 | 18 670 | 19 474 | | 396 |

三栏式现金日记账的登记方法如下：

（1）日期栏：登记现金收付业务发生的实际日期；

（2）凭证栏：登记收款凭证或付款凭证的种类和编号，如现金收款凭证第 8 号可简写为"现收 8"；

（3）对方科目栏：登记现金收入或支出的对应账户名称；

（4）摘要栏：登记经济业务的简要说明；

（5）收入及付出栏：登记现金的收入金额和付出金额，每日终了，应计算当日的现金收入及现金付出的合计数；

（6）余额栏：在登记每笔现金收入或现金支出金额后，应逐笔结出现金余额，每日终了，应结出当日现金余额。

### （二）银行存款日记账

银行存款日记账是用来核算和监督银行存款每日的收入、支出和结余情况的账簿，一般采用三栏式账页，设有借方、贷方及余额栏，又称为收入、支出、结余三个栏目。银行存款日记账应按企业在银行开立的账户和币种分别设置，每个银行账户设置一本日记账。

银行存款日记账的登记方法与现金日记账的登记方法基本相同，也是由出纳人员根据审核后的银行存款收款凭证和银行存款付款凭证，逐日逐笔按照经济业务发生先后顺序进行登记。对于将现金存入银行的业务，由于为防止重复记账，只填制了现金付款凭证，因此将现金存入银行引起的银行存款收入金额，应根据审核后的现金付款凭证登记银行存款日记账。每日终了，应分别计算银行存款收入及付出的合计数并结出当日余额，以便于检查监督各项收支款项，并便于定期同银行送来的对账单逐笔核对。三栏式银行存款日记账的一般格式如表 7-3 所示。

表 7-3　银行存款日记账　　　　　　　　　　　　　　单位：元

| 2018 年 | | 凭证字号 | 摘要 | 借方 | 贷方 | 借或贷 | 余额 |
|---|---|---|---|---|---|---|---|
| 月 | 日 | | | | | | |
| 1 | 1 | | 上年结余 | | | 借 | 3 850 |
| | 3 | 银收 1 | 收到货款 | 60 000 | | 借 | 63 850 |
| | 3 | 银付 1 | 提取现金 | | 1 000 | 借 | 62 850 |
| | 3 | 银付 2 | 支付运费 | | 750 | 借 | 62 100 |
| | 3 | | 本日合计 | 60 000 | 1 750 | 借 | 62 100 |
| | 31 | | 本日合计 | 4 860 | 3 270 | 借 | 42 800 |
| | 31 | | 本月合计 | 750 000 | 711 050 | 借 | 42 800 |

## 二、总分类账的格式和登记方法

为了全面、总括地反映经济活动情况，并为编制会计报表提供核算资料，任何单位都应设置总分类账，一般采用订本式账簿，采用"三栏式"结构的账页，其基本结构为"借方""贷方""余额"三栏，总分类账的格式如表 7-4 所示。

表 7-4　原材料总分类账（三栏式）　　　　　　　　　　单位：元

会计科目　　　　　　　　　　　　　　　　　　　　　　　　　　第　页

| 年 | | 凭证字号 | 摘要 | 借方 | 贷方 | 借或贷 | 余额 |
|---|---|---|---|---|---|---|---|
| 月 | 日 | | | | | | |
| 6 | 1 | | 月初余额 | | | 借 | 52 000 |
| | 8 | | 购入材料 | 25 600 | | 借 | 77 600 |
| | 10 | | 领用材料 | | 36 000 | 借 | 41 600 |
| | 30 | | 本月合计 | 25 600 | 36 000 | 借 | 41 600 |

总分类账登记的依据和方法取决于所采用的会计核算组织程序。在不同的会计核算组织程序下，总分类账可以直接根据各种记账凭证逐笔进行登记，也可以将各种记账凭证先汇总编制成科目汇总表或汇总记账凭证，再据以登记，还可以根据多栏式日记账登记。无论采取哪一种方式，会计人员每月都应将全月已发生的经济业务全部登记入账，并于月末结出总分类账各个账户的本期发生额和期末余额，作为编制会计报表的主要依据。

## 三、明细分类账的格式和登记方法

明细分类账是按照明细科目开设的，用以分类登记某一类经济业务，提供明细核算资料的分类账户。它所提供的有关经济活动的详细资料，是对总分类账所提供的总体核算资料的必要补充，同时也是编制会计报表的依据。明细分类账是根据记账凭证及其所附的原始凭证登记，一般采用活页式账簿或卡片式账簿，其格式一般有三栏式、数量金额式、多栏式和横线登记式。

1. 三栏式明细分类账

三栏式明细分类账的账页格式与三栏式总分类账格式基本相同，账页内只设有借方、贷方和余额三个金额栏，不设数量栏。这种格式适用于那些只需要进行金额核算的资本、债权、债务等类科目，如"应收账款""应付账款""其他应收款""短期借款""长期借款""实收资本"等科目的明细分类核算。三栏式明细分类账的格式如表 7-5 所示。

表 7-5　三栏式明细分类账

会计科目：
二级或明细科目：　　　　　　　　　　　　　　　　　　　　　　　单位：元

| 年 | | 凭证字号 | 摘要 | 借方 | 贷方 | 借或贷 | 余额 |
|---|---|---|---|---|---|---|---|
| 月 | 日 | | | | | | |
| | | | | | | | |
| | | | | | | | |
| | | | | | | | |
| | | | | | | | |

2. 数量金额式明细分类账

数量金额式明细分类账的账页，在收入、发出和结存栏内，分别设有数量栏、单价栏和金额栏。这种格式适用于既要进行金额核算，又要进行实物数量核算的各种财产物资科目，如"原材料""产成品"等科目的明细分类核算。数量金额式明细分类账的格式如表 7-6 所示。

3. 多栏式明细分类账

多栏式明细分类账是根据经济业务的特点和管理需要，在一张账页内按某一总账科目所属明细科目或明细项目分设若干专栏，用以在同一张账页上集中反映某一总账科目所属各有关明细科目或明细项目的核算资料。

这种格式的明细账适用于费用成本、收入成果类的明细核算。如"管理费用明细账"，它只设一栏借方，按费用设置专栏，如表 7-7 所示。

表 7-6 原材料明细账

类别：材料
品名或规格：甲材料
储备定额：

| 2018年 | | 凭证字号 | 摘要 | 借方 | | | 贷方 | | | 结余 | | |
|---|---|---|---|---|---|---|---|---|---|---|---|---|
| 月 | 日 | | | 数量 | 单价 | 金额 | 数量 | 单价 | 金额 | 数量 | 单价 | 金额 |
| 11 | 1 | | 月初余额 | | | | | | | 2 000 | 20 | 40 000 |
| | 5 | | 购入材料 | 1 000 | 20 | 20 000 | | | | 3 000 | 20 | 60 000 |
| | 8 | | 车间领用 | | | | 1 800 | 20 | 36 000 | 1 200 | 20 | 24 000 |
| | 30 | | 本月合计 | 1 000 | 20 | 20 000 | 1 800 | 20 | 36 000 | 1 200 | 20 | 24 000 |

表 7-7 管理费用明细账

| 2018年 | | 凭证字号 | 摘要 | 借方（项目） | | | | | 贷方 | 余额 |
|---|---|---|---|---|---|---|---|---|---|---|
| 月 | 日 | | | 工资 | 折旧费 | 水电费 | … | 合计 | | |
| 9 | 8 | | 发放工资 | 8 500 | | | | 8 500 | | |
| | 9 | | 付水电费 | | | 950 | | 950 | | |
| | 30 | | 计提折旧 | | 12 600 | | | 12 600 | | |
| | 30 | | 本月合计 | 8 500 | 12 600 | 950 | | 22 050 | 22 050 | 0 |

**4. 横线登记式明细分类账**

横线登记式明细分类账采用横线登记，即将每一相关的业务登记在一行，从而可依据每一行各个栏目的登记是否齐全来判断该项业务的进展情况。该明细分类账适用于登记材料采购、在途物资、应收票据和一次性备用金业务。材料采购明细账如表 7-8 所示。

表 7-8 材料采购明细账

材料：甲材料

| 借方 | | | | | 贷方 | | | | | 余额 |
|---|---|---|---|---|---|---|---|---|---|---|
| 2018年 | | 凭证字号 | 摘要 | 金额 | 2018年 | | 凭证字号 | 摘要 | 金额 | 摘要 |
| 月 | 日 | | | | 月 | 日 | | | | |
| 9 | 8 | 记5 | 购入 | 5 000 | 9 | 15 | 记10 | 入库 | 5 000 | |
| | | | | | | | | | | |
| | | | | | | | | | | |

各种明细分类账的登记方法，应根据各个单位业务量的大小、经营管理上的需要以及所记录的经济业务内容加以确定。登记明细分类账的依据主要为原始凭证或记账凭证。一般情况下应逐笔登记经济业务，也可定期汇总登记。

## 四、备查账的格式和登记方法

应用备查登记簿，能够为加强经营管理提供必要的补充资料。例如，为了加强租入固定资产的管理，记录其租入、使用和归还等情况，需要设置"租入固定资产备查账簿"，其基本格式如表7-9所示。备查账可根据有关资料进行登记。

表7-9　租入固定资产备查账簿

| 固定资产名称及规格 | 租约号数 | 租出单位 | 租入日期 | 租金 | 使用部门 | | 归还日期 | 备注 |
|---|---|---|---|---|---|---|---|---|
|  |  |  |  |  |  |  |  |  |
|  |  |  |  |  |  |  |  |  |
|  |  |  |  |  |  |  |  |  |

## 五、总分类账户与明细分类账户的平行登记

### （一）总分类账户与明细分类账户的关系

1. 总分类账户对明细分类账户具有统驭控制作用

总分类账户提供的总括核算资料是对有关明细分类账户资料的综合；明细分类账户所提供的明细核算资料是对其总分类账户核算资料的具体化。

2. 明细分类账户对总分类账户具有补充说明作用

总分类账户是对会计要素各项目增减变化的总括反映，提供总括的资料；而明细分类账户反映的是会计要素各项目增减变化的详细情况，提供了某一具体方面的详细资料，有些明细分类账户还可以提供实物数量指标和劳动量指标等。

3. 总分类账户与其所属明细分类账户在总金额上应当相等

由于总分类账户与其所属明细分类账户是根据相同的依据来进行平行登记，所反映的经济内容是相同的，其总金额必然相等。

### （二）总分类账户与明细分类账户的平行登记

所谓总分类账户与明细分类账户的平行登记是指对所发生的每项经济业务都要以会计凭证为依据，一方面计入有关总分类账户，另一方面也要计入有关总分类账户所属的明细分类账户的方法。

在借贷记账下，总分类账户与明细分类账户之间的平行登记，可以概括地归纳为以下几点：

（1）依据相同。对发生的交易或事项计入总分类账户及其所属明细分类账户时，所依据的会计凭证相同。虽然登记总分类账户及其所属明细分类账户的直接依据不一定相同，但原始依据是相同的。

（2）期间相同。对每项经济业务在记入总分类账户和明细分类账户过程中，可以有先有后，但必须在同一会计期间全部登记入账。

（3）方向相同。将经济业务记入总分类账和明细分类账时，记账方向必须相同。即总分类账户记入借方，明细分类账户也记入借方；总分类账户记入贷方，明细分类账户也记入贷方。

（4）金额相等。对发生的经济业务记入总分类账户的金额，应与记入其所属明细分类账户的金额合计相等。

通过平行登记，总分类账户与明细分类账户之间在登记金额上就形成了如下关系：

总分类账户期初余额 = 所属各明细分类账户期初余额之和

总分类账户本期借方发生额 = 所属各明细分类账户本期借方发生额之和

总分类账户本期贷方发生额 = 所属各明细分类账户本期贷方发生额之和

总分类账户期末余额 = 所属各明细分类账户期末余额之和

现以"应收账款"账户为例，说明总分类账户与明细分类账户在借贷记账法下的平行登记（见表7-10至表7-12）。

表7-10 总分类账

账户名称：应收账款　　　　　　　　　　　　　　　　　　　　　　　　　单位：元

| 2018年 | | 凭证号 | 摘要 | 借方 | 贷方 | 借或贷 | 余额 |
|---|---|---|---|---|---|---|---|
| 月 | 日 | | | | | | |
| 5 | 1 | | 期初余额 | | | 借 | 30 000 |
| | 3 | | 销售产品货款未收 | 10 000 | | 借 | 40 000 |
| | 10 | | 收回欠款 | | 15 000 | 借 | 25 000 |
| | 28 | | 销售产品货款未收 | 18 000 | | 借 | 43 000 |

表7-11 应收账款明细分类账

账户名称：红星厂

| 2018年 | | 凭证号 | 摘要 | 借方 | 贷方 | 借或贷 | 余额 |
|---|---|---|---|---|---|---|---|
| 月 | 日 | | | | | | |
| 5 | 1 | | 期初余额 | | | 借 | 20 000 |
| | 3 | | 销售产品货款未收 | 10 000 | | 借 | 30 000 |
| | 10 | | 收回欠款 | | 15 000 | 借 | 15 000 |

表 7-12  应收账款明细分类账

账户名称：光华厂

| 2018年 | | 凭证号 | 摘要 | 借方 | 贷方 | 借或贷 | 余额 |
|---|---|---|---|---|---|---|---|
| 月 | 日 | | | | | | |
| 5 | 1 | | 期初余额 | | | 借 | 10 000 |
| | 28 | | 销售产品货款未收 | 18 000 | | 借 | 28 000 |

# 任务 7.4  对账与结账

## 一、对账

所谓对账，就是核对账目，是指会计人员对账簿记录进行核对的工作。通过对账，及时发现记账过程中的错误，以保证账簿记录的真实、完整和正确，最终为编制会计报表提供可靠的会计核算资料。各单位应当定期将会计账簿记录的有关数字与库存实物、货币资金、有价证券、往来单位或个人的结算款项进行相互核对，保证做到账证相符、账账相符和账实相符。对账工作每年至少进行一次。对账工作主要包括以下三个方面的内容。

### （一）账证核对

它是指各种账簿的记录与有关会计凭证进行核对。这种核对主要是在日常编制凭证和记账过程中逐笔进行。它是将现金和银行存款日记账、总分类账、明细分类账的记录与原始凭证和记账凭证核对。账簿与原始凭证核对，主要是对账簿记录的经济业务的真实性、合法性进行检查；账簿与记账凭证核对，主要是检查过账工作是否正确。

### （二）账账核对

它是指各种账簿之间的有关数字进行核对。其主要内容包括：

（1）总分类账各账户的借方余额合计数与贷方期末余额合计数核对相符。

（2）总分类账中的现金账户和银行存款账户的期末余额，分别与现金日记账和银行存款日记账的期末余额核对相符。

（3）总分类账各账户的期末余额与其所属的各明细分类账的期末余额合计数核对相符。

（4）会计部门的各种财产物资明细分类账的期末余额，与财产物资保管和使用部门的有关财产物资明细分类账的期末余额核对相符。

### (三) 账实核对

它是指各种财产物资的账面余额与实存数额的核对。其主要内容包括：
(1) 现金日记账的账面余额与现金实际库存数额核对相符。
(2) 银行存款日记账的账面余额与银行对账单核对相符。
(3) 财产物资明细分类账的账面余额与财产物资的实存数额核对相符。
(4) 各种应收、应付账款的明细分类账的账面余额与有关债务、债权单位或个人核对相符。

## 二、结账

### (一) 结账的概念

所谓结账是指在把一定时期内发生的全部经济业务登记入账的基础上，计算并记录本期发生额和期末余额的工作。为了将持续不断的经济活动按照会计期间进行分期总结和报告，反映一定时点的财务状况和一定会计期间的经营成果，并为编制会计报表提供依据，各单位必须按照有关规定定期地进行结账。

### (二) 结账的程序

(1) 结账前，将本期内发生的经济业务全部登记入账，并保证其正确性。对于发现的错误，应采用适当的方法进行更正。
(2) 按权责发生制的要求，调整有关账项，合理确定应计入本期的收入和费用。
(3) 将损益类科目发生额全部转入"本年利润"科目，结平所有损益类科目。
(4) 结出资产、负债和所有者权益账户的本期发生额和期末余额，并转入下期。

### (三) 结账的方法

结账工作通常是按月进行，年度终了，还要进行年终结账。在会计实务中，一般采用划线结账的方法进行结账，月结时通栏划单红线，年结时通栏划双红线。具体方法为：
(1) 对不需按月结计本期发生额的账户，每次记账以后，都要随时结出余额，每月最后一笔余额即为月末余额。月末结账时，只需要在最后一笔经济业务事项记录之下通栏划单红线，不需要再结计一次余额。
(2) 库存现金、银行存款日记账和需要按月结计发生额的收入、费用等明细账，每月结账时，在最后一笔经济业务记录下面通栏划单红线，结出本月发生额和余额，在摘要栏内注明"本月合计"字样，并在下面通栏划单红线。
(3) 需要结计本年累计发生额的某些明细账户，每月结账时，应在"本月合计"行下结出自年初起至本月末止的累计发生额，登记在月份发生额下面，在摘要栏内注明"本年累计"字样，并在下面通栏划单红线。12月末的"本年累计"就是全年累计发生额，全年累计发生额下通栏划双红线。

（4）总账账户平时只需结出月末余额。年终结账时，将所有总账账户结出全年发生额和年末余额，在摘要栏内注明"本年合计"字样，并在合计数下通栏划双红线。

（5）年度终了结账时，有余额的账户，要将其余额结转下年，并在摘要栏注明"结转下年"字样；在下一会计年度新建有关会计账户的第一行余额栏内填写上年结转的余额，并在摘要栏注明"上年结转"字样。

## 任务 7.5 错账查找与更正的方法

### 一、错账查找方法

在记账过程中，可能发生各种各样的差错，产生错账（如重记、漏记、数字颠倒、数字错位、数字记错、科目记错、借贷方向记反等）。通常在月末结账时，要进行试算平衡，以发现错账。进行试算平衡，可能会出现试算不平衡的情况（所有账户的借方发生额合计数≠所有贷方发生额合计数，或者，所有借方余额的合计数≠所有贷方余额合计数），从而影响会计信息的准确性，此时应及时找出差错，并予以更正。错账查找的方法主要有以下几种。

#### （一）差数法

差数法是指按照错账的差数来查找错账的方法，适用于借贷方有一方漏记的错误。例如，在记账过程中只登记了经济业务的借方或者贷方，漏记了另一方，从而形成试算平衡中借方合计数与贷方合计数不相等。如果借方金额遗漏，就会使该金额在贷方超出；如果贷方金额遗漏，则会使该金额在借方超出。对于这样的差错，可由会计人员通过回忆和与相关金额的记账核对来查找。

#### （二）除 2 法

除 2 法是指差数除以 2 来查找错账的方法。当记账时借方金额错计入贷方（或者相反）时，出现错账的差数就表现为错误的 2 倍，因此将此差数用 2 去除，得出的商就是反向的正确的金额。例如，应计入"固定资产"科目借方的 5 000 元误计入贷方，会导致贷方发生额比借方发生额多 10 000 元，被 2 除的商 5 000 元即为借贷方向反向的金额。同理，如果借方总额大于贷方 800 元，即应查找有无 400 元的贷方金额误计入借方。

#### （三）尾数法

所有账户的借方发生额合计数和贷方发生额合计数的差额，看其尾数，乃至小数点以后的角或分的数字，对于发生的角、分的差错可以只查找小数部分，以提高查错的效率。

### (四) 除 9 法

它是指以差数除以 9 来查找错数的方法，适用于以下三种情况：

(1) 将数字写小。例如将 500 写成 50，错误数字小于正确数字 9 倍。查找的方法是：以差数除以 9 得出的商即为写错的数字，商乘以 10 即为正确的数字。上例差数 450（即 500 - 50）除以 9，商 50 即为错数，扩大 10 倍后即可得出正确的数字 500。

(2) 将数字写大。例如将 30 写成 300，错误数字大于正确数字 9 倍。查找的方法是：以差数除以 9 得出的商为正确的数字，商乘以 10 后所得的积为错误数字。上例差数 270（即 300 - 30）除以 9 以后，所得的商 30 为正确数字，30 乘以 10（即 300）为错误数字。

(3) 邻数颠倒。在日常记账中常会发生前后两个数字颠倒、三个数字前后颠倒和数字移位。它们的共同特点是错账差数一定是 9 的倍数，并且差数每个数字之和也是 9 的倍数，因此，这类情况均可应用"除 9 法"来查找。

【思考】某会计人员记账时将应该记入"管理费用——办公费"科目借方的 4 000 元误计入贷方。会计人员在查找该项错账时，应采用什么方法？

## 二、错账更正方法

在记账过程中，如果账簿记录发生错误，应根据记账错误的性质和发现时间，按规定的更正方法予以更正。更正错账的方法，一般有以下几种。

### (一) 划线更正法

在结账之前，如果发现账簿记录有错误，而记账凭证无错误，即过账时发生文字上的笔误，可采用划线更正法予以更正。

具体更正方法是：首先将错误的文字或数字划一条红线予以注销。然后将正确的文字或数字用蓝黑字体写在划线的上面，并在划线更正处加盖记账人员印章，以示负责。采用划线更正法时应注意：对于数字差错必须将错误数额全部划去，不允许只划线更正错误数额中的个别数字，并保持划去的字迹仍可清晰辨认，以备日后查考。例如，记账人员在根据记账凭证登记账簿时，将 9 860 元错误记为 9 680 元，不能只划去错误数字"68"改为"86"，而应将错误金额"9 680"全部用红线划去，并在划线上方书写正确金额"9 860"。

### (二) 红字更正法

(1) 在记账之后，如果发现记账凭证中的应借、应贷会计科目或金额有错误，可采用红字更正法予以更正。

具体更正方法是：首先用红字金额填制一张与原错误记账凭证内容完全相同的记账凭证，并在摘要栏注明"订正某月某日某号凭证"，据以用红字登记入账，冲销原有错误的账簿记录。然后再用蓝黑字体填制一张正确的记账凭证，并据以用蓝黑字体登记入账。

例如，某公司厂长因公出差预借差旅费 5 000 元，开出现金支票付讫。在填制记账凭证时,误填写成借记"管理费用"科目,并已经据以登记入账。

借:管理费用　　　　　　　　　　　　　　　　　5 000
　　贷:银行存款　　　　　　　　　　　　　　　　　　　5 000

先用红字(以表示 ☐ 红字)金额编制记账凭证并据以用红字登记入账,用以冲销原有错误的账簿记录:

借:管理费用　　　　　　　　　　　　　　　　　5 000
　　贷:银行存款　　　　　　　　　　　　　　　　　　　5 000

然后用蓝黑字金额编制正确的记账凭证,并据以登记入账:

借:其他应收款　　　　　　　　　　　　　　　　5 000
　　贷:银行存款　　　　　　　　　　　　　　　　　　　5 000

(2)在记账之后,如果发现记账凭证和账簿中所记金额大于应记的正确金额,而原记账凭证应借、应贷的会计科目并无错误,可采用红字更正法予以更正。

具体更正方法是:将多记的金额,即错误金额大于正确金额的差额,用红字金额填制一张与原错误记账凭证应借、应贷会计科目完全相同的记账凭证,并在摘要栏注明"冲销某月某日某号凭证多记金额",然后据以用红字登记入账。

例如,企业某车间为生产产品领用甲材料1 000元。在填制记账凭证时,误将金额写成10 000元,并据以登记入账。

借:生产成本　　　　　　　　　　　　　　　　　10 000
　　贷:原材料——甲材料　　　　　　　　　　　　　　10 000

此笔错账多记金额9 000元,更正时,应用红字金额填制一张记账凭证,并据以登记入账:

借:生产成本　　　　　　　　　　　　　　　　　9 000
　　贷:原材料——甲材料　　　　　　　　　　　　　　9 000

## (三)补充登记法

在登记入账后,如果发现记账凭证和账簿中所记金额小于应记的正确金额,而原记账凭证中应借、应贷的会计科目并无错误,可采用补充登记法予以更正。

具体更正方法是:将少记的金额,即错误金额小于正确金额的差额,用蓝黑字金额填制一张与原错误记账凭证应借、应贷的会计科目完全相同的记账凭证,并在摘要栏注明"补充某月某日某号凭证少记金额",然后据以登记入账。

例如,企业根据折旧计划,计提本月车间使用固定资产的折旧费7 500元。在填制记账凭证时,误将金额填写成5 700元,并据以登记入账:

借:制造费用　　　　　　　　　　　　　　　　　5 700
　　贷:累计折旧　　　　　　　　　　　　　　　　　　5 700

此笔错账少记金额1 800元,将其用蓝黑字金额填制一张记账凭证,并登记入账:

借：制造费用　　　　　　　　　　　　　　　　　　　　　1 800
　　贷：累计折旧　　　　　　　　　　　　　　　　　　　　　1 800

## 任务7.6　会计账簿的更换与保管

### 一、账簿的更换

为了保持账簿资料的连续性，每年年末都要更换新账。

（1）总账、日记账和大部分的明细账，每年更换一次。年初，要将旧账各账户年末余额直接转记到新账各账户的第一行中，并在"摘要"栏内加盖"上年结转"戳记。上年旧账各账户最后一行"摘要"栏内加盖"结转下年"戳记，并将其下面的空行画一条斜红线注销。旧账余额过入新账时，无须编制记账凭证。

（2）对于数额变动较小、内容格式特殊的明细账，如固定资产明细账，可以连续使用多年，而不必每年更换新账。

### 二、账簿的保管

会计凭证、会计账簿和会计报表都是企业的会计档案和历史资料，必须妥善保管，不得销毁和丢失。

正在使用的账簿，应由经管账簿的会计人员负责保管。年末结账后，会计人员应将活页账簿的空白账页抽出，并在填写齐全的"账簿启用及经管人员一览表""账户目录"前加上封面，固定装订成册。经统一编号后，与各种订本账一起归档保管。各种账簿的保管年限和销毁的审批程序，应按会计制度的规定严格执行。

 **知识链接**

**会计账簿的保管期限**

根据《会计档案管理办法》第八条规定，会计档案的保管期限分为永久、定期两类。定期保管期限分为3年、5年、10年、15年、25年5类。会计账簿的保管期限为：（1）总账（包括日记总账）15年；（2）明细账15年；（3）日记账15年（其中，现金及银行存款日记账25年）；（4）固定资产卡片在固定资产报废清理后5年；（5）辅助账簿（备查簿）15年。

**【项目小结】**

本项目主要介绍了会计账簿的概念、作用、分类及各类账簿的登记方法。会计账簿是指由一定格式的账页组成，以经过审核的会计凭证为依据，全面、系统、连续地记录各项经济业务的簿籍。会计账簿分类如下所示：

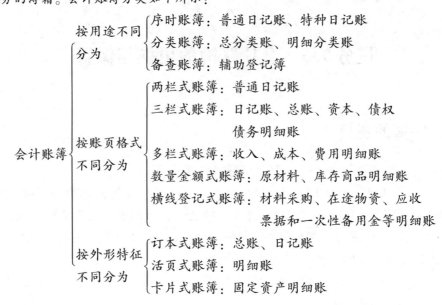

## 【项目考核】

### 一、单项选择题

1. 能够总括反映某一类经济业务增减变动的会计账簿是（ ）。
   A. 总分类账    B. 明细分类账    C. 备查账    D. 序时账

2. 能够序时反映企业某一类经济会计信息的账簿是（ ）。
   A. 总分类账           B. 明细分类账
   C. 备查账             D. 日记账

3. 一般情况下，不需要根据记账凭证登记的账簿是（ ）。
   A. 总分类账    B. 明细分类账    C. 备查账    D. 日记账

4. 日记账的最大特点（ ）。
   A. 按现金和银行存款分别设置账户
   B. 可以提供现金和银行存款的每日发生额
   C. 可以提供现金和银行存款的每日静态、动态资料
   D. 逐日、逐笔顺序登记并随时结出当日余额

5. 下列项目中，可以采用卡片式格式的有（ ）。
   A. 现金日记账              B. 库存商品明细账
   C. 制造费用明细账          D. 固定资产明细账

6. 会计账簿按（ ）分类，可以分为日记账、分类账和备查账。
   A. 格式不同                B. 用途不同
   C. 外形不同                D. 规格不同

7. 企业的结账时间应为（ ）。

A. 每项业务登记以后　　　　　　B. 每日终了时
C. 一定时期终了时　　　　　　　D. 会计报表编制后

8. 下列项目中，（　　）是连接会计凭证和财务报表的中间环节。
   A. 复式记账　　　　　　　　　B. 设置会计科目和账户
   C. 设置和登记账簿　　　　　　D. 编制会计分录

9. 记账后发现记账错误是由于记账凭证中会计科目使用有误引起的，应采用（　　）。
   A. 划线更正法　　　　　　　　B. 红字更正法
   C. 补充登记法　　　　　　　　D. 转账更正法

10. 现金日记账和银行存款日记账属于（　　）。
    A. 序时账　　B. 分类账　　C. 备查账　　D. 总账

11. 总账、现金日记和银行存款日记账应采用（　　）。
    A. 活页账　　B. 订本账　　C. 卡片账　　D. 以上均可

12. 现金日记账和银行存款日记账的登账依据是（　　）。
    A. 审核无误的收、付款原始凭证
    B. 审核无误的收、付款记账凭证
    C. 审核无误的所有原始凭证
    D. 审核无误的所有记账凭证

13. （　　）明细账的基本结构为借方、贷方和余额三栏。
    A. 三栏式　　B. 多栏式　　C. 数量金额式　　D. 横线登记式

14. （　　）明细账应根据经济业务的内容和经营管理的需要，在借方或贷方分别按明细项目设若干专栏。
    A. 三栏式　　B. 多栏式　　C. 数量金额式　　D. 横线登记式

15. （　　）明细账是在账页的同一行内，记录某一项经济业务从发生到结束的所有事项。
    A. 三栏式　　B. 多栏式　　C. 数量金额式　　D. 横线登记式

16. （　　）采用三栏式明细账。
    A. 应收账款明细账　　　　　　B. 原材料明细账
    C. 管理费用明细账　　　　　　D. 产成品明细账

17. 在结账前，若发现记账凭证所记金额小于应记金额，并已过账，应采用（　　）更正。
    A. 划线更正法　　　　　　　　B. 补充登记法
    C. 红字更正法　　　　　　　　D. 平行登记法

18. 在结账前，若发现凭证中所记金额大于应记金额，而应借、应贷科目没有错误，并已过账，应采用（　　）更正。
    A. 补充登记法　　　　　　　　B. 红字更正法
    C. 划线更正法　　　　　　　　D. 以上方法均可

19. 更正错账时，划线更正法的适用范围是（　　）。
    A. 记账凭证上会计科目或记账方向错误，导致账簿记录错误
    B. 记账凭证正确，在记账时发现账簿记录有文字错误或数字错误
    C. 记账凭证上会计科目或记账方向正确，所记金额大于应记金额，导致账簿记录错误
    D. 记账凭证上会计科目或记账方向正确，所记金额小于应记金额，导致账簿记录错误

20. 下列各项中，适用于数量金额式账簿的是（　　）。
    A. 现金日记账　　　　　　　　　B. 管理费用明细账
    C. 原材料明细账　　　　　　　　D. 固定资产明细账

21. 账簿按用途分类时，管理费用明细账属于（　　）。
    A. 序时账簿　　　　　　　　　　B. 分类账簿
    C. 备查账簿　　　　　　　　　　D. 订本账簿

22. 最适合用于登记存货的账簿是（　　）。
    A. 两栏式账簿　　　　　　　　　B. 三栏式账簿
    C. 多栏式账簿　　　　　　　　　D. 数量金额式账簿

23. 费用明细账应采用的账簿格式是（　　）。
    A. 两栏式账簿　　　　　　　　　B. 三栏式账簿
    C. 多栏式账簿　　　　　　　　　D. 数量金额式账簿

24. 记账后发现记账凭证填写的会计科目无误，只是所登记的金额大于应记金额，应采用的错账更正方法为（　　）。
    A. 涂改法　　　　　　　　　　　B. 划线更正法
    C. 红字更正法　　　　　　　　　D. 补充登记法

25. 下列会计账簿中，可以跨年度连续使用的是（　　）。
    A. 总账　　　　　　　　　　　　B. 日记账
    C. 固定资产卡片账　　　　　　　D. 费用明细账

26. 下列账簿中，可以采用卡片式账簿的是（　　）。
    A. 日记总账　　　　　　　　　　B. 固定资产总账
    C. 租入固定资产登记簿　　　　　D. 固定资产明细账

27. 记账人员根据记账凭证登记完毕账簿后，要在记账凭证上注明已经登账的符号，这主要是为了（　　）。
    A. 明确记账责任　　　　　　　　B. 避免错行或隔页
    C. 避免重记或漏记　　　　　　　D. 防止凭证丢失

28. 下列哪项不是总分类账户与明细分类账户的平行登记要点（　　）。
    A. 依据相同　　B. 方向相同　　C. 金额相等　　D. 账簿相同

29. 下列明细分类账户中，可以采用数量金额式的是（　　）明细分类账。
    A. 管理费用　　B. 应付账款　　C. 库存商品　　D. 长期待摊费用

30. (　　) 是按照经济业务发生先后顺序逐日逐笔登记的账簿。
    A. 分类账　　　　　　　　　　B. 明细账
    C. 序时账　　　　　　　　　　D. 备查账

## 二、多项选择题

1. 能够详细反映某一类经济业务增减变化的会计账簿是(　　)。
    A. 总分类账　　　　　　　　　B. 明细分类账
    C. 备查账　　　　　　　　　　D. 序时账
2. 下列项目中采用数量金额式的是(　　)。
    A. 银行存款日记账　　　　　　B. 应收账款明细分类账
    C. 库存商品明细分类账　　　　D. 材料明细分类账
3. 下列项目中采用三栏式结构的是(　　)。
    A. 应收账款明细分类账　　　　B. 长期借款明细分类账
    C. 实收资本明细分类账　　　　D. 应付账款明细分类账
4. 对账的内容有(　　)。
    A. 账实核对　　　　　　　　　B. 账证核对
    C. 账账核对　　　　　　　　　D. 账表核对
5. 总分类账和明细分类账的平行登记要点有(　　)。
    A. 依据相同　　　　　　　　　B. 期间相同
    C. 金额相等　　　　　　　　　D. 方向相同
6. 会计账簿的基本构成包括(　　)。
    A. 封面　　　　　　　　　　　B. 扉页
    C. 使用说明　　　　　　　　　D. 账页
7. 账簿按格式分类包括(　　)账簿。
    A. 三栏式　　　　　　　　　　B. 多栏式
    C. 数量金额式　　　　　　　　D. 卡片式
8. 明细分类账户对总分类账户起(　　)作用。
    A. 统驭　　　　　　　　　　　B. 控制
    C. 补充　　　　　　　　　　　D. 说明
9. 关于平行登记，下列说法正确的是(　　)。
    A. 实际工作中，明细账和总账平行登记的时间并不绝对相同，一般是在同一月份登记明细账，然后再按一定的方法登记总账
    B. 记入总账的方向和记入所属明细账的方向要一致
    C. 一次性登记总账的金额和分散记入所属明细账的金额之和相等
    D. 平行登记最关键的要点是总账和明细账要划两条平行直线分别登记
10. 下列关于账簿与账户的关系表述，正确的有(　　)。
    A. 账户存在于账簿之中，没有账簿，账户就无法存在
    B. 账簿存在于账户之中，没有账户，账簿就无法存在

C. 账户只是一个外在形式，账簿才是它的真实内容
D. 账簿只是一个外在形式，账户才是它的真实内容

### 三、判断题

1. 日记账是逐笔序时登记的，故期末不必与总账核对。　　　　　　　　　（　　）
2. 银行存款日记账是由出纳人员根据审核后的收款凭证、付款凭证逐日逐笔序时登记的账簿。　　　　　　　　　　　　　　　　　　　　　　　　　　　　（　　）
3. 在期末对账时，应将会计部门财产物资明细分类账余额与财产物资保管和使用部门相关财产物资明细分类账核对。　　　　　　　　　　　　　　　　　（　　）
4. 启用订本式账簿，除在账簿扉页填列"账簿启用和经管人员一览表"外，还应从第一页到最后一页顺序编定页数，不得跳页、缺号。　　　　　　　　　（　　）
5. 对于明细账的核算，除用货币计量反映经济业务外，必要时还需要用实物计量或劳动计量单位从数量和时间上进行反映，以满足经营管理的需要。　　　（　　）
6. 会计账簿是指由一定格式账页组成的，以经过审核的会计凭证为依据，全面、系统、连续地记录各项经济业务的簿籍。　　　　　　　　　　　　　　（　　）
7. 结账是指年度终了时，为了编制会计报表而进行的一项将账簿记录结算清楚的账务工作。　　　　　　　　　　　　　　　　　　　　　　　　　　　（　　）
8. 原材料明细账的每一账页登记完毕结转下页时，可以只将每页末的余额结转次页，不必将本页的发生额结转次页。　　　　　　　　　　　　　　　　（　　）
9. 受托加工来料不必在账簿中登记。　　　　　　　　　　　　　　　　（　　）
10. 单位为了将本期与下期的会计记录分开，结账时一般划结账线，月结划单红线，年结划双红线。划线只在账页中的金额部分划线。　　　　　　　　　（　　）

## 【任务实施】

### 实训一　练习日记账的登记方法

资料：某企业 2018 年 6 月 30 日现金日记账和银行存款日记账的余额分别为 5 600 元和 420 000 元。7 月 1—5 日发生下列经济业务：

（1）2 日，职工刘红出差，预借差旅费 1 000 元，以现金付讫。
（2）2 日，收到银行通知，长城公司汇来前欠货款 25 000 元，已收妥入账。
（3）2 日，从银行提取现金 1 200 元，备用。
（4）2 日，用银行存款偿还前欠华丰工厂货款 10 000 元。
（5）3 日，厂部王华报销市内交通费 30 元，以现金付讫。
（6）4 日，从银行取得短期借款 60 000 元，存入银行。
（7）5 日，以银行存款支付厂部办公费 1 000 元。
（8）5 日，购入材料一批，货款 5 000 元，增值税进项税额 850 元，以银行存款支付。
（9）5 日，用现金支付退休人员工资 2 250 元。

要求：根据以上资料编制会计分录，并据以登记现金日记账和银行存款日记账。

表7-4 库存现金日记账

| 20　年 | | 凭证号数 | 摘要 | 收入 | 支出 | 余额 |
|---|---|---|---|---|---|---|
| 月 | 日 | | | | | |
| | | | | | | |
| | | | | | | |
| | | | | | | |
| | | | | | | |
| | | | | | | |
| | | | | | | |
| | | | | | | |
| | | | | | | |
| | | | | | | |

表7-5 银行存款日记账

| 20　年 | | 凭证号数 | 摘　要 | 收入 | 支出 | 余额 |
|---|---|---|---|---|---|---|
| 月 | 日 | | | | | |
| | | | | | | |
| | | | | | | |
| | | | | | | |
| | | | | | | |
| | | | | | | |
| | | | | | | |
| | | | | | | |
| | | | | | | |
| | | | | | | |
| | | | | | | |

## 实训二　练习总账与明细账的登记方法

资料：某公司2月份部分总分类账户和所属明细分类账户期初余额如下：

原材料总分类账户月初借方余额为560 000元，其所属明细分类账户为：

| 名称 | 数量 | 单价 | 金额 |
|---|---|---|---|
| 甲材料 | 10 000 kg | 20元 | 200 000元 |
| 乙材料 | 12 000 kg | 30元 | 360 000元 |
| 合计 | | | 560 000元 |

应付账款总分类账户月初贷方余额为90 000元,其所属明细分类账户贷方余额为:大华工厂60 000元,南海工厂30 000元。

本月发生的原材料收发业务以及与供货单位的结算业务如下:

(1) 2月3日,从大华工厂购进甲材料3 000 kg,单价20元,计60 000元。材料已验收入库,货款未付。

(2) 2月10日,仓库发出甲材料5 000 kg,单价20元,计100 000元;乙材料7 000 kg,单价30元,计210 000元,总计310 000元。这些材料直接用于生产产品。

(3) 2月18日,用银行存款支付所欠大华工厂材料款60 000元,所欠南海工厂材料款30 000元,总计90 000元。

(4) 2月28日,从大华工厂购进乙材料2 000 kg,单价30元,计60 000元,用银行存款支付货款40 000元,余款暂欠。

要求:根据上述资料采用平行登记的方法分别登记原材料和应付账款总分类账户及其所属的明细分类账户。

表7-13 总分类账

账户名称:应付账款

| 2021年 | | 凭证号 | 摘要 | 借方 | 贷方 | 借或贷 | 余额 |
|---|---|---|---|---|---|---|---|
| 月 | 日 | | | | | | |
| | | | | | | | |
| | | | | | | | |
| | | | | | | | |
| | | | | | | | |
| | | | | | | | |
| | | | | | | | |

表7-14 应付账款明细分类账

明细科目:

| 2021年 | | 凭证号 | 摘要 | 借方 | 贷方 | 借或贷 | 余额 |
|---|---|---|---|---|---|---|---|
| 月 | 日 | | | | | | |
| | | | | | | | |
| | | | | | | | |
| | | | | | | | |
| | | | | | | | |
| | | | | | | | |
| | | | | | | | |

表 7-15　**应付账款明细分类账**

明细科目：

| 2021年 | | 凭证号 | 摘要 | 借方 | 贷方 | 借或贷 | 余额 |
| --- | --- | --- | --- | --- | --- | --- | --- |
| 月 | 日 | | | | | | |
| | | | | | | | |
| | | | | | | | |
| | | | | | | | |
| | | | | | | | |
| | | | | | | | |
| | | | | | | | |
| | | | | | | | |

表 7-16　**总分类账**

账户名称：原材料

| 2021年 | | 凭证号 | 摘要 | 借方 | 贷方 | 借或贷 | 余额 |
| --- | --- | --- | --- | --- | --- | --- | --- |
| 月 | 日 | | | | | | |
| | | | | | | | |
| | | | | | | | |
| | | | | | | | |
| | | | | | | | |
| | | | | | | | |
| | | | | | | | |
| | | | | | | | |
| | | | | | | | |

表 7-17　**原材料明细账**

品名：甲材料　　　　　　　　　数量单位：kg　　　　　　　　　金额单位：元

| 年 | | 凭证字号 | 摘要 | 借方 | | | 贷方 | | | 结余 | | |
| --- | --- | --- | --- | --- | --- | --- | --- | --- | --- | --- | --- | --- |
| 月 | 日 | | | 数量 | 单价 | 金额 | 数量 | 单价 | 金额 | 数量 | 单价 | 金额 |
| | | | | | | | | | | | | |
| | | | | | | | | | | | | |
| | | | | | | | | | | | | |
| | | | | | | | | | | | | |
| | | | | | | | | | | | | |

表 7–18 原材料明细账

品名：甲材料　　　　　　　　　　数量单位：kg　　　　　　　　　　金额单位：元

| 年 | | 凭证字号 | 摘要 | 借方 | | | 贷方 | | | 结余 | | |
|---|---|---|---|---|---|---|---|---|---|---|---|---|
| 月 | 日 | | | 数量 | 单价 | 金额 | 数量 | 单价 | 金额 | 数量 | 单价 | 金额 |
| | | | | | | | | | | | | |
| | | | | | | | | | | | | |
| | | | | | | | | | | | | |
| | | | | | | | | | | | | |
| | | | | | | | | | | | | |

## 实训三　练习错账的更正方法

资料：企业在账证核对过程中，发现下列经济业务凭证内容或账簿记录有误：

(1) 职工王林借差旅费 1 000 元，开出现金支票，原记账凭证的会计分录如下：

借：其他应收款　　　　　　　　　　　　　　　　　　　1 000
　　贷：库存现金　　　　　　　　　　　　　　　　　　1 000

(2) 结转本月已售产品成本 50 000 元，原记账凭证的会计分录如下：

借：主营业务成本　　　　　　　　　　　　　　　　　　5 000
　　贷：库存商品　　　　　　　　　　　　　　　　　　5 000

(3) 企业结转本月发生制造费用 7 800 元，原记账凭证的会计分录如下：

借：生产成本　　　　　　　　　　　　　　　　　　　　8 700
　　贷：制造费用　　　　　　　　　　　　　　　　　　8 700

要求：针对以上各项经济业务的错误记录，分别采用适当的方法予以更正。

## 项目 8
# 财产清查

**【知识目标】**

1. 了解财产清查的意义和种类;
2. 掌握各种财产清查的方法;
3. 掌握财产清查的账务处理。

**【技能目标】**

1. 能够正确编制银行存款余额调节表;
2. 能够进行财产清查的账务处理。

**【案例导入】**

内蒙古蓝天服装有限公司于 2021 年 10 月 31 日,对存货进行财产清查,发现涤纶面料账实不符。会计人员根据财产清查报告单,应如何做账务处理?

**财产清查报告单**
2021 年 10 月 31 日

| 财产名称 | 单位 | 单价 | 账面数量 | 实存数量 | 盘盈 | | 盘亏 | | 原因 |
|---|---|---|---|---|---|---|---|---|---|
| | | | | | 数量 | 金额 | 数量 | 金额 | |
| 涤纶面料 | 米 | 20 | 1 100 | 1 050 | | | 50 | 1 000 | 计量差错 |
| | | | | | | | | | |
| | | | | | | | | | |
| 合计 | | | 1 100 | 1 050 | | | 50 | 1 000 | |
| 处理意见 | 审批部门 | | | 清查小组 | | | 使用保管部门 | | |
| | 计入管理费用 | | | | | | | | |

监盘人:李丽　　　　　　　　　　盘点人:王华

# 任务 8.1  认识财产清查

## 一、财产清查的概念

财产清查是指通过对货币资金、实物资产和往来款项等财产物资进行盘点或核对，确定其实存数，查明账存数与实存数是否相符的一种专门方法。

## 二、财产清查的意义

造成账实不符的原因是多方面的，如财产物资收入、发出时由于计量、检验不准确而造成的差错；在保管过程中发生的自然损耗；在填制会计凭证或登记账簿时发生的错记、漏记和重记；由于管理不善或工作人员的过失造成财产物资的霉烂损坏、短缺以及不法分子的营私舞弊、贪污盗窃等。以上任何一种情况的发生都可能引起账实不符，因此，企业应当建立健全财产物资清查制度，加强管理，以保证财产物资核算的真实性和完整性。财产清查的意义主要有以下方面。

### （一）保证账实相符，提高会计资料的准确性

通过财产清查，可以查明各项财产物资的实有数量，确定实有数量与账面数量之间的差异，查明原因和责任，以便采取有效措施，清除差异，改进工作，从而保证账实相符，提高会计资料的准确性。

### （二）切实保障各项财产物资的安全完整

通过财产清查，可以查明各项财产物资的保管情况是否良好，有无因管理不善造成霉烂、变质、损失浪费，或者被非法挪用、贪污盗窃的情况，以便采取有效措施，改善管理，切实保障各项财产物资的安全完整。

### （三）加速资金周转，提高资金使用效益

通过财产清查，可以查明各项财产物资的库存和使用情况，合理安排生产经营活动，充分利用各项财产物资，加速资金周转，提高资金使用效益。

## 三、财产清查的种类

### （一）按清查的范围分类

1. 全面清查

全面清查是指对所有的财产进行全面的盘点与核对。全面清查由于清查范围大、内容

多、时间长、参与人员多，不宜经常进行。需要进行全面清查的主要有以下几种情况：

（1）年终决算之前，要进行一次全面清查，目的是确保年度会计报表的真实可靠；

（2）单位撤销、合并或者改变其隶属关系时，中外合资、国内合资前，企业股份制改制以前以及单位主要领导调离工作前等情况下，要进行一次全面清查，以明确经济责任；

（3）开展资产评估、清产核资等专项经济活动前，需要进行全面清查。

2. 局部清查

局部清查是指根据需要对部分财产物资进行盘点与核对。局部清查清查范围小、内容少、时间短、参与人员少，但专业性很强。需要进行局部清查的主要有以下几种情况：

（1）对于库存现金，每日终了，应由出纳人员进行清点核对；

（2）对于银行存款，企业至少每月要同银行核对一次；

（3）对于贵重财产物资，每月都应清查盘点一次；

（4）对于债权、债务等各种往来款项，每年至少同对方企业核对一至两次；

（5）对于流动性较大的财产物资，如原材料、在产品、产成品，应根据需要随时轮流盘点或重点抽查。

以上所列举的清查内容，都是正常情况下进行的，目的是保证账实相符。如果遭受自然灾害（如风、火、水灾、地震等）、发生盗窃事件以及更换相关工作人员，也应对财产物资或资金进行局部的清点和盘查。

## （二）按清查的时间分类

1. 定期清查

定期清查是指按照预先计划安排的时间对财产所进行的盘点和核对。定期清查一般在年末、季末、月末进行。例如，每日结账时，要对库存现金进行账实核对；每月末结账时，要对银行存款日记账进行对账。定期清查可以是全面清查，也可以是局部清查。

2. 不定期清查

不定期清查是指事前不规定清查日期，而是根据特殊需要临时进行的盘点和核对。不定期清查可以是全面清查，也可以是局部清查。需要进行不定期清查的主要有以下几种情况：

（1）财产、库存现金保管人员更换时，应对有关人员保管的财产、库存现金进行清查，以分清经济责任，便于办理交接手续；

（2）发生自然灾害和意外损失时，应对受损失的财产进行清查，以查明损失情况；

（3）上级主管、财政、审计和银行等部门，对本单位进行会计检查时，应按检查的要求和范围进行清查，以验证会计资料的可靠性、准确性；

（4）进行临时性清产核资时，要对本单位的财产进行清查，以摸清家底。

企业在编制年度财务会计报告前，应当全面清查财产，核实债务。各单位应定期将会计账簿记录与实物、款项实有数额及有关资料相互核对，保证会计账簿记录与实物及款项实有数额相符。

### (三) 按照清查的执行系统分类

**1. 内部清查**

内部清查是指本单位内部自行组织清查工作小组进行的财产清查工作，大多数财产清查都是内部清查。

**2. 外部清查**

外部清查是指由上级主管部门、审计机关、司法部门、注册会计师根据国家有关规定或情况需要对本单位所进行的财产清查。一般来讲，进行外部清查时，应有本单位相关人员参加。

## 四、财产清查的一般程序

企业应按照一定的流程组织财产清查工作，因此需要规定财产清查的一般程序，企业的财产清查工作应严格按以下程序进行：

（1）建立财产清查组织，清查小组一般由会计部门、保管部门、管理部门等人员组成，并由具有一定权限的人员负责审查各项工作；

（2）组织清查人员学习有关政策规定，掌握有关法律、法规和相关业务知识，以提高财产清查工作的质量；

（3）确定清查对象、范围，明确清查任务；

（4）制定清查方案，具体安排清查内容、时间、步骤、方法以及必要的清查前准备；

（5）清查时本着先清查数量、核对有关账簿记录等，后认定质量的原则进行；

（6）填制盘存清单；

（7）根据盘存清单，填制实物、往来账项清查结果报告表。

# 任务 8.2　财产清查的方法

## 一、财产物资的盘存制度

财产清查的重要环节是盘点财产物资的实存数量，为使盘点工作顺利进行，应建立一定的盘存制度。一般说来，财产物资的盘存制度有两种：永续盘存制和实地盘存制。

### （一）永续盘存制

永续盘存制亦称账面盘存制。采用这种方法，对平时各项财产物资的增加数和减少数，都要根据会计凭证连续记入有关账簿，并且随时结出账面余额，其公式为：

$$账面期末余额 = 账面期初余额 + 本期增加额 - 本期减少额$$

这种盘存制度要求财产物资的进出都有严密的手续，便于加强会计监督；在有关账簿中对财产物资的进出进行连续登记，且随时结出账面结存数，便于随时掌握财产物资占用情况及其动态，有利于加强财产物资管理。其不足之处在于账簿中记录的财产物资的增减变动及结存情况都是根据有关会计凭证登记的，可能发生账实不符的情况。因此，采用永续盘存制，需要对各项财产物资定期进行财产清查，以查明账实是否相符，以及账实不符的原因。

### （二）实地盘存制

同永续盘存制相对应的是实地盘存制。采用这种方法，平时只根据会计凭证在账簿中登记财产物资的增加数，不登记减少数，到月末，对各项财产物资进行盘点，根据实地盘点确定的实存数，倒挤出本月各项财产物资的减少数，其公式为：

$$本期减少数 = 账面期初余额 + 本期增加数 - 期末实际结存数$$

根据以上计算倒挤出的本期减少数，再登记有关账簿。所以，每月末对各项财产物资进行实地盘点的结果，是计算、确定本月财产物资减少数的依据。

采用这种方法，工作简单、工作量少，但各项财产物资的减少数没有严格的手续，不便于施行会计监督。倒挤出的各项财产物资的减少数中成分复杂，除去正常耗用的外，可能还有毁损和丢失的。所以，除非特殊原因，一般情况下不宜采用。

## 二、货币资金的清查方法

### （一）库存现金的清查

库存现金是指存于企业，用于日常零星开支的现钞。库存现金清查先采用实地盘点的方法确定库存现金的实存数，然后再与现金日记账的账面余额相核对，确定账存数与实存数是否相等。库存现金的盘点应有清查人员会同出纳人员共同负责。

清查时，出纳人员必须在场，库存现金由出纳人员经手盘点，清查人员从旁监督，检查账务处理是否合理合法、账簿记录有无错误，以确定账存数与实存数是否相符。在库存现金盘点结束后，直接填制"库存现金盘点报告表"，由盘点人员、出纳人员及其相关负责人签名盖章，并据以调整现金日记账的账面记录。库存现金盘点报告表的一般格式如表 8-1 所示。

表 8-1 库存现金盘点报告表

单位名称：　　　　　　　　　　　年　月　日

| 实存金额 | 账存金额 | 实存与账存对比结果 | | 备注 |
|---|---|---|---|---|
| | | 盘盈 | 盘亏 | |
| | | | | |
| | | | | |

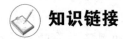 **知识链接**

### 盘盈和盘亏

盘盈和盘亏是关于财产清查的会计术语。企业对财产物资进行清查时,当财产物资的实存数大于账存数,即为盘盈;当财产物资的实存数小于账存数,即为盘亏;当财产物资的实存数等于账存数,即为账实相符。

### (二) 银行存款的清查

银行存款的清查与库存现金清查不同,银行存款的清查采用与开户银行核对账目的方法,来查明银行存款的实有数额。

1. 银行存款日记账与银行对账单不一致的原因

银行存款日记账与开户银行对账单不一致的原因有两个方面:一是双方或一方记账有误;二是存在未达账项。

清查时,要将企业的银行存款日记账与银行定期送来的对账单逐笔核对,以查明账实是否相符。如果在核对中发现属于企业方面的记账差错,经确定后企业应立即更正;属于银行方面的记账差错,应通知银行更正。即使双方均无记账错误,企业的银行存款日记账余额与银行存款对账单余额往往也不一致,这种不一致一般是由未达账项造成的。

所谓未达账项,是指企业与银行之间,由于记账时间不一致,而发生的一方已登记入账,另一方尚未登记入账的事项。具体地说,未达账项大致有下列四种情况:

(1) 企业已收,银行未收,即企业已收款入账,银行尚未收款入账;

(2) 企业已付,银行未付,即企业已付款入账,银行尚未付款入账;

(3) 银行已收,企业未收,即银行已收款入账,企业尚未收款入账;

(4) 银行已付,企业未付,即银行已付款入账,企业尚未付款入账。

其中 (1)(4) 两种情况,使企业的银行存款日记账账面余额大于银行对账单的余额;而 (2)(3) 两种情况,使企业的银行存款日记账账面余额小于银行对账单的余额。在清查银行存款时,如出现未达账项,应通过编制银行存款余额调节表进行调整。银行存款余额调节表的编制方法一般是在企业与银行双方的账面余额的基础上,各自加上对方已收而本单位未收的款项,减去对方已付而本单位未付的款项。经过调节后,双方的余额应该一致。

2. 银行存款清查的步骤

(1) 将本单位银行存款日记账与银行对账单,以结算凭证的种类、号码和金额为依据,逐日逐笔核对,凡双方都有记录的,用铅笔在金额旁打上记号"√";

(2) 找出未达账项(即银行存款日记账和银行对账单中没有打"√"的款项);

(3) 将日记账和对账单的月末余额及未达账项填入"银行存款余额调节表",并计算调整后的余额;

(4) 将调整平衡的"银行存款余额调节表",经主管会计签章后,呈报开户银行。

凡有几个银行户头以及开设有外币存款户头的单位，应分别按存款户头开设"银行存款日记账"。每月月底，应分别将各户头的"银行存款日记账"与各户头的"银行对账单"核对，并分别编制各户头的"银行存款余额调节表"。编制银行存款余额调节表，其余额调整公式为：

企业银行存款日记账余额 + 银行已收企业未收 − 银行已付企业未付 = 银行对账单余额 + 企业已收银行未收 − 企业已付银行未付

现举例说明银行存款余额调节表的编制方法。

【例8-1】　内蒙古蓝天服装有限公司2021年5月31日银行存款日记账余额496 000元，银行对账单余额617 200元。经逐笔核对，发现存在以下四笔未达账项：

(1) 企业偿还A公司货款70 000元已登记入账，但银行尚未登记入账；

(2) 企业收到销售商品款13 200元已登记入账，但银行尚未登记入账；

(3) 银行已划转电费5 600元登记入账，但企业尚未收到付款通知单，未登记入账；

(4) 银行已收到外地汇入货款70 000元已登记入账，但企业尚未收到收款通知单，未登记入账。

要求：编制银行存款余额调节表。计算结果如表8-2所示。

表8-2　银行存款余额调节表

2021年5月31日　　　　　　　　　　　　　　　　　　单位：元

| 项目 | 金额 | 项目 | 金额 |
| --- | --- | --- | --- |
| 企业银行存款日记账余额 | 496 000 | 银行对账单余额 | 617 200 |
| 加：银行已收、企业未收 | 70 000 | 加：企业已收、银行未收 | 13 200 |
| 减：银行已付、企业未付 | 5 600 | 减：企业已付、银行未付 | 70 000 |
| 调节后的存款余额 | 560 400 | 调节后的存款余额 | 560 400 |

3. 银行存款余额调节表的作用

(1) 银行存款余额调节表是一种对账记录或对账工具，不能作为调整账面记录的依据，即不能根据银行存款余额调节表中的未达账项来调整银行存款账面记录，未达账项只有在收到有关凭证后才能进行有关的账务处理；

(2) 调节后的余额如果相等，则说明企业和银行的账面记录一般没有错误，该余额通常为企业可以动用的银行存款实有数；

(3) 调节后的余额如果不相等，则说明一方或双方记账有误，需进一步追查，查明原因后予以更正和处理。

### 三、实物资产的清查方法

实物资产的清查主要包括存货（如原材料、在产品、库存商品、半成品、低值易耗品等）和固定资产的清查，清查主要是从数量和质量上进行清查。实物资产具有种类繁多、储存状况复杂、计量单位不统一等特点，在清查时往往需要结合实际情况，合理选择清查范围，针对不同的清查对象，选用不同的清查方法。最常用的实物资产的清查方法有实地盘点法和技术推算法。

### （一）实地盘点法

通过点数、过磅、量尺等方法来确定实物资产的实有数量。这种方法适用范围较广，而且数字准确可靠，大多数财产物资都可采用这种方法，但工作量较大。

实施盘点时，盘点人员应做好盘点记录；盘点结束后，盘点人员应根据财产物资的盘点记录，编制"财产物资盘存单"，并由参与盘点人员、财产物资保管人员及其相关负责人员签名盖章。同时应就盘存表的资料以及相关账簿资料填制"实存账存对比表"，并据以检查账面数额与实际数额是否相符，同时根据对比结果调整账簿记录，分析差异原因，做出相应处理。

### （二）技术推算法

技术推算法是指利用技术方法，对财产物资的实存数进行推算，又称估推法。这种方法适用于堆垛量很大，不便一一清点，单位价值又比较低的实物的清查。如露天堆放的燃料用煤，就可以用技术推算法。采用这种方法时，必须要做到测定标准重量比较准确，整理后的形状符合规定要求，只有这样，计算出的实际数额才能接近财产物资实存数。

为了明确经济责任，在进行实物资产清查盘点时，实物保管人员必须在场。对各项财产物资的盘点结果，应逐一填制盘存单，由盘点人员和实物保管人员共同签章，并同账面余额记录核对，确认盘盈、盘亏数，填制实存账存对比表，作为调整账面记录的原始凭证。

财产物资盘存单和实存账存对比表的常用格式如表8-3、表8-4所示。

**表8-3 盘存单**

单位名次：　　　　　　　　盘点时间：　　　　　　　　编号：
财产类别：　　　　　　　　存放地点：　　　　　　　　金额单位：

| 编号 | 名称 | 计量单位 | 数量 | 单价 | 金额 | 备注 |
|------|------|----------|------|------|------|------|
|      |      |          |      |      |      |      |

盘点人（签章）：　　　　　　　　　　　　　　　　实物保管人（签章）：

**表8-4 实存账存对比表**

使用部门：　　　　　　　　年　月　日　　　　　　　　金额单位：

| 编号 | 类别及名称 | 计量单位 | 单价 | 实存 | | 账存 | | 对比结果 | | | | 备注 |
|------|-----------|---------|------|------|------|------|------|------|------|------|------|------|
|      |           |         |      |      |      |      |      | 盘盈 | | 盘亏 | | |
|      |           |         |      | 数量 | 金额 | 数量 | 金额 | 数量 | 金额 | 数量 | 金额 | |
|      |           |         |      |      |      |      |      |      |      |      |      |      |
|      |           |         |      |      |      |      |      |      |      |      |      |      |
|      |           |         |      |      |      |      |      |      |      |      |      |      |

实物保管人：　　　　　　　　　　会计：　　　　　　　　　　制表：

### 四、往来款项的清查方法

往来款项，是指各种债权、债务结算款项，主要包括应收、应付款项和预收、预付款项等。往来款项的清查一般采用发函询证的方法进行核对。

往来款项清查以后，将清查结果编制"往来款项清查报告单"，填列各项债权、债务的余额。对于有争执的款项以及无法收回的款项，应在报告单上详细列明情况，以便及时采取措施进行处理，避免或减少坏账损失。

## 任务 8.3  财产清查结果的处理

### 一、财产清查结果处理的要求

进行财产清查以后，通常都能发现会计工作、财产物资管理工作上存在的问题。妥善处理好这些问题是财产清查工作的主要目的之一，也是财产清查发挥积极作用的最终体现。对财产清查的结果进行处理，不应当只仅仅着眼于账务处理，做到账实相符，更重要的是要提出改进财产物资管理的措施，充分实现会计的管理职能。所以财产物资清查结果的处理应包括以下几方面要求。

#### （一）分析产生差异的原因和性质，提出处理建议

对于各种财产物资的盘盈、盘亏，必须通过调查研究查明原因、分清责任，按相关规定进行处理。一般来说，个人造成的损失，应由个人赔偿；因管理不善原因造成的损失，应作为企业管理费用入账；因自然灾害造成的非常损失，列入企业的营业外支出，如相关财产已经向保险公司投保，还应向保险公司索取赔偿。

#### （二）积极处理多余积压财产，清理往来款项

对于各种已经制订储备定额的财产物资，在财产清查后，还应当全面地检查物资储备的定额执行情况。储备不足的物资，应当及时通知有关部门，补充储备；对于多余、积压的物资应该查明原因，分别处理。在处理积压、多余物资时，对于利用率不高或闲置不用的固定资产也必须查明原因积极处理，使所有固定资产都能充分加以利用，从而提高固定资产的使用效率。

#### （三）总结经验教训，建立健全各项管理制度

财产清查后，要针对存在的问题和不足，总结经验教训，采取必要的措施，建立健全财产管理制度，进一步提高财产管理水平。

### （四）及时调整账簿记录，保证账实相符

对于财产清查中发现的盘盈或盘亏，应及时调整账面记录，以保证账实相符。要根据清查中取得的原始凭证编制记账凭证，登记有关账簿，使各种财产物资的账存数与实存数相一致，同时反映待处理财产损溢的发生。

## 二、财产清查结果的处理步骤

财产清查结果的处理具体分为两个步骤。

### （一）审批之前的处理

财产清查结束后，企业根据"清查结果报告表""盘点报告表"等已经查实的数据资料，编制记账凭证，记入有关账簿，使账簿记录与实际盘存数相符。同时根据企业的管理权限，将财产清查结果及处理建议报送股东大会或董事会，或经理（厂长）会议或类似机构批准。

### （二）审批之后的处理

企业清查的各种财产的损溢，应于期末前查明原因，并根据企业的管理权限，经股东大会或董事会，或经理（厂长）会议或类似机构批准后，在期末结账前处理完毕。企业应严格按照有关部门对财产清查结果提出的处理意见进行账务处理，填制记账凭证，登记账簿，并追回由于责任者原因造成的财产损失。

企业清查的各种财产的损溢，如果在期末结账前尚未经批准，在对外提供财务报表时，先按上述规定进行处理，并在附注中做出说明；其后批准处理的金额与已处理金额不一致的，调整财务报表相关项目的年初数。

## 三、财产清查结果的账务处理

### （一）财产清查处理应设置的账户

财产清查过程中应设置"待处理财产损溢"账户（参见表8-5），该账户属于资产类账户，核算企业在财产清查过程中查明的各种财产物资的盘盈、盘亏及毁损的价值。借方登记发生的待处理财产物资盘亏及毁损数以及结转已批准处理的财产物资盘盈数；贷方登记发生的待处理财产物资盘盈数和结转已批准处理的财产物资盘亏及损毁数。其明细账可按盘盈、盘亏的资产种类和项目设置，如"待处理财产损溢——待处理流动资产损溢""待处理财产损溢——待处理固定资产损溢"。企业清查的财产损溢，应查明原因，在期末结账前处理完毕，处理后该账户无余额。

**表 8-5　待处理财产损溢账户示意**

待处理财产损溢

| 发生的待处理财产物资盘亏及毁损数 | 发生的待处理财产物资盘盈数 |
|---|---|
| 结转已批准处理的财产物资盘盈数 | 结转已批准处理的财产物资盘亏及毁损数 |

## （二）库存现金清查结果的账务处理

现金清查中如果发现挪用现金、白条抵库的情况，应及时予以纠正；对于超限额留存的现金及时送存银行；如果账实不符，发现有待查明原因的盘盈或盘亏（即现金长款或短款，也称溢余或短缺），应通过"待处理财产损溢"科目核算。

发现现金盘盈（长款、溢余）时，首先，以现金实存数为依据，调增"库存现金"账户的账面记录，以保证现金账实相符，同时，记入"待处理财产损溢"账户贷方，等待查明原因进行处理。查明原因后，对于应付其他单位或个人的款项，应借记"其他应付款"账户；对于无法查明原因的款项，应记入"营业外收入"账户，同时，结转"待处理财产损溢"账户。

发现现金盘亏（短款、短缺）时，以现金实存数为依据，调减"库存现金"账户的账面记录，以保证账实相符，同时，记入"待处理财产损溢"账户借方，等待查明原因进行处理。查明原因后，对于应收其他单位或个人的款项，应借记"其他应收款"账户；由于内部控制制度不严，管理不善造成的短款，应记入"管理费用"账户，同时，结转"待处理财产损溢"账户。

## （三）存货清查结果的账务处理

由于存货种类繁多、收发频繁，在日常收发过程中可能发生计量计算错误、自然损耗、损坏变质以及贪污被盗等情况，造成存货账实不符，形成存货盘盈、盘亏。企业应及时查明原因，按规定程序报批处理。

对于存货盘盈，首先，根据存货的实存数，调增"存货"的账面记录，以保证账实相符，同时，记入"待处理财产损溢"账户贷方，等待查明原因进行处理。经批准后，存货盘盈一般冲减"管理费用"账户，同时，结转"待处理财产损溢"账户。

对于存货盘亏，根据存货实存数，调减"存货"账户的账面记录，以保证账存货实相符，并且根据税法的规定，转出进项税额，同时，记入"待处理财产损溢"账户借方，等待查明原因进行处理。查明原因后，做如下会计处理：对于入库的残料价值，应借记"原材料"账户；由责任人赔偿的，应借记"其他应收款"账户；扣除残料价值和责任人的赔偿后的净损失，属于一般经营损失的，应借记"管理费用"账户；属于非常损失的部分，应借记"营业外支出"账户，同时，结转"待处理财产损溢"账户。

## （四）固定资产清查结果的账务处理

企业应定期或者每年年末对固定资产进行清查盘点，以保证固定资产核算的真实性，充分挖掘企业现有固定资产的潜力。在固定资产清查过程中,如果发现盘盈、盘亏的固定资产,应填制固定资产盘盈、盘亏报告表。清查固定资产的损溢,应及时查明原因,并按照固定程序报批处理。

### (五)往来款项清查结果的账务处理

企业在财产清查中,发现的确实无法收回的应收账款和无法支付的应付账款,均不通过"待处理财产损溢"账户进行核算。

对于确实无法收回的应收账款,应采用备抵法,直接确认坏账损失,借记"坏账准备"账户,贷记"应收账款"账户。

对于确实无法支付的应付账款,批准转销后,借记"应付账款"账户,贷记"营业外收入"账户。

 **知识链接**

坏　账

坏账是指企业无法收回或收回的可能性极小的应收款项。由于发生坏账而产生的损失,称为坏账损失。按照我国有关规定,企业应收款项符合下列条件之一的,应确认为坏账:①因债务人死亡,以其遗产清偿后仍然无法收回;②因债务人破产,以其破产财产清偿后仍然无法收回;③债务人较长时期内未履行偿债义务,并有足够的证据表明无法收回或收回的可能性极小。

内蒙古蓝天服装有限公司,2021年6月30日进行财产清查:

【例8-2】 财产清查时,发现库存现金长款500元。

审批前,

借:库存现金　　　　　　　　　　　　　　　　　　　　500
　　贷:待处理财产损溢——待处理流动资产损溢　　　　　　　500

审批后,如果属于应付企业职工的款项,则:

借:待处理财产损溢——待处理流动资产损溢　　　　　　500
　　贷:其他应付款　　　　　　　　　　　　　　　　　　　500

如果是无法查明原因,则:

借:待处理财产损溢——待处理流动资产损溢　　　　　　500
　　贷:营业外收入　　　　　　　　　　　　　　　　　　　500

【例8-3】 若财产清查时,发现库存现金短款300元。

审批前,

借:待处理财产损溢——待处理流动资产损溢　　　　　　300
　　贷:库存现金　　　　　　　　　　　　　　　　　　　　300

审批后,如果属于应收企业职工的款项,则:

借：其他应收款 300
　　贷：待处理财产损溢—待处理流动资产损溢 300
如果属于企业管理不善造成的，则：
借：管理费用 300
　　贷：待处理财产损溢—待处理流动资产损溢 300

【例 8-4】 在财产清查中，发现纯棉面料盘盈 500 米，实际单位成本 20 元，经查属于收发计量错误。

审批前，
借：原材料—纯棉面料 10 000
　　贷：待处理财产损溢—待处理流动资产损溢 10 000
审批后，
借：待处理财产损溢—待处理流动资产损溢 10 000
　　贷：管理费用 10 000

【例 8-5】 财产清查中，发现涤纶面料盘亏 200 米，实际单位成本 50 元，企业适用的增值税率为 13%。经查属于经营管理不善导致，按规定由保管员李华赔偿 1 000 元。

审批前，
借：待处理财产损溢—待处理流动资产损溢 11 300
　　贷：原材料—涤纶面料 10 000
　　　　应交税费—应交增值税（进项税额转出） 1 300
审批后，
借：其他应收款—李华 1 000
　　管理费用 10 300
　　贷：待处理财产损溢—待处理流动资产损溢 11 300

【例 8-6】 库存辅助材料因自然灾害毁损 6 000 元，其中，残料 500 元已办理入库手续，保险公司予以赔偿 3 000 元。企业适用的增值税额为 13%。

审批前，
借：待处理财产损溢—待处理流动资产损溢 6 000
　　贷：原材料—辅助材料 6 000
审批后，
借：原材料—辅助材料 500
　　其他应收款—保险公司 3 000
　　营业外支出 2 500
　　贷：待处理财产损溢—待处理流动资产损溢 6 000

【例 8-7】 企业对固定资产进行盘点，发现盘盈一台机器设备，该设备同类产品市场价格为 100 000 元，企业所得税税率为 25%。

该企业的有关会计处理为：

（1）借：固定资产　　　　　　　　　　　　　　　　　　　100 000
　　　　贷：以前年度损益调整　　　　　　　　　　　　　　　　　100 000
（2）调整所得税
借：以前年度损益调整　　　　　　　　　　　　　　　　　25 000
　　贷：应交税费—应交所得税　　　　　　　　　　　　　　　　25 000
（3）结转以前年度损益调整
借：以前年度损益调整　　　　　　　　　　　　　　　　　75 000
　　贷：利润分配—未分配利润　　　　　　　　　　　　　　　　75 000

**【例 8-8】** 企业对固定资产进行盘点，发现短缺一台笔记本电脑，原价为 10 000 元，已计提折旧 7 000 元。

该企业的有关会计处理为：

（1）盘亏固定资产时：
借：待处理财产损溢—待处理固定资产损溢　　　　　　　3 000
　　累计折旧　　　　　　　　　　　　　　　　　　　　7 000
　　贷：固定资产—笔记本电脑　　　　　　　　　　　　　　　10 000

（2）报经批准转销时：
借：营业外支出—盘亏损失　　　　　　　　　　　　　　　3 000
　　贷：待处理财产损溢—待处理固定资产损溢　　　　　　　　3 000

**【例 8-9】** 企业采用备抵法核算坏账准备损失。期末，财产清查中确认应收甲公司的款项 30 000 元无法收回，经批准转销。

该经济业务应作如下会计处理：
借：坏账准备　　　　　　　　　　　　　　　　　　　　30 000
　　贷：应收账款—甲公司　　　　　　　　　　　　　　　　　30 000

**【例 8-10】** 企业财产清查中发现一笔长期无法支付的应付账款 28 000 元，经查对方单位已经解散，经批准转销。

该经济业务应作如下会计处理：
借：应付账款　　　　　　　　　　　　　　　　　　　　28 000
　　贷：营业外收入　　　　　　　　　　　　　　　　　　　　28 000

# 【项目小结】

本项目主要介绍了财产清查的概念、意义、种类及账务处理。财产清查是指通过对货币资金、实物资产和往来款项等财产物资进行盘点或核对，确定其实存数，查明账存数与实存数是否相符的一种专门方法。财产清查按清查的范围可分为全面清查和局部清查，按清查的时间可分为定期清查和不定期清查，按照清查的执行系统可分为内部清查和外部清查。现金的清查方法是实地盘点法，银行存款的清查方法是核对账目法，实物资产的清查方法可采用实地盘点法和技术推算法，往来款项的清查方法采用发函询证法。

# 【项目考核】

## 一、单项选择题

1. 财产清查按照对象和范围不同可分为（    ）。
   A. 定期清查和不定期清查          B. 全面清查和局部清查
   C. 永续盘存制和实地盘存制        D. 实地盘点法和技术推算盘点法

2. 现金清查中，无法查明原因的长款，应计入（    ）。
   A. 其他应付款                    B. 其他应收款
   C. 管理费用                      D. 营业外收入

3. 下列哪种说法是错误的（    ）。
   A. 未达账项不是错账、漏账
   B. 未达账项只应在银行存款余额调节表中进行调节
   C. 未达账项不能据以进行任何的账务处理
   D. 经过对未达账项调节后，单位银行存款日记账账面余额和银行存款对账单余额一定会一致

4. 现金和实物的清查都可采用的方法（    ）。
   A. 核对账目法                    B. 技术推算法
   C. 实地盘点法                    D. 发函询证法

5. 某企业盘亏设备一台，经上级批准后，应借记账户为（    ）。
   A. 本年利润                      B. 营业外支出
   C. 其他应收款                    D. 管理费用

6. 现金出纳员每日清点现金，属于（    ）。
   A. 定期清查      B. 全面清查      C. 外部清查      D. 不定期清查

7. 企业遭受自然灾害后，对其受损的财产物资进行的清查，属于（    ）。
   A. 局部清查和定期清查            B. 全面清查和定期清查
   C. 局部清查和不定期清查          D. 全面清查和不定期清查

8. "待处理财产损溢"账户的贷方发生额表示（    ）。
   A. 结转批准处理的财产物资的盘盈数
   B. 尚待批准转销的财产物资的盘盈数
   C. 结转批准处理的财产物资的盘亏数
   D. 尚待批准转销的财产物资的盘亏数

9. 下列单据中，用来登记各项财产物资盘点结果的是（    ）。
   A. 现金盘点结果报告表            B. 对账单
   C. 盘存单                        D. 财产盘亏报告单

10. 由于非常损失导致固定资产盘亏，一般应作为（    ）处理。
    A. 管理费用      B. 销售费用      C. 坏账损失      D. 营业外支出

11. 下列属于实物资产清查范围的是（    ）。

A. 库存现金　　　B. 存货　　　　C. 有价证券　　　D. 应收账款

12. 银行存款余额调节表中调节后余额不相等，说明企业或银行账面记录（　　）。
    A. 肯定有错误　　　　　　　　B. 肯定没错误
    C. 一般有错误　　　　　　　　D. 一般没错误

13. 由于企业管理不善导致的存货盘亏，一般应作为（　　）处理。
    A. 营业外支出　　　　　　　　B. 财务费用
    C. 管理费用　　　　　　　　　D. 坏账损失

14. 下列哪种说法是错误的：（　　）。
    A. 未达账项不是错账、漏账
    B. 未达账项只应在银行存款余额调节表中进行调节
    C. 未达账项不能据以进行任何的账务处理
    D. 对未达账项调节后，银行存款日记账余额和银行存款对账单余额一定相等

15. 某企业在财产清查中，盘亏现金 1 000 元，其中 400 元应由出纳员赔偿，另外 600 元无法查明原因。现经批准后，转销现金盘亏的会计分录为（　　）。
    A. 借：待处理财产损溢　　　　　　　　　　　　1 000
    　　　贷：库存现金　　　　　　　　　　　　　　　　1 000
    B. 借：管理费用　　　　　　　　　　　　　　　 600
    　　　营业外支出　　　　　　　　　　　　　　　400
    　　　贷：库存现金　　　　　　　　　　　　　　　　1 000
    C. 借：管理费用　　　　　　　　　　　　　　　 600
    　　　其他应收款　　　　　　　　　　　　　　　400
    　　　贷：库存现金　　　　　　　　　　　　　　　　1 000
    D. 借：管理费用　　　　　　　　　　　　　　　 600
    　　　其他应收款　　　　　　　　　　　　　　　400
    　　　贷：待处理财产损溢　　　　　　　　　　　　1 000

## 二、多项选择题

1. 在以下情况中，需要进行财产全面清查的有（　　）。
    A. 单位主要负责人调离工作　　　B. 单位撤销、合并
    C. 单位改变隶属关系　　　　　　D. 开展清产核资

2. 定期清查的时间一般为（　　）。
    A. 年末　　　B. 季末　　　C. 月末　　　D. 清产核资时

3. 下列财产清查中，既属于全面清查又属于不定期清查的有（　　）。
    A. 更换出纳人员的财产清查　　　B. 年终决算前的财产清查
    C. 清产核资　　　　　　　　　　D. 单位撤销、合并所进行的财产清查

4. 下列清查事项中，不属于定期清查的有（　　）。
    A. 发生意外灾害　　　　　　　　B. 清产核资前
    C. 临时性检查　　　　　　　　　D. 货币资金的检查

5. 下列属于实物资产清查范围的有（　　）。
   A. 库存现金　　　B. 存货　　　C. 低值易耗品　　　D. 应收账款
6. 财产清查按其范围可分为（　　）。
   A. 全面清查　　　B. 局部清查　　　C. 定期清查　　　D. 不定期清查
7. 财产清查的正确分类方法有（　　）。
   A. 全面和局部清查　　　　　　B. 全面和定期清查
   C. 定期和不定期清查　　　　　D. 定期和局部清查
8. 实物资产清查的方法有（　　）。
   A. 查询核对法　　B. 技术推算法　　C. 实地盘点法　　D. 对账单法
9. 财产清查中填制的"账存实存对比表"是（　　）。
   A. 调整账簿的原始凭证
   B. 财产清查的重要报表
   C. 登记日记账的直接依据
   D. 调整账簿记录的记账凭证
10. 国家统一的会计制度和单位内部会计控制制度对于财产清查结果处理的规定和要求是（　　）。
    A. 分析产生差异的原因和性质，提出处理建议
    B. 积极处理多余积压财产，清理往来款项
    C. 总结经验教训，建立健全各项管理制度
    D. 及时调整账簿记录，保证账实相符

三、判断题

1. 定期财产清查，可以是全面清查也可以是局部清查。（　　）
2. 财产清查时应本着先认定质量，后清查数量、核对有关账簿记录等的原则进行。（　　）
3. "现金盘点报告表"由盘点人签章后即可生效。（　　）
4. 企业财产清查中，发现账外设备一台，报经批准后，应冲减"营业外支出"。（　　）
5. 在财产清查中，定期清查是全面清查，不定期清查是局部清查。（　　）

## 【任务实施】

### 实训一　练习编制银行存款余额调节表

资料：内蒙古东达有限公司 2021 年 9 月 30 日银行存款日记账的账面余额为 54 000 元，银行转来对账单的余额为 83 000 元。经逐笔核对，发现以下未达账项：

（1）企业送存转账支票 60 000 元，并已登记银行存款增加，但银行尚未记账。
（2）企业开出转账支票 45 000 元，但持票单位尚未到银行办理转账，银行尚未记账。
（3）企业委托银行代收某公司购货款 48 000 元，银行已收妥并登记入账，但企业尚未收到收款通知，尚未记账。

(4) 银行代企业支付电话费 4 000 元，银行已登记企业银行存款减少，但企业尚未收到银行付款通知，尚未记账。

要求：根据上述资料，编制"银行存款余额调节表"（表 8-6）。

表 8-6　银行存款余额调节表

年　月　日

| 项目 | 金额 | 项目 | 金额 |
|---|---|---|---|
| 企业银行存款日记账余额 |  | 银行对账单余额 |  |
| 加：银行已收、企业未收款 |  | 加：企业已收、银行未收款 |  |
| 减：银行已付、企业未付款 |  | 减：企业已付、银行未付款 |  |
| 调节后的存款余额 |  | 调节后的存款余额 |  |

## 实训二　练习财产清查账务处理

资料：大华公司 2021 年 12 月 31 日，进行财产清查时发现如下问题：

(1) 现金短缺 100 元，经查明是由于出纳收发错误造成的，经批准由出纳赔偿。

(2) 甲材料盘盈 100 千克，单价为 10 元/千克，经查明属于自然升溢。

(3) 乙材料盘亏 100 千克，总价款 1 000 元，增值税税率为 13%，进项税额为 160 元，经查明属于计量差错造成。

(4) 盘亏设备一台，固定资产原值为 10 000 元，已经计提折旧 5 000 元，未计提减值准备，经查明属于失窃，可以获得保险公司赔偿 1 000 元。

要求：编写会计分录。

# 项目 9

# 财务报告

**【知识目标】**

1. 了解财务报表的概念及分类；
2. 熟悉财务报表编制的基本要求；
3. 掌握资产负债表和利润表的概念、作用及格式；
4. 掌握资产负债表和利润表的列示要求与编制方法。

**【技能目标】**

1. 能够准确编制资产负债表；
2. 能够准确编制利润表。

**【案例导入】**

股市有风险　投资需谨慎

老张自2021年3月退休后，在家闲来无事，听说周围人在炒股，并且收益率很高，决定从积蓄中拿出三分之一用来炒股。老张做事向来谨慎，炒股更不例外。办妥所有手续后，老张并不急于入市，而是收集资料，查阅书籍，学习投资理财相关知识，经过几天的学习，老张不仅具备了一定的股票投资分析能力，而且还能够分析财务报表，获取财务信息，为投资决策提供支持。经过比较分析、慎重选择，老张最终选择了两只股票（平潭发展000592、马钢股份600808），结合所学知识，试分析老张选择所投资股票的依据是什么？

## 任务 9.1　认识财务报告

### 一、财务报表的概念

财务报告，是指企业对外提供的反映企业某一特定日期的财务状况和某一会计期间的经营成果、现金流量等会计信息的文件。

财务报告包括财务报表和其他应当在财务报告中披露的相关信息和资料。一套完整的财务报表至少应当包括"四表一注",即资产负债表、利润表、现金流量表、所有者权益变动表和附注;各组成部分在列报上具有同等的重要程度。

1. 资产负债表

资产负债表是反映企业在某一特定日期的财务状况的报表。

2. 利润表

利润表又称损益表,是反映企业在一定会计期间的经营成果的报表。

3. 现金流量表

现金流量表是反映企业在一定会计期间的现金和现金等价物流入和流出的财务报表。

4. 所有者权益变动表

所有者权益变动表是反映构成企业所有者权益的各组成部分当期的增减变动情况的财务报表。

5. 附注

附注是对在资产负债表、利润表、现金流量表、所有者权益变动表等报表中列示项目的文字说明或明细资料,以及对未能在这些报表列示项目的说明等。

## 二、财务报告的分类

### (一) 按编报的期间不同分类

1. 中期财务报表

中期财务报告包括月报、季报、半年报等。月报在每月终了时编制,应于月份终了后的6日内报出;季报在每季度终了时编制,应于季度终了后的15日内报出;半年报在半年终了时编制,应于半年终了后的60日内报出。中期财务报告至少应包括资产负债表、利润表、现金流量表和附注。

2. 年度财务报表

年度财务报表应包括资产负债表、利润表、现金流量表、所有者权益变动表和附注等内容。年报在每年年度终了时编制,应在年度终了后4个月内对外报出。

### (二) 按编报的会计主体不同分类

1. 个别报表

个别报表主要是用以反映企业自身的财务状况、经营成果和现金流量情况的财务报表。

2. 合并报表

合并报表是由母公司编制的综合反映企业集团(由母公司和子公司组成)的财务状况、经营成果和现金流量的财务报表。

## 三、财务报告编制的基本要求

### (一) 以持续经营为基础编制

企业应当以持续经营为基础,根据实际发生的交易和事项,按照《企业会计准则——基本准则》和其他各项会计准则的规定进行确认和计量,在此基础上编制财务报表。以持续经营为基础编制财务报表不再合理的,企业应当采用其他基础编制财务报表,并在附注中声明财务报表未以持续经营为基础编制的事实、披露未以持续经营为基础编制的原因和财务报表的编制基础。

### (二) 按正确的会计基础编制

除现金流量表按照收付实现制原则编制外,企业应当按照权责发生制原则编制财务报表。

### (三) 至少按年编制财务报表

企业至少应当按年编制财务报表。年度财务报表涵盖的期间短于1年的,应当披露年度财务报表的涵盖期间、短于1年的原因以及报表数据不具可比性的事实。

### (四) 项目列报遵守重要性原则

重要性,是指在合理预期下,财务报表某项目的省略或错报会影响使用者据此做出经济决策的,该项目具有重要性。

重要性应当根据企业所处的具体环境,从项目的性质和金额两方面予以判断,且对各项目重要性的判断标准一经确定,不得随意变更。判断项目性质的重要性,应当考虑该项目在性质上是否属于企业日常活动、是否显著影响企业的财务状况、经营成果和现金流量等因素;判断项目金额大小的重要性,应当考虑该项目金额占资产总额、负债总额、所有者权益总额、营业收入总额、营业成本总额、净利润、综合收益总额等直接相关项目金额的比重或所属报表单列项目金额的比重。

性质或功能不同的项目,应当在财务报表中单独列报,但不具有重要性的项目除外。

性质或功能类似的项目,其所属类别具有重要性的,应当按其类别在财务报表中单独列报。

某些项目的重要性程度不足以在资产负债表、利润表、现金流量表或所有者权益变动表中单独列示,但对附注却具有重要性,则应当在附注中单独披露。

《企业会计准则第30号——财务报表列报》规定在财务报表中单独列报的项目,应当单独列报。其他会计准则规定单独列报的项目,应当增加单独列报项目。

### (五) 保持各个会计期间财务报表项目列报的一致性

财务报表项目的列报应当在各个会计期间保持一致,除会计准则要求改变财务报表项目的列报或企业经营业务的性质发生重大变化后,变更财务报表项目的列报能够提供更可靠、更相关的会计信息外,不得随意变更。

### (六) 各项目之间的金额不得相互抵销

财务报表中的资产项目和负债项目的金额、收入项目和费用项目的金额、直接计入当期损益的利得项目和损失项目的金额不得相互抵消,但其他会计准则另有规定的除外。

一组类似交易形成的利得和损失应当以净额列示,但是有重要性的除外。

资产或负债项目扣除备抵项目后的净额列示,不属于抵消。

非日常活动产生的利得和损失,以同一交易形成的收益扣减相关费用后的净额列示更能反映交易实质的,不属于抵销。

### (七) 至少应当提供所有列报项目上一个可比会计期间的比较数据

当期财务报表的列报,至少应当提供所有列报项目上一个可比会计期间的比较数据,以及与理解当期财务报表相关的说明,但其他会计准则另有规定的除外。

财务报表的列报项目发生变更的,应当至少对可比期间的数据按照当期的列报要求进行调整,并在附注中披露调整的原因和性质,以及调整的各项目金额。对可比数据进行调整不切实可行的,应当在附注中披露不能调整的原因。

### (八) 应当在财务报表的显著位置披露编报企业的名称等重要信息

企业应当在财务报表的显著位置(如表首)至少披露下列各项:

(1) 编报企业的名称;

(2) 资产负债表日或财务报表涵盖的会计期间;

(3) 人民币金额单位;

(4) 财务报表是合并财务报表的,应当予以标明。

## 四、财务报表编制前的准备工作

(1) 严格审核会计账簿的记录和有关资料;

(2) 进行全面财产清查、核实债务,并按规定程序报批,进行相应的会计处理;

(3) 按规定的结账日进行结账,结出有关会计账簿的余额和发生额,并核对各会计账簿之间的余额;

(4) 检查相关的会计核算是否按照国家统一的会计制度的规定进行;

(5) 检查是否存在因会计差错、会计政策变更等原因需要调整前期或本期相关项目的情况等。

## 任务 9.2　资产负债表

### 一、资产负债表的概念

资产负债表是反映企业某一特定日期财务状况的财务报表,属于静态报表。它是根据"资产 = 负债 + 所有者权益"这一等式,依照一定的分类标准和顺序,将企业在一定日期的全部资产、负债和所有者权益项目进行适当分类、汇总、排列后编制而成。

### 二、资产负债表的作用

资产负债表能够反映企业资产、负债和所有者权益的面貌。
(1) 通过编制资产负债表,可以提供某一特定日期的资产总额及其结构,表明企业拥有或控制的经济资源及其分布情况;
(2) 通过编制资产负债表,可以反映企业某一特定日期的负债总额及其结构,表明企业未来需要用多少资产或劳务清偿债务以及清偿时间;
(3) 通过编制资产负债表,可以反映企业所有者所拥有的权益,据以判断资本保值、增值的情况以及对负债的保障程度。

### 三、资产负债表的列示要求

#### (一) 资产负债表列报总体要求

1. 分类别列报

资产负债表应当按照资产、负债和所有者权益三大类别分类列报。

2. 资产和负债按流动性列报

资产和负债应当按照流动性分别分为流动资产和非流动资产、流动负债和非流动负债列示。

3. 列报相关的合计、总计项目

资产负债表中的资产类至少应当列示流动资产和非流动资产的合计项目;负债类至少应当列示流动负债、非流动负债以及负债的合计项目;所有者权益类应当列示所有者权益的合计项目。

资产负债表应当分别列示资产总计项目和负债与所有者权益之和的总计项目,并且这二者的金额应当相等。

## (二) 资产的列报

资产负债表中的资产类至少应当单独列示反映下列信息的项目：
(1) 货币资金；
(2) 以公允价值计量且其变动计入当期损益的金融资产；
(3) 应收款项；
(4) 预付款项；
(5) 存货；
(6) 被划分为持有待售的非流动资产及被划分为持有待售的处置组中的资产；
(7) 可供出售金融资产；
(8) 持有至到期投资；
(9) 长期股权投资；
(10) 投资性房地产；
(11) 固定资产；
(12) 生物资产；
(13) 无形资产；
(14) 递延所得税资产。

## (三) 负债的列报

资产负债表中的负债类至少应当单独列示反映下列信息的项目：
(1) 短期借款；
(2) 以公允价值计量且其变动计入当期损益的金融负债；
(3) 应付款项；
(4) 预收款项；
(5) 应付职工薪酬；
(6) 应交税费；
(7) 被划分为持有待售的处置组中的负债；
(8) 长期借款；
(9) 应付债券；
(10) 长期应付款；
(11) 预计负债；
(12) 递延所得税负债。

## (四) 所有者权益的列报

资产负债表中的所有者权益类至少应当单独列示反映下列信息的项目：
(1) 实收资本（或股本）；
(2) 资本公积；

(3) 盈余公积；

(4) 未分配利润。

## 四、资产负债表的格式

资产负债表的格式主要有账户式和报告式两种。根据我国《企业会计准则》的规定，我国企业的资产负债表采用账户式的结构。账户式资产负债表分为左右两方，即左侧列示资产，右侧列示负债和所有者权益。

资产负债表由表头和表体两部分组成。表头部分应列明报表名称、编表单位名称、资产负债表日和人民币金额单位；表体部分反映资产、负债和所有者权益的内容。其中，表体部分是资产负债表的主体和核心，各项资产、负债按流动性排列，所有者权益项目按稳定性排列。资产负债表的基本格式如表9-1所示。

表 9-1  资产负债表                                     会企01

编制单位：                 年  月  日                   单位：元

| 资产 | 期末余额 | 上年年末余额 | 负债和所有者权益（或股东权益） | 期末余额 | 上年年末余额 |
|---|---|---|---|---|---|
| 流动资产： | | | 流动负债： | | |
| 货币资金 | | | 短期借款 | | |
| 交易性金融资产 | | | 交易性金融负债 | | |
| 应收票据 | | | 应付票据 | | |
| 应收账款 | | | 应付账款 | | |
| 预付款项 | | | 预收款项 | | |
| 其他应收款 | | | 合同负债 | | |
| 存货 | | | 应付职工薪酬 | | |
| 合同资产 | | | 应交税费 | | |
| 一年内到期的非流动资产 | | | 其他应付款 | | |
| 其他流动资产 | | | 一年内到期的非流动负债 | | |
| 流动资产合计 | | | 其他流动负债 | | |
| 非流动资产： | | | 流动负债合计 | | |
| 债权投资 | | | 非流动负债： | | |
| 其他债权投资 | | | 长期借款 | | |

续表

| 资产 | 期末余额 | 上年年末余额 | 负债和所有者权益（或股东权益） | 期末余额 | 上年年末余额 |
|---|---|---|---|---|---|
| 长期应收款 | | | 应付债券 | | |
| 长期股权投资 | | | 长期应付款 | | |
| 其他权益工具投资 | | | 预计负债 | | |
| 投资性房地产 | | | 递延收益 | | |
| 固定资产 | | | 递延所得税负债 | | |
| 在建工程 | | | 其他非流动负债 | | |
| 生产性生物资产 | | | 非流动负债合计 | | |
| 油气资产 | | | 负债合计 | | |
| 无形资产 | | | 所有者权益（或股东权益）： | | |
| 开发支出 | | | 实收资本（或股本） | | |
| 商誉 | | | 资本公积 | | |
| 长期待摊费用 | | | 减：库存股 | | |
| 递延所得税资产 | | | 其他综合收益 | | |
| 其他非流动资产 | | | 盈余公积 | | |
| 非流动资产合计 | | | 未分配利润 | | |
| | | | 所有者权益（或股东权益）合计 | | |
| 资产总计 | | | 负债和所有者权益（或股东权益）总计 | | |

## 五、资产负债表编制的基本方法

为了提供比较信息，资产负债表的各项目均需填列"上年年末余额"和"期末余额"两栏数字。

### (一)"上年年末余额"栏的填列方法

"上年年末余额"栏内各项目的数字，可根据上年末资产负债表"期末余额"栏相应项目的数字填列。如果本年度资产负债表规定的各个项目的名称和内容与上年度不一致，应当对上年年末资产负债表各个项目的名称和数字按照本年度的规定进行调整，填入"上年年末余额"栏。

### （二）"期末余额"栏的填列方法

1. 根据一个或几个总账科目的余额填列

资产负债表中的大部分项目，都可以根据相应的总账科目余额直接填列。例如，资产负债表中的"短期借款""资本公积"等项目应直接根据总账科目的期末余额填列；"货币资金""未分配利润"等项目应根据几个总账科目的期末余额计算分析填列。

2. 根据明细科目的余额计算填列

如"应收账款"项目，应根据"应收账款"和"预收账款"所属明细科目期末借方余额，减去"坏账准备"科目中相关坏账准备期末余额后的金额填列；"预付款项"项目，应根据"应付账款"和"预付账款"所属明细科目期末借方余额之和，减去"坏账准备"科目中相关坏账准备期末余额后的金额填列；"应付账款"项目，应根据"应付账款"和"预付账款"所属明细科目期末贷方余额计算填列；"预收款项"项目，应根据"应收账款"和"预收账款"所属明细科目贷方余额之和填列。

3. 根据总账科目余额和明细账科目余额计算填列

"长期借款"项目应根据"长期借款"总账科目余额扣除"长期借款"账户所属明细账科目中将于1年内到期的长期借款后的金额计算填列。其中将于1年内到期的长期借款记入"一年内到期的非流动负债"项目。

4. 根据有关科目余额减去其备抵科目余额后的净额填列

"应收账款""长期股权投资""在建工程"等项目，应根据"应收账款""长期股权投资""在建工程"等科目的期末余额减去其备抵科目期末余额后的净额填列。

5. 综合运用上述填列方法分析填列

资产负债表有些项目需要综合运用上述填列方法分析填列。如"存货"项目应根据"原材料""库存商品""委托加工物资""周转材料""材料采购""在途物资""发出商品""材料成本差异"等总账科目期末余额的分析汇总数，再减去"存货跌价准备"科目余额后的净额填列。

### （三）资产负债表有关项目的填列说明

1. 资产项目的填列说明

（1）"货币资金"项目。

反映企业库存现金、银行结算户存款、外埠存款、银行汇票存款、银行本票存款、信用卡存款、信用证保证金存款等的合计数。本项目应根据"库存现金""银行存款""其他货币资金"科目期末余额的合计数填列。

（2）"交易性金融资产"项目。

反映企业以公允价值计量且其变动计入当期损益的为交易目的而持有的债券投资、股票投资、基金投资、权证投资等金融资产。本项目应根据"交易性金融资产"科目的期末余额填列。

(3)"应收票据"项目。

反映企业因销售商品、提供服务等经营活动而收到的商业汇票,包括商业承兑汇票和银行承兑汇票。本项目应根据"应收票据"科目的期末余额填列。

(4)"应收账款"项目。

反映企业因销售商品、提供服务等经营活动而应收取的款项。本项目应根据"应收账款"和"预收账款"所属明细科目期末借方余额,减去"坏账准备"科目中相关坏账准备期末余额后的金额填列。

(5)"预付款项"项目。

反映企业按照供货合同规定预付给供货单位的款项。本项目应根据"应付账款"和"预付账款"所属明细科目期末借方余额之和,减去"坏账准备"科目中相关坏账准备期末余额后的金额填列;

(6)"其他应收款"项目。

反映企业除应收票据及应收账款、预付账款等经营活动以外的其他各种应收、暂付的款项。本项目应根据"应收利息""应收股利""其他应收款"科目的期末余额合计数,减去"坏账准备"科目中相关坏账准备期末余额后的金额填列。

(7)"存货"项目。

反映企业期末在库、在途和在加工中的各项存货的可变现净值。本项目应根据"材料采购""原材料""在途物资""库存商品""周转材料""委托加工物资""委托代销商品""生产成本""受托代销商品"等科目的期末余额合计数,减去"受托代销商品款""材料成本差异""存货跌价准备"科目期末余额后的净额填列。

(8)"一年内到期的非流动资产"项目。

反映企业将于一年内到期的非流动资产项目金额,包括一年内到期的持有至到期投资、长期待摊费用和一年内可收回的长期应收款,应根据有关科目的期末余额填列。

(9)"长期应收款"项目。

反映企业长期应收款净额。本项目根据"长期应收款"科目期末余额,减去"未确认融资收益"和"坏账准备"科目所属相关明细科目期末余额后填列。

(10)"长期股权投资"项目。

反映企业持有的对子公司、联营企业和合营企业的长期股权投资。本项目应根据"长期股权投资"科目的期末余额,减去"长期股权投资减值准备"科目期末余额后的金额填列。

(11)"固定资产"项目。

反映资产负债表日企业固定资产的期末账面价值和企业尚未清理完毕的固定资产清理净损益。本项目应根据"固定资产"科目的期末余额,减去"累计折旧"和"固定资产减值准备"科目的期末余额后的金额,以及"固定资产清理"科目的期末余额填列。

(12)"在建工程"项目。

反映资产负债表日企业尚未达到预定可使用状态的在建工程的期末账面价值和企业为在建工程准备的各种物资的期末账面价值。本项目应根据"在建工程"科目的期末余额，减去"在建工程减值准备"科目的期末余额的金额，以及"工程物资"科目的期末余额，减去"工程物资减值准备"科目的期末余额后的金额填列。

(13)"无形资产"项目。

反映企业持有的各项无形资产。本项目应根据"无形资产"科目的期末余额，减去"累计摊销"和"无形资产减值准备"科目期末余额后的金额填列。

(14)"开发支出"项目。

反映企业开发无形资产过程中能够资本化形成无形资产成本的支出部分。本项目应根据"研发支出"科目中所属的"资本化支出"明细科目期末余额填列。

(15)"长期待摊费用"项目。

反映企业已经发生但应由本期和以后各期负担的分摊期限在1年以上的各项费用。长期待摊费用中在1年内（含一年）摊销的部分，在资产负债表"一年内到期的非流动资产"项目填列。本项目应根据"长期待摊费用"科目的期末余额，减去将于1年内（含1年）摊销的数额后的金额填列。

(16)"其他非流动资产"项目。

反映企业除长期股权投资、固定资产、在建工程、无形资产等以外的其他非流动资产。本项目应根据有关账户的期末余额填列。

2. 负责项目的填列说明

(1)"短期借款"项目。

反映企业向银行或其他金融机构等借入的期限在1年期以下（含1年）的各种借款。本项目应根据"短期借款"科目的期末余额填列。

(2)"交易性金融负债"项目。

反映企业承担的以公允价值计量且其变动计入当期损益的为交易目的所持有的金融负债。本项目根据"交易性金融负债"科目的期末余额填列。

(3)"应付票据"项目。

反映资产负债表日企业因购买材料、商品和接受服务等经营活动开出、承兑的商业汇票，包括银行承兑汇票和商业承兑汇票。本项目应根据"应付票据"科目的期末余额。

(4)"应付账款"项目。

反映资产负债表日企业因购买材料、商品和接受服务等经营活动应支付的款项。本项目应根据"应付账款"和"预付账款"科目所属的相关明细科目的期末贷方余额合计数填列。

(5)"预收款项"项目。

反映企业按销货合同规定预售购买单位的款项。本项目根据"预收账款"和"应收账款"科目所属各明细科目的期末贷方余额合计数填列。如"预收账款"所属明细科目期末有借方余额的，应在资产负债表"应收票据及应收账款"项目内填列。

(6)"应付职工薪酬"项目。

反映企业根据有关规定应付给职工的工资、职工福利、社会保险、住房公积金、工会经费、职工教育经费等各种薪酬。外商投资企业按规定从净利润中提取的职工奖励及福利基金也在本项目列示。本项目应根据"应付职工薪酬"科目的期末贷方余额填列,如"应付职工薪酬"科目期末为借方余额,以"-"号填列。

(7)"应交税费"项目。

反映企业按税法规定计算应缴纳的各种税费。包括增值税、消费税、所得税、资源税、土地增值税、城市维护建设税、房产税、土地使用税、教育费附加等。本项目应根据"应交税费"科目的期末贷方余额填列;如"应交税费"科目期末为借方余额,以"-"号填列。

(8)"其他应付款"项目。

反映企业除应付票据、应付账款、预收账款、应付职工薪酬、应交税费等经营活动以外的其他各项应付、暂收的款项。本项目应根据"应付利息""应付股利""其他应付款"科目的期末余额合计数填列。

(9)"一年内到期的非流动负债"项目。

反映企业非流动负债中将于资产负债表日后一年之内到期部分的金额。包括一年内到期的长期借款、长期应付款和应付债券。本项目应根据有关账户的期末余额填列。

(10)"长期借款"项目。

反映企业向银行或金融机构借入的期限在一年以上(不含一年)的各项借款。本项目应根据"长期借款"账户的期末余额减去将于1年内到期的长期借款计算填列。

(11)"应付债券"项目。

反映企业为筹集长期资金而发行的债券本金和利息。本项目应根据"应付债券"科目期末余额分析填列。

(12)"长期应付款"项目。

反映企业除长期借款、应付债券以外的其他各种长期应付款项。本项目应根据"长期应付款"科目的期末余额,减去相应的"未确认融资费用"科目期末余额后的金额填列。

(13)"其他非流动负债"项目。

反映企业除长期借款、应付债券等项目以外的其他非流动负债。本项目应根据有关科目的期末余额填列。

3. 所有者权益项目的填列说明

(1)"实收资本(或股本)"项目。

反映企业各投资者实际投入的资本(或股本)总额。本项目应根据"实收资本"(或股本)科目的期末余额填列。

(2)"资本公积"项目。

反映企业资本公积的期末余额。本项目应根据"资本公积"科目的期末余额填列。

(3)"其他综合收益"项目。

反映企业其他综合收益的期末余额。本项目应根据"其他综合收益"科目期末余额填列。

(4)"盈余公积"项目。

反映企业盈余公积的期末余额。本项目应根据"盈余公积"科目期末余额填列。

(5)"未分配利润"项目。

反映企业尚未分配的利润。"未分配利润"项目,应根据"本年利润"科目和"利润分配"科目的期末余额计算填列,如为未弥补亏损,则在本项目内以"-"号填列,年末结账后,"本年利润"科目已无余额,"未分配利润"项目应根据"利润分配"科目的年末余额直接填列,贷方余额以正数填列,如为借方余额,应以"-"号填列。

## 六、资产负债表编制举例

根据内蒙古东达有限公司 2021 年 12 月 31 日总分类账户余额表 9-2 及科目汇总表 9-3,编制资产负债表,如表 9-4 所示。

表 9-2 总分类账户余额表

| 账户名称 | 金额 | 账户名称 | 金额 |
| --- | --- | --- | --- |
| 库存现金 | 20 000 | 短期借款 | 200 000 |
| 银行存款 | 500 000 | 长期借款 | 300 000 |
| 固定资产 | 500 000 | 应交税费 | 100 000 |
| 原材料 | 60 000 | 实收资本 | 500 000 |
| 生产成本 | 40 000 | 资本公积 | 150 000 |
| 库存商品 | 30 000 | 盈余公积 | 10 000 |
| 应收账款 | 100 000 | 本年利润 | 90 000 |
| 无形资产 | 100 000 | | |
| 资产总计 | 1 350 000 | 负债及所有者权益总计 | 1 350 000 |

表 9-3 科目汇总表

2022 年 1 月 1 日—31 日

| 会计科目 | 借方发生额 | 贷方发生额 |
| --- | --- | --- |
| 库存现金 | 500 | 5 500 |
| 银行存款 | 664 510 | 155 200 |
| 应收账款 | 58 500 | |
| 应收票据 | 35 100 | |
| 预付账款 | 20 000 | |
| 其他应收款 | 5 000 | 5 000 |
| 在途物资 | 57 100 | 57 100 |

续表

| 会计科目 | 借方发生额 | 贷方发生额 |
| --- | --- | --- |
| 原材料 | 57 100 | 19 420 |
| 库存商品 | 76 910 | 38 500 |
| 生产成本 | 76 910 | 76 910 |
| 制造费用 | 10 610 | 10 610 |
| 固定资产 | 80 000 | |
| 累计折旧 | | 5 000 |
| 无形资产 | 40 000 | |
| 短期借款 | | 100 000 |
| 应付利息 | | 500 |
| 应付账款 | 58 500 | 58 500 |
| 应付票据 | | 7 220 |
| 应交税费 | 9 520 | 40 533 |
| 预收账款 | | 80 000 |
| 应付职工薪酬 | 60 000 | 60 000 |
| 应付股利 | | 48 080 |
| 长期借款 | | 200 000 |
| 实收资本 | | 320 000 |
| 盈余公积 | | 24 041 |
| 管理费用 | 11 310 | 11 310 |
| 销售费用 | 5 000 | 5 000 |
| 财务费用 | 500 | 500 |
| 所得税费用 | 23 423 | 23 423 |
| 主营业务成本 | 38 500 | 38 500 |
| 其他业务成本 | 2 000 | 2 000 |
| 税金及附加 | 3 000 | 3 000 |
| 营业外支出 | 10 000 | 10 000 |
| 主营业务收入 | 80 000 | 80 000 |
| 其他业务收入 | 3 000 | 3 000 |
| 投资收益 | 80 000 | 80 000 |
| 营业外收入 | 1 000 | 1 000 |
| 本年利润 | 254 000 | 164 000 |
| 利润分配 | 72 121 | 160 267 |
| 合计 | 1 894 114 | 1 894 114 |

表 9-4  资产负债表    会企01表

编制单位：内蒙古东达有限公司    2022年1月31日    单位：元

| 项目 | 期末余额 | 上年年末余额 | 项目 | 期末余额 | 上年年末余额 |
|---|---|---|---|---|---|
| 流动资产： | | | 流动负债： | | |
| 　货币资金 | 1 024 310 | 520 000 | 　短期借款 | 300 000 | 200 000 |
| 　交易性金融资产 | | | 　交易性金融负债 | | |
| 　应收票据 | 35 100 | | 　应付票据 | 7 220 | |
| 　应收账款 | 158500 | 100 000 | 　应付账款 | | |
| 　预付款项 | 20 000 | | 　预收款项 | 80 000 | |
| 　其他应收款 | | | 　应付职工薪酬 | | |
| 　存货 | 206 090 | 130 000 | 　应交税费 | 131 013 | 100 000 |
| 　一年内到期的非流动资产 | | | 　其他应付款 | 48 580 | |
| 　其他流动资产 | | | 　一年内到期的非流动负债 | | |
| 　流动资产合计 | 1 444 000 | 750 000 | 　其他流动负债 | | |
| 非流动资产： | | | 　流动负债合计 | 566 813 | 300 000 |
| 　债权投资 | | | 非流动负债： | | |
| 　长期应收款 | | | 　长期借款 | 500 000 | 300 000 |
| 　长期股权投资 | | | 　应付债券 | | |
| 　投资性房地产 | | | 　长期应付款 | | |
| 　固定资产 | 575 000 | 500 000 | 　其他非流动负债 | | |
| 　在建工程 | | | 　非流动负债合计 | 500 000 | 300 000 |
| 　无形资产 | 140 000 | 100 000 | 　负债合计 | 1 066 813 | 600 000 |
| 　开发支出 | | | 所有者权益（或股东权益）： | | |
| 　长期待摊费用 | | | 　实收资本 | 820 000 | 500 000 |
| 　其他非流动资产 | | | 　资本公积 | 150 000 | 150 000 |
| 　非流动资产合计 | 715 000 | 600 000 | 　盈余公积 | 34 041 | 10 000 |
| | | | 　未分配利润 | 88 146 | 90 000 |
| | | | 　所有者权益合计 | 1 320 850 | 750 000 |
| 资产总计 | 2 159 000 | 1 350 000 | 负债和所有者权益总计 | 2 159 000 | 1 350 000 |

## 任务 9.3　利润表

### 一、利润表的概念

利润表，又称损益表，是反映企业在一定会计期间的经营成果的报表，属于动态报表。利润是根据会计核算的配比原则把一定时期内的收入和相对应的成本费用配比，从而计算出一定时期的各项利润指标。

### 二、利润表的作用

利润表的作用主要有：
（1）反映一定会计期间收入的实现情况；
（2）反映一定会计期间的费用耗费情况；
（3）反映企业经济活动成果的实现情况，据以判断资本保值增值等情况。

### 三、利润表的列示要求

（1）企业在利润表中应当对费用按照功能分类，分为从事经营业务发生的成本、管理费用、销售费用和财务费用等。
（2）利润表至少应当单独列示反映下列信息的项目，但其他会计准则另有规定的除外：
　①营业收入；
　②营业成本；
　③税金及附加；
　④管理费用；
　⑤销售费用；
　⑥财务费用；
　⑦投资收益；
　⑧公允价值变动损益；
　⑨资产减值损失；
　⑩非流动资产处置损益；
　⑪所得税费用；
　⑫净利润；
　⑬其他综合收益各项目分别扣除所得税影响后的净额；

⑭综合收益总额。

金融企业可以根据其特殊性列示利润表项目。

(3) 其他综合收益项目应当根据其他相关会计准则的规定分为以后会计期间不能重分类进损益的其他综合收益项目和以后会计期间在满足规定条件时将重分类进损益的其他综合收益项目两类列报。

(4) 在合并利润表中，企业应当在净利润项目之下单独列示归属于母公司所有者的损益和归属于少数股东的损益，在综合收益总额项目之下单独列示归属于母公司所有者的综合收益总额和归属于少数股东的综合收益总额。

## 四、利润表的一般格式

在我国，企业应当采用多步式利润表，将不同性质的收入和费用分别进行对比，以便得出一些中间性的利润数据，帮助使用者理解企业经营成果的不同来源。

利润表通常包括表头和表体两部分。表头应列明报表名称、编表单位名称、财务报表涵盖的会计期间和人民币金额单位等内容；利润表的表体，反映形成经营成果的各个项目和计算过程。我国企业利润表的格式如表9-5所示。

表9-5　利润表　　　　　　　　　　会企02表

编制单位：　　　　　　　　年　月　　　　　　　　　　单位：元

| 项目 | 本期金额 | 上期金额 |
| --- | --- | --- |
| 一、营业收入 | | |
| 减：营业成本 | | |
| 　　税金及附加 | | |
| 　　销售费用 | | |
| 　　管理费用 | | |
| 　　研发费用 | | |
| 　　财务费用 | | |
| 　　其中：利息费用 | | |
| 　　　　　利息收入 | | |
| 　　资产减值损失 | | |
| 　　信用减值损失 | | |
| 加：其他收益 | | |
| 　　投资收益（损失以"-"号填列） | | |
| 　　其中：对联合企业和合营企业的投资收益 | | |

续表

| 项目 | 本期金额 | 上期金额 |
| --- | --- | --- |
| 公允价值变动收益（损失以"-"号填列） | | |
| 资产处置收益（损失以"-"号填列） | | |
| 二、营业利润（亏损以"-"号填列） | | |
| 加：营业外收入 | | |
| 减：营业外支出 | | |
| 三、利润总额（亏损总额以"-"号填列） | | |
| 减：所得税费用 | | |
| 四、净利润（净亏损以"-"号填列） | | |
| 五、其他综合收益的税后净额 | | |
| 六、综合收益总额 | | |
| 七、每股收益 | | |
| （一）基本每股收益 | | |
| （二）稀释每股收益 | | |

## 五、利润表编制的基本方法

### （一）"上期金额"栏的填列方法

"上期金额"栏应根据上年该期利润表"本期金额"栏内所列数字填列。如果上年该期利润表规定的各个项目的名称和内容同本期不一致，应对上年该期利润表各项目的名称和数字按本期的规定进行调整，填入利润表"上期金额"栏内。

### （二）"本期金额"栏的填列方法

"本期金额"栏根据"主营业务收入""主营业务成本""税金及附加""销售费用""管理费用""财务费用""资产减值损失""公允价值变动损益""投资收益""营业外收入""营业外支出""所得税费用"等科目的发生额分析填列。其中，"营业利润""利润总额""净利润"等项目根据该表中相关项目计算填列，计算公式如下：

第一步，计算营业利润：

营业利润＝营业收入－营业成本－税金及附加－销售费用－
　　　　　管理费用－财务费用－资产减值损失－信用减值损失＋
　　　　　公允价值变动收益（－公允价值变动损失）＋
　　　　　投资收益（－投资损失）＋资产处置收益（－资产处置损失）＋其他收益

其中：营业收入＝主营业务收入＋其他业务收入；
　　　营业成本＝主营业务成本＋其他业务成本。
第二步，计算利润总额：
$$利润总额＝营业利润＋营业外收入－营业外支出$$
第三步，计算净利润：
$$净利润＝利润总额－所得税费用$$

### （三）利润表有关项目填列说明

（1）"营业收入"项目，反映企业经营主要业务和其他业务所确认的收入总额。本项目应根据"主营业务收入"和"其他业务收入"科目的发生额分析填列。

（2）"营业成本"项目，反映企业经营主要业务和其他业务所发生的成本总额。本项目应根据"主营业务成本"和"其他业务成本"科目的发生额分析填列。

（3）"税金及附加"项目，反映企业经营业务应负担的消费税、城市维护建设税、资源税、土地增值税和教育费附加等。本项目应根据"税金及附加"科目的发生额分析填列。

（4）"销售费用"项目，反映企业在销售商品过程中发生的包装费、广告费等费用和为销售本企业商品而专设的销售机构的职工薪酬、业务费等经营费用。本项目应根据"销售费用"科目的发生额分析填列。

（5）"管理费用"项目，反映企业为组织和管理生产经营发生的管理费用。本项目应根据"管理费用"的发生额分析填列。

（6）"研发费用"项目，反映企业进行研究与开发过程中发生的费用化支出。本项目应根据"管理费用"科目下的"研发费用"明细科目的发生额分析填列。

（7）"财务费用"项目，反映企业为筹集生产经营所需资金等而发生的筹资费用。本项目应根据"财务费用"科目的发生额分析填列。

（8）"资产减值损失"项目，反映企业各项资产发生的减值损失。本项目应根据"资产减值损失"科目的发生额分析填列。

（9）"信用减值损失"项目，反映企业计提的各项金融工具减值准备所形成的预期信用损失。本项目应根据"信用减值损失"科目的发生额分析填列。

（10）"公允价值变动收益"项目，反映企业应当计入当期损益的资产或负债公允价值变动收益。本项目应根据"公允价值变动损益"科目的发生额分析填列，如为净损失，本项目以"－"号填列。

（11）"投资收益"项目，反映企业以各种方式对外投资所取得的收益。本项目应根据"投资收益"科目的发生额分析填列。如为投资损失，本项目以"－"号填列。

（12）"营业利润"项目，反映企业实现的营业利润。如为亏损，本项目以"－"号填列。

（13）"营业外收入"项目，反映企业发生的与经营业务无直接关系的各项收入。本项目应根据"营业外收入"科目的发生额分析填列。

（14）"营业外支出"项目，反映企业发生的与经营业务无直接关系的各项支出。本项目应根据"营业外支出"科目的发生额分析填列。

（15）"利润总额"项目，反映企业实现的利润。如为亏损，本项目以"-"号填列。

（16）"所得税费用"项目，反映企业应从当期利润总额中扣除的所得税费用。本项目应根据"所得税费用"科目的发生额分析填列。

（17）"净利润"项目，反映企业实现的净利润。如为亏损，本项目以"-"号填列。

## 六、利润表编制举例

根据内蒙古东达有限公司2022年1月科目汇总表，编制利润表如表9-6所示。

表9-6 利润表　　　　　　　　　会企02表

编制单位：东达有限公司　　2022年1月　　　　　单位：元

| 项目 | 行次 | 上期金额（略） | 本期金额 |
| --- | --- | --- | --- |
| 一、营业收入 |  |  | 83 000 |
| 减：营业成本 |  |  | 40 500 |
| 税金及附加 |  |  | 3 000 |
| 销售费用 |  |  | 5 000 |
| 管理费用 |  |  | 11310 |
| 财务费用 |  |  | 500 |
| 加：投资收益（亏损以"-"号填列） |  |  | 80 000 |
| 二、营业利润（亏损以"-"号填列） |  |  | 102 690 |
| 加：营业外收入 |  |  | 1 000 |
| 减：营业外支出 |  |  | 10 000 |
| 三、利润总额（亏损以"-"号填列） |  |  | 93 690 |
| 减：所得税费用 |  |  | 23 423 |
| 四、净利润 |  |  | 70 267 |

## 【项目小结】

财务报表是对企业财务状况、经营成果和现金流量的结构性表述。财务报表至少应包括以下组成部分：资产负债表、利润表、现金流量表、所有者权益变动表、附注五个内容，各组成部分具有同等的重要程度。资产负债表是反映企业某一特定日期财务状况的财务报表，属于静态报表，它是根据"资产=负债+所有者权益"这一等式，依照一定的分类标准和顺序，将企业在一定日期的全部资产、负债和所有者权益项目进行适当分类、汇总、排列后编制而成，资产负债表格式采用账户式。利润表是反映企业在一定会计期间经营成果的报表，属于动态报表。利润表是依据"收入-费用=利润"这一等式，根据会计核算的配比原则把一定时期内的收入和相对应的成本费用配比，从而计算出一定时期的各项利润指标，利润表格式采用多步式。

## 【项目考核】

### 一、单项选择题

1. 财务报表按（　　）不同，分为月度、季度、和年度。
   A. 提供资料的重要程度　　　　　　B. 反映的经济内容
   C. 编报期间　　　　　　　　　　　D. 反映的经济活动形态
2. 静态报表是（　　）。
   A. 资产负债表　　　　　　　　　　B. 利润表
   C. 现金流量表　　　　　　　　　　D. 所有者权益变动表
3. （　　）是反映企业某一特定日期的财务状况的报表。
   A. 资产负债表　　　　　　　　　　B. 利润表
   C. 现金流量表　　　　　　　　　　D. 所有者权益变动表
4. 资产负债表的理论依据是（　　）。
   A. 资产 = 负债 + 所有者权益　　　　B. 收入 – 费用 = 利润
   C. 资产 + 费用 = 所有者权益 + 收入　D. 以上都不是
5. 利润表是反映企业（　　）的动态报表。
   A. 一定时期的财务状况　　　　　　B. 一定时期的经营成果
   C. 某一特定日期的财务状况　　　　D. 某一特定日期的经营成果
6. 财务报表中报表项目的数字，其来源是（　　）。
   A. 原始凭证　　　　　　　　　　　B. 记账凭证
   C. 日记账　　　　　　　　　　　　D. 账簿记录
7. 可以反映企业的短期偿债能力和长期偿债能力的报表是（　　）。
   A. 利润表　　　　　　　　　　　　B. 所有者权益变动表
   C. 资产负债表　　　　　　　　　　D. 现金流量表
8. 能分析企业的获利能力及利润的未来发展趋势的报表是（　　）。
   A. 利润表　　　　　　　　　　　　B. 所有者权益变动表
   C. 资产负债表　　　　　　　　　　D. 现金流量表
9. 股东（投资者）作为财务会计报告的使用者之一，其主要关注（　　）。
   A. 企业财务状况好坏、经营业绩的大小以及现金的流动情况
   B. 职工福利的好坏
   C. 投资的内在风险和投资报酬
   D. 企业的兴衰及其发展情况
10. 季度财务会计报告应于每季度终了后的（　　）日内报出。
    A. 10　　　　　B. 15　　　　　C. 6　　　　　D. 30
11. 在资产负债表中，下列属于非流动资产项目的是（　　）。

A. 其他应收款 B. 交易性金融资产
C. 可供出售金融资产 D. 预付账款

12. 我国企业的资产负债表采用（　　）结构。
    A. 多步式 B. 报告式
    C. 单步式 D. 账户式

13. 反映企业在一定会计期间经营成果的报表是（　　）。
    A. 资产负债表 B. 利润表
    C. 现金流量表 D. 所有者权益变动表

14. 在编制资产负债表时不能根据有关账户的期末余额直接填列的项目是（　　）。
    A. 应付利息 B. 短期借款
    C. 资本公积 D. 存货

15. 以下哪项不是利润表中的项目？（　　）。
    A. 管理费用 B. 其他业务收入
    C. 营业外收入 D. 所得税费用

16. 资产负债表的作用是反映企业（　　）。
    A. 某一时期的经营成果 B. 某一时期的财务状况
    C. 某一时点的经营成果 D. 某一时点的财务状况

17. 资产负债表的资产项目通常按照（　　）的顺序排列。
    A. 货币资金、应收账款、长期股权投资、存货、固定资产
    B. 货币资金、应收票据及应收账款、存货、长期股权投资、固定资产
    C. 应收账款、货币资金、长期股权投资、存货、固定资产
    D. 应收账款、货币资金、存货、固定资产、长期股权投资

18. 资产负债表中"存货"项目的主要依据不包括（　　）。
    A. 原材料 B. 生产成本
    C. 工程物资 D. 存货跌价准备

19. 根据我国统一会计制度的规定，企业的利润表采用（　　）。
    A. 账户式 B. 报告式
    C. 单步式 D. 多步式

20. 编制利润表主要是根据（　　）。
    A. 损益类各账户的本期发生额
    B. 损益类各账户的期末余额
    C. 资产、负债及所有者权益各账户的期末余额
    D. 资产、负债及所有者权益各账户的本期发生额

二、多项选择题

1. 企业的财务报表使用者通常包括（　　）。
   A. 投资者 B. 债权人
   C. 企业管理人员 D. 政府及相关机构

2. 财务报表的内容包括（  ）。

   A. 资产负债表　　　　　　　　B. 利润表

   C. 现金流量表　　　　　　　　D. 会计报表附注

3. 财务报表可以提供企业（  ）的信息。

   A. 财务状况

   B. 经营成果

   C. 现金流量

   D. 所有者权益变动情况

4. 下列属于中期财务会计报告的有（  ）。

   A. 季报　　　　　　　　　　　B. 半年报

   C. 月报　　　　　　　　　　　D. 年报

5. 新《企业会计准则》规定，中期财务会计报告至少应当包括（  ）。

   A. 资产负债表　　　　　　　　B. 利润表

   C. 现金流量表　　　　　　　　D. 附注

6. 在资产负债表"负债及所有者权益"方填列的项目是（  ）。

   A. 累计折旧　　　　　　　　　B. 长期应付款

   C. 预付账款　　　　　　　　　D. 预收账款

7. 关于资产负债表，下列说法中正确的有（  ）。

   A. 它又称为财务状况变动表

   B. 可据以分析企业的债务偿还能力

   C. 其列报依据是总账账户的期末余额

   D. 它是企业的主要财务报表之一

## 【任务实施】

### 实训一　练习资产负债表的编制

资料：已知某公司 2021 年 12 月 31 日总分类账户期末余额如表 9-7 所示：

**表 9-7　某公司 2021 年 12 月 31 日总分类账户期末余额**　　　　　　单位：元

| 总分类账户 | 借方余额 | 贷方余额 | 总分类账户 | 借方余额 | 贷方余额 |
| --- | --- | --- | --- | --- | --- |
| 库存现金 | 1 950 |  | 无形资产 | 22 000 |  |
| 银行存款 | 13 600 |  | 累计摊销 |  | 4 200 |
| 应收账款 | 5 000 |  | 短期借款 |  | 29 000 |
| ——A 公司 | 6 000 |  | 应付账款 |  | 25 000 |
| ——B 公司 |  | 1 000 | ——G 公司 |  | 25 000 |
| 坏账准备 |  | 600 | 预收账款 |  | 8 000 |

续表

| 总分类账户 | 借方余额 | 贷方余额 | 总分类账户 | 借方余额 | 贷方余额 |
|---|---|---|---|---|---|
| 预付账款 | 6 000 | | ——C 公司 | | 9 600 |
| ——E 公司 | 6 800 | | ——D 公司 | 1 600 | |
| ——F 公司 | | 800 | | | |
| 原材料 | 73 400 | | 长期借款 | | 220 000 |
| 库存商品 | 62 400 | | 实收资本 | | 192 250 |
| 生产成本 | 13 500 | | 盈余公积 | | 18 500 |
| 固定资产 | 342 500 | | 利润分配 | | 17 800 |
| 累计折旧 | | 25 000 | | | |

补充资料：长期借款中将于一年内到期归还的长期借款为 20 000 元。

要求：计算该公司 2021 年 12 月 31 日资产负债表中下列各项目的金额。

货币资金 =　　　　应收票据及应收账款 =　　　　预付账款 =

存货 =　　　　应收票据及应付账款 =　　　　预收账款 =

流动资产合计 =　　　　固定资产 =　　　　无形资产 =

资产合计 =　　　　长期借款 =　　　　负债合计 =

### 实训二　练习利润表的编制

资料：甲公司 2021 年 12 月有关损益科目发生额如表 9-8 所示。

表 9-8　甲公司 2021 年 12 月损益科目发生额　　　　单位：万元

| 账户 | 借方 | 贷方 | 账户 | 借方 | 贷方 |
|---|---|---|---|---|---|
| 主营业务收入 | 2 | 59 | 主营业务成本 | 28 | 1 |
| 其他业务收入 | | 6 | 其他业务成本 | 3 | |
| 投资收益 | 14 | 10 | 销售费用 | 2 | |
| 营业外收入 | | 2 | 管理费用 | 3 | 0.4 |
| | | | 财务费用 | 2.5 | 0.5 |
| | | | 营业外支出 | 1 | |
| | | | 所得税费用 | 6 | |

要求：计算营业收入、营业成本、投资收益、管理费用、财务费用、营业利润、利润总额、净利润。

# 项目 10
# 账务处理程序

【知识目标】

1. 了解账务处理程序的概念和意义；
2. 熟悉账务处理程序的步骤。

【技能目标】

能够熟练掌握各种账务处理程序的特点、优缺点和适用范围。

【案例导入】

### 账务处理程序的选择

小李和小王毕业于同一所高职院校会计专业，现在就职于两家公司从事会计工作。小李所在公司，是一家成立不久的小型服装生产企业，经营规模小，每月发生的业务量少，企业管理和决策对会计信息的依赖性较小，而且核算目标主要是对外提供报表和纳税申报，所以会计核算选择记账凭证账务处理程序。小王所在公司，是一家家电生产企业，业务遍布国内外很多地区，企业经营规模大，每月发生的业务量多，企业管理和决策对会计信息的依赖性很大，而且核算目标除了对外提供报表和纳税申报外，更重要的是为企业管理层决策服务，所以会计核算选择科目汇总表账务处理程序。试分析：账务处理程序是指什么？两家公司为什么选择不同的账务处理程序？

## 任务 10.1　认识账务处理程序

### 一、账务处理程序的概念

账务处理程序也称会计核算组织程序或会计核算形式，是指会计凭证、会计账簿、会计报表相结合的方式，包括会计凭证和账簿的种类、格式，会计凭证与账簿之间的联系方法，由原始凭证到编制记账凭证、登记明细分类账和总分类账、编制会计报表的工作程序和方法等。科学合理地选择适用于本单位的账务处理程序，对于有效地组织会计核算具有重要意义。

### 二、账务处理程序的种类

由于各单位的规模大小不同，业务性质不同，管理要求不同，因而在凭证和账簿的设置以及记账的程序和方法上也有区别。根据登记总分类账的依据和方法不同我国常用的账务处理程序主要有：

（1）记账凭证账务处理程序；
（2）汇总记账凭证账务处理程序；
（3）科目汇总表账务处理程序。

### 三、账务处理程序的意义

科学、合理地选择适用于本单位的账务处理程序，对于提高会计核算工作效率，保证会计核算工作质量，有效地组织会计核算具有重要意义：

第一，有利于会计工作程序的规范化，确定合理的凭证、账簿与报表之间的联系方式，保证会计信息加工过程的严密性，提高会计工作的质量。

第二，有利于保证会计记录的完整性、正确性，通过凭证、账簿及报表之间的牵制作用，增强会计信息的可靠性。

第三，有利于减少不必要的会计核算环节，提高会计工作效率，保证会计信息的及时性。

## 任务 10.2　记账凭证账务处理程序

### 一、记账凭证账务处理程序的一般步骤

记账凭证账务处理程序是指对发生的经济业务事项，都要根据原始凭证或汇总原始凭证编制记账凭证，然后直接根据记账凭证逐笔登记总分类账的一种账务处理程序。它是基本的账务处理程序，其一般程序是：

①根据原始凭证编制汇总原始凭证；

②根据原始凭证或汇总原始凭证,编制记账凭证;
③根据收款凭证、付款凭证逐笔登记现金日记账和银行存款日记账;
④根据原始凭证、汇总原始凭证和记账凭证,登记各种明细分类账;
⑤根据记账凭证逐笔登记总分类账;
⑥期末,现金日记账、银行存款日记账和明细分类账的余额同有关总分类账的余额核对相符;
⑦期末,根据总分类账和明细分类账的记录,编制会计报表。

记账凭证账务处理程序如图 10 – 1 所示。

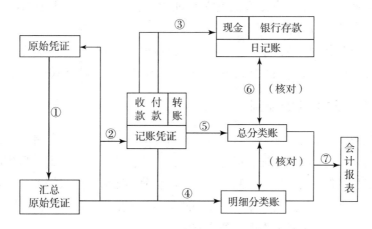

图 10 – 1  记账凭证账务处理程序

## 二、记账凭证账务处理程序的内容

### (一) 特点

记账凭证账务处理程序的特点是直接根据各种记账凭证逐笔登记总分类账。

### (二) 优缺点

优点:一是会计凭证和账簿格式及账务处理程序简单明了,易于理解和运用;二是由于总分类账是直接根据各种记账凭证逐笔登记的,因此总分类账能比较详细和具体地反映各项经济业务,便于查账。缺点:由于要根据记账凭证逐笔登记总分类账,故登记总分类账的工作量较大。

### (三) 适用范围

该账务处理程序一般适用于规模较少、业务量较少及记账凭证数量不多的企业。

# 任务 10.3  汇总记账凭证账务处理程序

## 一、汇总记账凭证的编制方法

汇总记账凭证账务处理程序是根据原始凭证或汇总原始凭证编制记账凭证，定期根据记账凭证分类编制汇总收款凭证、汇总付款凭证和汇总转账凭证，再根据汇总记账凭证登记总分类账的一种账务处理程序。

汇总记账凭证是指对一段时期内同类记账凭证进行定期汇总而编制的记账凭证。汇总记账凭证分为汇总收款凭证、汇总付款凭证和汇总转账凭证三种格式。

### （一）汇总收款凭证的编制

汇总收款凭证，是按现金科目、银行存款科目的借方分别设置，定期（如5天或10天）将这一期间内的全部现金收款凭证、银行存款收款凭证，分别按与设置科目相对应的贷方科目加以归类、汇总填制一次，每月编制一张。登记总分类账时，应根据汇总收款凭证上的合计数，记入"库存现金"或"银行存款"总分类账户的借方，根据汇总收款凭证上各贷方科目的合计数分别记入有关总分类账户的贷方。

### （二）汇总付款凭证的编制

汇总付款凭证，是按现金科目、银行存款科目的贷方分别设置，定期（如5天或10天）将这一期间内的全部现金付款凭证、银行存款付款凭证，分别按与设置科目相对应的借方科目加以归类、汇总填制一次，每月编制一张。月终时，结算出汇总付款凭证的合计数，据以登记总分类账。登记总分类账时，根据汇总付款凭证的合计数，记入"库存现金""银行存款"总分类账户的贷方；根据汇总付款凭证内各借方科目的合计数记入相应总分类账户的借方。

### （三）汇总转账凭证的编制

汇总转账凭证，习惯上，按照贷方科目设置，通常是按照除"库存现金""银行存款"以外的每一科目的贷方分别设置，定期将这一期间内的全部转账凭证，按与设置科目相对应的借方科目加以归类、汇总填制一次，每月编制一张。

## 二、汇总记账凭证账务处理程序的一般步骤

汇总记账凭证账务处理程序的一般步骤是：
①根据原始凭证编制汇总原始凭证；

②根据原始凭证或汇总原始凭证,编制记账凭证;
③根据收款凭证、付款凭证逐笔登记现金日记账和银行存款日记账;
④根据原始凭证、汇总原始凭证和记账凭证,登记各种明细分类账;
⑤根据各种记账凭证编制有关汇总记账凭证;
⑥根据各种汇总记账凭证登记总分类账;
⑦期末,现金日记账、银行存款日记账和明细分类账的余额同有关总分类账的余额核对相符;
⑧期末,根据总分类账和明细分类账的记录,编制会计报表。

汇总记账凭证账务处理程序如图 10-2 所示。

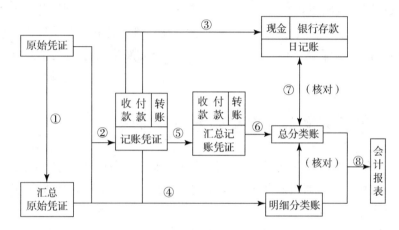

图 10-2 汇总记账凭证账务处理程序

## 三、汇总记账凭证账务处理程序的内容

### (一) 特点

汇总记账凭证账务处理程序定的特点是根据记账凭证分类编制汇总收款凭证、汇总付款凭证和汇总转账凭证,再根据汇总记账凭证登记总分类账。

### (二) 优缺点

优点:减轻了登记总分类账的工作量,便于了解账户之间的对应关系。缺点:按每一贷方科目编制汇总转账凭证,不利于会计核算的日常分工,当转账凭证较多时,编制汇总转账凭证的工作量较大。

### (三) 适用范围

该账务处理程序适用于规模较大、经济业务较多的单位。

# 任务 10.4　科目汇总表账务处理程序

## 一、科目汇总表的编制方法

科目汇总表亦称"记账凭证汇总表",是指定期对全部记账凭证进行汇总,按各个会计科目列示其借方发生额和贷方发生额的一种汇总凭证。根据一定时期全部收款凭证、付款凭证和转账凭证,按照相同的科目归类,将借方、贷方发生额分别汇总,计算出每个会计科目的借方本期发生额、贷方本期发生额,填列在科目汇总表的相关栏内。按会计科目汇总完毕以后,再将全部会计科目的借方发生额、贷方发生额分别汇总,进行借贷试算平衡。

## 二、科目汇总表账务处理程序的一般步骤

科目汇总表账务处理程序又称记账凭证汇总表账务处理程序,它是根据记账凭证定期编制科目汇总表,再根据科目汇总表登记总分类账的一种账务处理程序。其一般程序是：
①根据原始凭证编制汇总原始凭证;
②根据原始凭证或汇总原始凭证编制记账凭证;
③根据收款凭证、付款凭证逐笔登记现金日记账和银行存款日记账;
④根据原始凭证、汇总原始凭证和记账凭证登记各种明细分类账;
⑤根据各种记账凭证编制科目汇总表;
⑥根据科目汇总表登记总分类账;
⑦期末,现金日记账、银行存款日记账和明细分类账的余额同有关总分类账的余额核对相符;
⑧期末,根据总分类账和明细分类账的记录,编制会计报表。
科目汇总表账务处理程序如图 10-3 所示。

## 三、科目汇总表账务处理程序的内容

### (一) 特点

科目汇总表账务处理程序的特点是根据记账凭证定期编制科目汇总表,然后再根据科目汇总表登记总分类账。

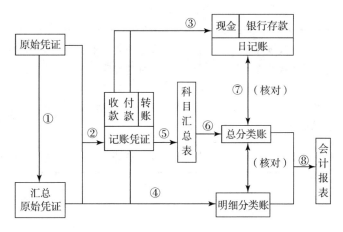

图 10-3 科目汇总表账务处理程序

## (二) 优缺点

优点:依据科目汇总表登记总账,大大减少了登记总账的工作量;科目汇总表本身能对所编制的记账凭证起到试算平衡作用。缺点:由于科目汇总表本身只反映各科目的借、贷方发生额,根据其登记的总账,便不能反映各账户之间的对应关系。

## (三) 适用范围

该账务处理程序适用于规模较大、经济业务量较多的大中型企业。

## 【项目小结】

本项目主要介绍账务处理程序的概念、作用及种类。账务处理程序也称会计核算组织程序或会计核算形式,是指会计凭证、会计账簿、会计报表相结合的方式,具体包括三种账务处理程序,参见表 10-1。

表 10-1 三种账务处理程序对比表

| 种类<br>内容 | 记账凭证账务<br>处理程序 | 汇总记账凭证账务<br>处理程序 | 科目汇总表账务<br>处理程序 |
| --- | --- | --- | --- |
| 优点 | 简单明了,总分类账可以较详细地反映经济业务发生情况 | 减轻了登记总分类账的工作量,便于了解账户之间的对应关系 | 可以简化总分类账的登记工作,并可做到试算平衡 |
| 缺点 | 登记总分类账的工作量较大 | 不利于日常分工,当转账凭证较多时,编制汇总转账凭证工作量较大 | 不能反映账户之间的对应关系,不便于查对账目 |

续表

| 内容 \ 种类 | 记账凭证账务处理程序 | 汇总记账凭证账务处理程序 | 科目汇总表账务处理程序 |
| --- | --- | --- | --- |
| 适用范围 | 规模较小、经济业务量较少的单位 | 规模较大、经济业务较多的单位 | 经济业务较多的单位 |
| 登总账的依据 | 记账凭证 | 汇总记账凭证 | 科目汇总表 |

## 【项目考核】

### 一、单项选择题

1. 科目汇总表账务处理程序的缺点是（　　）。
   A. 科目汇总表的编制和使用较为简便
   B. 不能清晰地反映各科目之间的对应关系
   C. 可以大大减少登记总分类账的工作量
   D. 科目汇总表可以起到试算平衡的作用，保证总账登记的正确性

2. 规模较大、经济业务量较多的单位适用的账务处理程序是（　　）。
   A. 记账凭证账务处理程序　　　　B. 汇总记账凭证账务处理程序
   C. 多栏式日记账账务处理程序　　D. 科目汇总表账务处理程序

3. 会计报表是根据（　　）资料编制的。
   A. 日记账、总账和明细账　　　　B. 日记账和明细分类账
   C. 明细账和总分类账　　　　　　D. 日记账和总分类账

4. 以下项目中，属于科目汇总表账务处理程序缺点的是（　　）。
   A. 增加了会计核算的账务处理程序
   B. 增加了登记总分类账的工作量
   C. 不便于检查核对账目
   D. 不便于进行试算平衡

5. 以下属于汇总记账凭证账务处理程序主要缺点的是（　　）。
   A. 登记总账的工作量较大　　　　B. 编制汇总转账凭证的工作量较大
   C. 不便于体现账户间的对应关系　D. 不便于进行账目的核对

6. 科目汇总表是依据（　　）编制的。
   A. 记账凭证　　　　　　　　　　B. 原始凭证
   C. 原始凭证汇总表　　　　　　　D. 总账

7. 各种账务处理程序之间的区别主要在于（　　）。
   A. 总账的格式不同　　　　　　　B. 编制会计报表的依据不同
   C. 登记总账的程序和方法不同　　D. 会计凭证的种类不同

8. 汇总记账凭证是依据（　　）编制的。
   A. 记账凭证　　　　　　　　　B. 原始凭证
   C. 原始凭证汇总表　　　　　　D. 各种总账
9. 规模较小、业务量较少的单位适用（　　）。
   A. 记账凭证账务处理程序　　　B. 汇总记账凭证账务处理程序
   C. 多栏式日记账账务处理程序　D. 科目汇总表账务处理程序
10. 汇总记账凭证账务处理程序与科目汇总表账务处理程序的相同点是（　　）。
    A. 登记总账的依据相同　　　　B. 记账凭证的汇总方法相同
    C. 保持了账户间的对应关系　　D. 简化了登记总分类账的工作量

## 二、多项选择题

1. 对于汇总记账凭证核算形式，下列说法错误的有（　　）。
   A. 登记总账的工作量大
   B. 不能体现账户之间的对应关系
   C. 明细账与总账无法核对
   D. 当转账凭证较多时，汇总转账凭证的编制工作量大
2. 各种账务处理程序下，登记明细账的依据可能有（　　）。
   A. 原始凭证
   B. 汇总原始凭证
   C. 记账凭证
   D. 汇总记账凭证
3. 下列不属于科目汇总表账务处理程序优点的有（　　）。
   A. 便于反映各账户间的对应关系
   B. 便于进行试算平衡
   C. 便于检查核对账目
   D. 简化登记总账的工作量
4. 不同账务处理程序所具有的相同之处有（　　）。
   A. 编制记账凭证的直接依据相同
   B. 编制会计报表的直接依据相同
   C. 登记明细分类账簿的直接依据相同
   D. 登记总分类账簿的直接依据相同
5. 以下属于记账凭证账务处理程序优点的有（　　）。
   A. 简单明了、易于理解
   B. 总分类账可较详细地记录经济业务发生情况
   C. 便于进行会计科目的试算平衡
   D. 减轻了登记总分类账的工作量

## 三、判断题

1. 汇总记账凭证账务处理程序既能保持账户的对应关系，又能减轻登记总分类账的

工作量。(    )

2. 会计报表是根据总分类账、明细分类账和日记账的记录定期编制的。(    )

3. 在不同的账务处理程序中，登记总账的依据相同。(    )

4. 科目汇总表不仅可以起到试算平衡的作用，还可以反映账户之间的对应关系。
(    )

5. 记账凭证账务处理程序的特点是直接根据记账凭证逐笔登记总分类账，是最基本的账务处理程序。(    )

6. 库存现金日记账和银行存款日记账不论在何种会计核算形式下，都是根据收款凭证和付款凭证逐日逐笔顺序登记的。(    )

7. 科目汇总表账务处理程序能科学地反映账户的对应关系，且便于账目核对。(    )

8. 汇总记账凭证账务处理程序和科目汇总表账务处理程序都适用于经济业务较多的单位。(    )

9. 记账凭证账务处理程序的主要特点是直接根据各种记账凭证登记总账。(    )

10. 科目汇总表可以每汇总一次编制一张，也可以按旬汇总一次，每月编制一张。
(    )

# 附录
# 会计岗位综合模拟实训

会计岗位综合模拟实训是在会计岗位单项实训的基础上，通过模拟企业一个月的经济业务，让学生完成企业一个月的全流程账务处理，实训内容涵盖了各会计岗位的基本任务，将单项实训任务内容融会贯通，具体包括建账、填制和审核原始凭证、填制和审核记账凭证、登记各类账簿、编制财务报表等会计核算工作，体现了一个综合完整的会计循坏过程。通过综合实训，使学生对会计核算工作有一个系统、全面、完整的认识，在强化学生实际操作技能训练的同时，提高学生分析问题、解决问题的能力。

## 一、实训目的

本实训是以某工业企业一个月的经济业务为例，按照会计账务处理程序，完成各环节会计核算工作。包括建账、填制和审核原始凭证、填制和审核记账凭证、登记各类账簿、编制会计报表等会计核算工作，体现了一个综合完整的会计循坏过程。通过综合实训，使学生对会计核算工作有一个系统、全面、完整的认识，提高学生分析问题、解决问题的能力。

## 二、实训指导

1. 账务处理程序，采用科目汇总表账务处理程序；
2. 记账凭证选择通用记账凭证；
3. 月底制造费用按工人工资比例进行分配；
4. 存货核算采用实际成本计价法。

## 三、岗位设置与分工

1. 出纳：负责填制部分原始凭证，登记现金日记账和银行存款日记账；
2. 核算会计：负责填制部分原始凭证，编制记账凭证、登记各明细账；
3. 总账会计：负责编制科目汇总表，登记总分类账；
4. 会计主管：负责财务部门全面工作，并负责编制试算平衡表、资产负债表和利润表。

## 四、实训资料

### (一) 公司基本资料

公司名称：内蒙古蓝天服装有限公司，简称蓝天公司
地址：呼和浩特新华大街××号
经营范围：生产服装
产品名称：男装、女装
原材料：涤纶面料、纯棉面料
供应商：山东美乐针织有限责任公司　简称美乐公司
　　　　山东佳华针织有限责任公司　简称佳华公司
客户：民族商贸有限公司、华夏商贸有限公司
开户银行：工商银行大学路支行
开户银行账号：6222 0206 0200 7654 321
纳税登记号：150105 114156789

公司为增值税一般纳税人，增值税税率为13%，城市维护建设税税率7%，教育费附加征收率为3%，企业所得税税率为25%，存货按实际成本核算。

### (二) 该公司2021年12月1日总分类账户及明细分类账户余额如下表所示：

总分类账户及明细分类账户余额表　　2021年12月1日

| 账户名称 | 借方余额 | 账户名称 | 贷方余额 |
| --- | --- | --- | --- |
| 库存现金 | 5,000 | 应付账款 | 300,000 |
| 银行存款 | 800,000 | ——美乐 | 200,000 |
| 应收账款 | 500,000 | ——佳华 | 100,000 |
| ——民族公司 | 200,000 | 短期借款 | 200,000 |
| ——华夏公司 | 300,000 | 应付利息 | 5,000 |
| 原材料 | 39,000 | 应交税费 | 106,100 |
| ——涤纶 | 10,000 | ——未交增值税 | 51,000 |
| ——纯棉 | 24,000 | ——应交城建税 | 3,570 |
| ——辅助材料 | 5,000 | ——教育费附加 | 1,530 |
| 生产成本 | 35,000 | ——应交所得税 | 50,000 |
| ——男装 | 20,000 | 应付职工薪酬 | 100,000 |

续表

| 账户名称 | 借方余额 | 账户名称 | 贷方余额 |
|---|---|---|---|
| ——女装 | 15,000 | 其他应付款 | 19,900 |
| 库存商品 | 42,000 | 实收资本 | 1,800,000 |
| ——男装 | 18,000 | 资本公积 | 300,000 |
| ——女装 | 24,000 | 盈余公积 | 200,000 |
| 长期股权投资 | 100,000 | 本年利润 | 300,000 |
| 固定资产 | 2000,000 | 利润分配 | 100,000 |
| 累计折旧 | -380,000 | | |
| 在建工程 | 190,000 | | |
| 无形资产 | 100,000 | | |
| 资产总计 | 3,431,000 | 负债及所有者权益总计 | 3,431,000 |

注：涤纶面料500米，单位成本20元；纯棉面料600米，单位成本40元；库存商品男装60件，单位成本300元，女装60件，单位成本400元；在产品男装70件，女装50件。

（三）内蒙古蓝天服装有限公司2021年12月发生以下经济业务：

1. 1日，收到投资款300 000元存入银行。

业务1　　　　　　　　中国工商银行进账单（收账通知）
　　　　　　　　　　　2021年12月1日　　　　　　　　　　　第10号

| 付款人 | 全称 | 长江有限公司 | 收款人 | 全称 | 内蒙古蓝天服装有限公司 |
|---|---|---|---|---|---|
| | 账号 | 6222020602008765432 | | 账号 | 6222020602007654321 |
| | 开户银行 | 工商银行如意支行 | | 开户银行 | 工商银行大学路支行 |
| 人民币（大写）叁拾万元整 | | | | 千百十万千百十元角分 | |
| | | | | ¥ 3 0 0 0 0 0 0 0 | |
| 票据种类 | | 转账支票 | 收款人开户银行盖章 工商银行大学路支行 2021.12.01 收讫 | | |
| 票据张数 | | 1张 | | | |
| 单位主管　　　会计　　　复核　　　记账 | | | | | |

此联是银行交给收款人的回单

2. 2日，从银行提取现金5 000元，以备零星开支。

业务2

中国工商银行
现金支票存根

支票号码　3009623

附加信息

出票日期　　年　月　日

收款人

金　额

用　途

单位主管：　　　会计：

3. 3日，购入涤纶面料一批，材料未入库，开出转账支票支付货款。

业务3-1

山东增值税专用发票

发票联

No　003568

开票日期：2021年12月03日

| 购货单位 | 名　称：内蒙古蓝天服装有限公司 纳税人识别号：150105114156789 地　址：呼和浩特市新华大街××号 开户银行及账号：工商银行大学路支行　6222020602007654321 | | | | | | 密码区 | 20985*54+3-47<45>>>>3 69035*65+65-*<>3640* 20985*54+3-47<45>>>>3 69035*65+65-*<>3640* | |
|---|---|---|---|---|---|---|---|---|---|
| 货物或应税劳务名称 | 规格型号 | 单位 | 数量 | 单价 | 金　额 | | 税率（%） | 税　额 | |
| 涤纶面料 | | 米 | 1000 | 20 | 20000.00 | | 13 | 2600.00 | |
| 合　　计 | | | | | ¥20000.00 | | | ¥2600.00 | |
| 价税合计 | （大写）贰万贰仟陆佰元整 | | | | | | | （小写）¥22600.00 | |
| 销货单位 | 名　称：山东美乐有限公司 纳税人识别号：370205123456789 地　址：青岛市海东路××号 开户银行及账号：工商银行海东路支行　6222020602009876543 | | | | | | 备注 | 山东美乐有限公司 发票专用章 | |

收款人：李明　　　复核：张扬　　　开票人：王叶　　　销货单位：（公章）

4. 4日，收到3日采购材料入库。

5. 5日，购买办公用品，开出转账支票支付。

6. 6日，购入无需安装机床一台，开出转账支票支付设备款。

7. 7日购入面料一批，货款未付，材料未入库。

8. 8日，以银行存款交纳各项税费106 100元。

**业务 3-2**

中国工商银行
转账支票存根

支票号码 5009668
附加信息

出票日期　　年　月　日
收款人
金　额
用　途

单位主管：　　　会计：

**业务 4**

<u>收料单</u>

供货单位：山东美乐有限公司　　　　　　　　　　　　　　　　　编　号：
发票号码：003568　　　　　　2021 年 12 月 04 日　　　　　　货物类别：面料

| 货物名称 | 规格 | 单位 | 数量 | | 买价 | | 运杂费 | 其他 | 合计 | 单位成本 |
|---|---|---|---|---|---|---|---|---|---|---|
| | | | 应收 | 实收 | 单价 | 金额 | | | | |
| | | | | | | | | | | |
| | | | | | | | | | | |
| 合计 | | | | | | | | | | |

财务主管：马芳　　　　　　验收：陈浩　　　　　　　　　　　　制单：张杰

**业务5**

内蒙古增值税专用发票

No 003568
开票日期：2021 年 12 月 5 日

| 购货单位 | 名　　称：内蒙古蓝天服装有限公司<br>纳税人识别号：150105114156789<br>地　　址：呼和浩特市新华大街××号<br>开户银行及账号：工商银行大学路支行 6222020602007654321 | 密码区 | 20985*54+3-47<45>>>>3<br>69035*65+65-*<<>3640*<br>20985*54+3-47<45>>>>3<br>69035*65+65-*<<>3640* |
|---|---|---|---|

| 货物或应税劳务名称 | 规格型号 | 单位 | 数量 | 单价 | 金额 | 税率(%) | 税额 |
|---|---|---|---|---|---|---|---|
| 打印纸 | A4 | 箱 | 20 | 300 | 6000.00 | 13 | 780.00 |
| 合　　计 | | | | | ¥6000.00 | | ¥780.00 |

价税合计　　（大写）陆仟柒佰捌拾元整　　　　　　　　　　（小写）¥6780.00

| 销货单位 | 名　　称：晨光文化用品有限公司<br>纳税人识别号：370205123456789<br>地　　址：青岛市海东路××号<br>开户银行及账号：工商银行海东路支行 6222020602009876543 | 备注 | |
|---|---|---|---|

收款人：李丽　　复核：张三　　开票人：王桦　　销货单位：（公章）

业务6

**山东增值税专用发票**

发票联　国家税务局监制

No 003568

开票日期：2021 年 12 月 06 日

| 购货单位 | 名　称：内蒙古蓝天服装有限公司　　　　　　　　　　　　　　　　　　　纳税人识别号：150105114156789　　　　　　　　　　　　　　　　　地　址：呼和浩特市新华大街××号　　　　　　　　　　　　　　　　开户银行及账号：工商银行大学路支行　6222020602007654321 ||||| 密码区 | 78945*54+3-47<45>>>>3　　　579235*65+65-*<<>3640*　63895*54+3-47<45>>>>3　　　92635*65+65-*<<>3640* ||
|---|---|---|---|---|---|---|---|---|
| 货物或应税劳务名称 | 规格型号 | 单位 | 数量 | 单价 | 金　额 | 税率(%) | 税　额 ||
| 机　床 |  | 台 | 1 | 200000.00 | 200000.00 | 13 | 26000.00 ||
| 合　　计 |||||| ¥200000.00 || ¥26000.00 |
| 价税合计 | （大写）贰拾贰万陆仟元整 |||||| （小写）¥226000.00 ||
| 销货单位 | 名　称：山东新华有限公司　　　　　　　　　　　　　　　　　　　　纳税人识别号：370205234567890　　　　　　　　　　　　　　　地　址：青岛市海东路××号　　　　　　　　　　　　　　　　　开户银行及账号：工商银行海东路支行　6222020602000876546 |||||| 备注 |  |
| 收款人：张明　　　　复核：李阳　　　　开票人：董杰　　　　销货单位：（公章） |||||||||

业务7

**山东增值税专用发票**

发票联　国家税务局监制

No 002648

开票日期：2021 年 12 月 07 日

| 购货单位 | 名　称：内蒙古蓝天服装有限公司　　　　　　　　　　　　　　　　　　　纳税人识别号：150105114156789　　　　　　　　　　　　　　　　　地　址：呼和浩特市新华大街××号　　　　　　　　　　　　　　　　开户银行及账号：工商银行大学路支行　6222020602007654321 ||||| 密码区 | 20985*54+3-47<45>>>>3　　　69035*65+65-*<<>3640*　20985*54+3-47<45>>>>3　　　69035*65+65-*<<>3640* ||
|---|---|---|---|---|---|---|---|---|
| 货物或应税劳务名称 | 规格型号 | 单位 | 数量 | 单价 | 金　额 | 税率(%) | 税　额 ||
| 涤纶面料 |  | 米 | 500 | 20 | 10000.00 | 13 | 1300.00 ||
| 纯棉面料 |  | 米 | 1000 | 40 | 40000.00 | 13 | 5200.00 ||
| 合　　计 |||||| ¥50000.00 || ¥6500.00 |
| 价税合计 | （大写）伍万陆仟伍佰元整 |||||| （小写）¥56500.00 ||
| 销货单位 | 名　称：山东佳华有限公司　　　　　　　　　　　　　　　　　　　　纳税人识别号：370205456789123　　　　　　　　　　　　　　　地　址：青岛市海东路××号　　　　　　　　　　　　　　　　　开户银行及账号：工商银行海东路支行　62220206020065439987 |||||| 备注 | 山东佳华有限公司　发票专用章 |
| 收款人：李明　　　　复核：张扬　　　　开票人：王叶　　　　销货单位：（公章） |||||||||

业务 8

**中国工商银行**
**电子缴税付款凭证**

入库日期：2021 年 12 月 08 日　　　　　　　　　　　　　　　凭证号码：

| 纳税人名称：内蒙古蓝天服装有限公司 | 征收机关名称：呼和浩特国税局 |
|---|---|
| 付款人账号：6222020602007654321 | 收款国库银行名称：国家金库呼和浩特分库 |
| 付款人开户银行：工商银行大学路支行 | 缴款书交易流水号： |
| 小写（合计）金额　￥106100.00 | |
| 大写（合计）金额　壹拾万零陆仟壹佰元整 | |

| 税（费）种名称 | 所属时期 | 实缴金额 |
|---|---|---|
| 增值税 | 20211101 - 20211130 | ￥51000.00 |
| 城市维护建设税 | 20211101 - 20211130 | ￥3570.00 |
| 教育费附加 | 20211101 - 20211130 | ￥1530.00 |
| 所得税 | 20211101 - 20211130 | ￥50000.00 |

| 备注： | |
|---|---|
| 第一次打印 | 打印日期：2021 年 12 月 08 日 |

9. 9 日，收到 7 日采购的面料，验收入库。

业务 9　　　　　　　　　　　　　　　**收料单**

供货单位：山东佳华有限公司　　　　　　　　　　　　　　　编　号：
发票号码：003568　　　　　　2021 年 12 月 09 日　　　　　　货物类别：面料

| 货物名称 | 规格 | 单位 | 数量 | | 买价 | | 运杂费 | 其他 | 合计 | 单位成本 |
|---|---|---|---|---|---|---|---|---|---|---|
| | | | 应收 | 实收 | 单价 | 金额 | | | | |
| | | | | | | | | | | |
| | | | | | | | | | | |
| 合计 | | | | | | | | | | |

财务主管：马芳　　　　　　　　　验收：陈浩　　　　　　　　　制单：张杰

10. 10 日，开出现金支票支付上月工资 100 000 元。

11. 11 日，收到华夏公司转账支票一张，金额为 150 000 元，用以支付前欠货款，当即存入银行。

12. 12 日，销售一批服装，男装 60 件，女装 60 件，货款未收。

13. 13 日，根据产品出库单结转成本。

14. 14 日，采购员王华去上海参加商品展销会，借差旅费 5 000 元，以现金支票支付。

15. 15 日，汇总本月领用材料。

16. 16 日，向民族公司销售商品，收到一张商业汇票，面值 282 500 元。

业务 11

## 中国工商银行进账单（付款通知）

2021 年 12 月 11 日　　　　　　　　　　　　第 10 号

| 收款人 | 全称 | 华夏有限公司 | 付款人 | 全称 | 内蒙古蓝天服装有限公司 | 此联是银行交给付款人的回单 |
|---|---|---|---|---|---|---|
| | 账号 | 622202060216 8765432 | | 账号 | 6222020602007654321 | |
| | 开户银行 | 工商银行如意支行 | | 开户银行 | 工商银行大学路支行 | |

人民币（大写）壹拾伍万元整　　　　　　￥150000000（千百十万千百十元角分）

| 票据种类 | 转账支票 | 收款人开户银行盖章 |
|---|---|---|

业务 12

### 内蒙古增值税专用发票

发票联　　国家税务局监制　　　　　　　　No 002668
　　　　　　　　　　　　　　　　　　开票日期：2021 年 12 月 12 日

| 购货单位 | 名　称：华夏有限公司 纳税人识别号：150102234567890 地　址：呼和浩特海东路××号 开户银行及账号：工商银行海东路支行 622202060216 8765432 | 密码区 | 78945*54+3-47<45>>>>3 579235*65+65-*<<>3640* 63895*54+3-47<45>>>>3 92635*65+65-*<<>3640* |
|---|---|---|---|

| 货物或应税劳务名称 | 规格型号 | 单位 | 数量 | 单价 | 金额 | 税率(%) | 税额 |
|---|---|---|---|---|---|---|---|
| 男装 | | 件 | 60 | 600.00 | 36000.00 | 13 | 4680.00 |
| 女装 | | 件 | 60 | 800.00 | 48000.00 | 13 | 6240.00 |
| 合计 | | | | | ¥84000.00 | | ¥10920.00 |

价税合计（大写）　玖万肆仟玖佰贰拾元整　　　　　　（小写）¥94920.00

| 销货单位 | 名　称：内蒙古蓝天服装有限公司 纳税人识别号：150105114156789 地　址：呼和浩特市新华大街××号 开户银行及账号：工商银行大学路支行 6222020602007654321 | 备注 | （内蒙古蓝天服装有限公司 财务专用章） |
|---|---|---|---|

收款人：　　　复核：李阳　　　开票人：李杰　　　销货单位（公章）

业务 13

### 内蒙古蓝天服装有限公司产品出库单

收货单位：华夏有限公司　　　2021 年 12 月 13 日　　　　　单位：元

| 产品名称 | 计量单位 | 数量 | 单位成本 | 金额 |
|---|---|---|---|---|
| 男装 | 件 | 60 | 300.00 | 18 000.00 |
| 女装 | 件 | 60 | 400.00 | 24 000.00 |
| 合计 | | | | 42 000.00 |

主管：　　　　　审核：王萧　　　　　制单人：刘义

附录　会计岗位综合模拟实训　219

业务 14

**借 款 单**

2021 年 12 月 14 日

| 借款人 | 王华 | 部门 | 采购 | 职务 | 采购员 |
|---|---|---|---|---|---|
| 借款事由 | 去上海参加服装展销会 | | | | |
| 借款金额 | 人民币（大写）伍仟元整 | | | ¥5 000.00 | |
| 出纳 | 李×× | | 经办人 | 王×× | |

业务 15

**发料凭证汇总表**

2021 年 12 月 15 日　　　　　　　　　　　　　　　　　单位：元

| 用途 | | 原材料 | | | | | | 辅助材料 | 合计 |
|---|---|---|---|---|---|---|---|---|---|
| | | 涤纶面料 | | | 纯棉面料 | | | | |
| | | 数量 | 单价 | 金额 | 数量 | 单价 | 金额 | | |
| 生产成本 | 男装 | 500 | 20.00 | 10 000.00 | | | | 1 000.00 | 11 000.00 |
| | 女装 | | | | 600 | 40.00 | 24 000.00 | 900.00 | 24 900.00 |
| 制造费用 | | | | | | | | 600.00 | 600.00 |
| 管理费用 | | | | | | | | 500.00 | 500.00 |
| 合计 | | 500 | | 10 000.00 | 600 | | 24 000.00 | 3 000.00 | ¥37 000.00 |

业务 16

**内蒙古增值税专用发票**

发票联　国家税务局监制

No 002668

开票日期：2021 年 12 月 16 日

| 购货单位 | 名　　称：民族公司 | | | 密码区 | 78945*54+3-47<45>>>>3 579235*65+65-*<<>3640* 63895*54+3-47<45>>>>3 92635*65+65-*<<>3640* | |
|---|---|---|---|---|---|---|
| | 纳税人识别号：150102123456789 | | | | | |
| | 地　　址：呼和浩特海东路××号 | | | | | |
| | 开户银行及账号：工商银行海东路支行 6222020602169875432 | | | | | |

| 货物或应税劳务名称 | 规格型号 | 单位 | 数量 | 单价 | 金额 | 税率(%) | 税额 |
|---|---|---|---|---|---|---|---|
| 男装 | | 件 | 150 | 600.00 | 90000.00 | 13 | 11700.00 |
| 女装 | | 件 | 200 | 800.00 | 160000.00 | 13 | 20800.00 |
| 合　计 | | | | | ¥250000.00 | | ¥32500.00 |

| 价税合计（大写） | 贰拾捌万贰仟伍佰元整 | （小写）¥282500.00 |
|---|---|---|

| 销货单位 | 名　　称：内蒙古蓝天服装有限公司 | 备注 |
|---|---|---|
| | 纳税人识别号：150105114156789 | |
| | 地　　址：呼和浩特市新华大街××号 | |
| | 开户银行及账号：工商银行大学路支行　6222020602007654321 | |

内蒙古蓝天服装有限公司　财务专用章

收款人：　　复核：李阳　　开票人：李杰　　销货单位：（公章）

17. 17日，采购员出差归来，报销差旅费。

**业务17**　　　　　　　　　　　　**差旅费报销单**

部门：采购部　　　　　　　　　　姓名：王华　报销日期：2021年12月17日

| 公出事由：去上海参加商品展销会 | | | | 车船机票费 | 2 500.00 | 报销金额（大写）肆仟肆佰伍拾元整 |
|---|---|---|---|---|---|---|
| 起止日期 | | 地　　点 | | 住宿费 | 1 500.00 | |
| 月　日 | 至　月　日 | 自 | 至 | 伙食补助费 | 300.00 | |
| 12月14日 | 12月17日 | 呼和浩特 | 上海 | 市内交通费 | 150.00 | |
| | | | | 卧铺补助费 | | |
| | | | | 其他 | | |
| 说明事项： | | | | 合计 | 4 450.00 | |
| | | | | 原借：5 000.00　退现金：550.00 | | |

单位负责人：　　　部门负责人：　　　审核：　　　出纳：

18. 18日，收到民族公司前欠货款200 000元。

**业务18**　　　　　　　**中国工商银行进账单（收账通知）**

　　　　　　　　　　　　2021年12月18日　　　　　　　　　第10号

| 付款人 | 全　称 | 民族公司 | 收款人 | 全　称 | 内蒙古蓝天服装有限公司 | 此联是银行交给收款人的回单 |
|---|---|---|---|---|---|---|
| | 账　号 | 6222020602169875432 | | 账　号 | 6222020602007654321 | |
| | 开户银行 | 工商银行海东路支行 | | 开户银行 | 工商银行大学路支行 | |
| 人民币（大写）贰拾万元整 | | | | 千百十万千百十元角分　¥ 2 0 0 0 0 0 0 0 | | |
| 票据种类 | 转账支票 | | | 收款人开户银行盖章<br>建设银行大学路支行<br>2021.12.18<br>转讫 | | |
| 票据张数 | 1张 | | | | | |
| 单位主管　　会计　　复核　　记账 | | | | | | |

19. 19日，开出转账支票支付本月水电费4 000元，其中车间2 500元，管理部门1 500元。

业务 19-1　　　　　　内蒙古国家税务局银行代收费业务发票

**发票联**
国家税务局监制

发票代码：
发票号码：

付款单位：内蒙古蓝天服装有限公司　　　　　开票日期：2021 年 12 月 19 日

| 委托单位 | | | 代收单位 | 工行 |
|---|---|---|---|---|
| 收费项目 | 数量 | 单价 | 金额（元） | |
| 电费 | 3000 度 | 0.80 | 2400.00 | |
| 合计人民币（大写）贰仟肆佰元整 | | | （小写）¥2400.00 | |

建设银行大学路支行
2021.12.19
转讫

代收费单位（盖章）：　　　　　复核人：　　　　　收款人：

业务 19-2　　　　　　内蒙古国家税务局银行代收费业务发票

**发票联**
国家税务局监制

发票代码：
发票号码：

付款单位：内蒙古蓝天服装公司　　　　　开票日期：2021 年 12 月 19 日

| 委托单位 | | | 代收单位 | 工行 |
|---|---|---|---|---|
| 收费项目 | 数量 | 单价 | 金额（元） | |
| 水费 | 400 吨 | 4.00 | 1600.00 | |
| 合计人民币（大写）壹仟陆佰元整 | | | （小写）¥1600.00 | |

建设银行大学路支行
2021.12.19
转讫

代收费单位（盖章）：　　　　　复核人：　　　　　收款人：

20. 月末，分配职工工资。

业务 20　　　　　　　　　　工资费用汇总分配表

2021 年 12 月 31 日　　　　　　　　　　　　单位：元

| 部　门 | | 应分配金额 |
|---|---|---|
| 生产人员工资 | 男　装 | 30 000.00 |
| | 女　装 | 40 000.00 |
| | 工资合计 | 70 000.00 |
| 车间管理人员 | | 10 000.00 |
| 行政管理人员 | | 15 000.00 |
| 专设销售机构人员 | | 5 000.00 |
| 合　　计 | | 100 000.00 |

主管：　　　　　审核：陈红　　　　　制单：李丽

21. 月末，计提固定资产折旧，填制折旧计算表。（计算数字均保留整数，下同）

业务 21                          固定资产折旧计算表
                                 2021 年 12 月 31 日

| 部门 | 原值（元） | 投入使用 | 预计使用年限（年） | 预计净残值率（%） | 已提折旧（元） | 当月折旧（元） | 净值（元） |
|---|---|---|---|---|---|---|---|
| 管理 | 800 000 | 2016、11 | 10 | 5 | 380 000 | | |
| 车间 | 1 200 000 | 2016、11 | 10 | 5 | 570 000 | | |
| 合计 | 2 000 000 | | | | | | |

主管：                    审核：                          制单：刘义

22. 分配并结转制造费用，按照生产工人工资比例分配。

业务 22                         制造费用分配表
                                2021 年 12 月 31 日

| 分配对象 | 分配标准（生产工人资） | 分配率 | 分配金额 |
|---|---|---|---|
| 男装 | | | |
| 女装 | | | |
| 合计 | | | |

23. 完工产品验收入库，填制完成各单据，并编制记账凭证。

业务 23-1                        产品成本计算单
产品：男装产品                   2021 年 12 月 31 日                    单位：元

| 成本项目 | 直接材料 | 直接人工 | 制造费用 | 合计 |
|---|---|---|---|---|
| 月初在产品成本 | 4 200 | 12 000 | 3 800 | 20 000 |
| 本月生产费用 | | | | |
| 合计 | | | | |
| 完工产品成本 | | | | |
| 月末在产品成本 | 5 585 | 12 000 | 2 100 | 19 685 |
| 月初在产品数量 70 件 | 本月投产数量 175 件 | 完工产品数量 170 件 | 月末在产品数量 75 件 | |

**业务 23-2**　　　　　　　　　　　　**产品成本计算单**

产品：女装产品　　　　　　　　2021 年 12 月 31 日　　　　　　　　　　　　单位：元

| 成本项目 | 直接材料 | 直接人工 | 制造费用 | 合计 |
|---|---|---|---|---|
| 月初在产品成本 | 5 100 | 7 600 | 2 300 | 15 000 |
| 本月生产费用 | | | | |
| 合　计 | | | | |
| 完工产品成本 | | | | |
| 月末在产品成本 | 4 614 | 5 600 | 2 600 | 12 814 |
| 月初在产品数量 | 50 件 | 本月投产数量 | 190 件 | 完工产品数量 | 200 件 | 月末在产品数量 | 40 件 |

**业务 23-3**　　　　　　　　　　　　**完工产品成本计算单**

　　　　　　　　　　　　　　　2021 年 12 月 31 日　　　　　　　　　　　　单位：元

| 成本项目 | 男装（170 件） | | 女装（200 件） | |
|---|---|---|---|---|
| | 总成本 | 单位成本 | 总成本 | 单位成本 |
| 直接材料 | | | | |
| 直接人工 | | | | |
| 制造费用 | | | | |
| 合计 | | | | |

**业务 23-4**　　　　　　　　　　　　**产品入库单**

收货单位　　　　　　　　　　2021 年 12 月 31 日　　　　　　　　　　　　单位：元

| 产品名称 | 计量单位 | 数量 | 单位成本 | 金额 |
|---|---|---|---|---|
| 男装 | | | | |
| 女装 | | | | |
| | | | | |
| 合计 | | | | |

主管：　　　　　　　　　　　审核：　　　　　　　　　　　制单人：

24. 结转 16 日已销售商品成本。

25. 月末计算城建税、教育费附加。

26. 将损益类账户转入本年利润。

业务 24　　　　　　　　　　　　产品出库单

收货单位：民族公司　　　　　2021 年 12 月 31 日　　　　　　　　　　单位：元

| 产品名称 | 计量单位 | 数量 | 单位成本 | 金额 |
|---|---|---|---|---|
| 男装 | | | | |
| 女装 | | | | |
| | | | | |
| 合计 | | | | |

主管：　　　　　　　　　审核：　　　　　　　　　制单人：

业务 25　　　　　　　城市维护建设税及教育费附加计算表

2021 年 12 月 31 日

| 项　目 | 金　额 | 备注 |
|---|---|---|
| 当期销售额 | | |
| 销项税额 | | |
| 进项税额 | | |
| 应纳增值税额 | | |
| 应纳消费税额 | | |
| 流转税额合计 | | |
| 应纳城市维护建设税额（7%） | | |
| 应交教育费附件（3%） | | |

会计主管：　　　　　　　复核：　　　　　　　制表：

业务 26　　　　　　　损益类账户本月发生额汇总表

2021 年 12 月 31 日

| 项　目 | 金　额 | 项　目 | 金　额 |
|---|---|---|---|
| 主营业务收入 | | 主营业务成本 | |
| 其他业务收入 | | 其他业务成本 | |
| 营业外收入 | | 税金及附加 | |
| 投资收益 | | 管理费用 | |
| | | 销售费用 | |
| | | 财务费用 | |
| | | 营业外支出 | |
| 合　计 | | 合　计 | |

主管：　　　　　　　　　复核：　　　　　　　　　制表：

27. 计算并结转本月所得税费用。

**业务 27**

应交所得税计算表
2021 年 12 月 31 日

| 项　　目 | | 金　　额 |
|---|---|---|
| 利润总额 | | |
| 调整项目 | 加： | |
| | 减： | |
| 本月应纳税所得额 | | |
| 所得税率 | | |
| 本月应交所得税 | | |

主管：　　　　　　　　复核：　　　　　　　　制表：

28. 将本年净利润转入利润分配账户。

**业务 28**

净利润计算表
2021 年 12 月 31 日

| 项　　目 | 金　　额 |
|---|---|
| 本月利润总额 | |
| 所得税费用 | |
| 本月净利润 | |
| 1－11 月累计净利润 | |
| 本年净利润 | |

29. 按照本年净利润 10% 提取法定盈余公积，5% 提取任意盈余公积，向投资者分配利润 150 000 元。

**业务 29**

利润分配项目计算表
2021 年 12 月 31 日

| 项　　目 | 比　　例 | 金　　额 |
|---|---|---|
| 年初未分配利润 | | |
| 当年净利润 | | |
| 　提取法定盈余公积 | 10% | |
| 　提取任意盈余公积 | 5% | |
| 　向投资者分配利润 | | |
| 未分配利润 | | |

主管：　　　　　　　　复核：　　　　　　　　制表：

30. 结转利润分配各明细账。
31. 编制科目汇总表及试算平衡表。

### 科 目 汇 总 表

2021 年 12 月 1 日至 31 日　　　　　　　　　　　　汇字第 1 号

| 会计科目 | 账 页 | 借方发生额 | 贷方发生额 |
|---|---|---|---|
| | | | |
| | | | |
| | | | |
| | | | |
| | | | |
| | | | |
| | | | |
| | | | |
| | | | |
| | | | |
| | | | |
| | | | |
| | | | |
| | | | |
| | | | |
| | | | |
| | | | |
| | | | |
| | | | |
| | | | |
| | | | |
| | | | |
| | | | |
| | | | |
| | | | |

### 试算平衡表

2021 年 12 月 31 日

| 账户名称 | 期初余额 | | 本期发生额 | | 期末余额 | |
|---|---|---|---|---|---|---|
| | 借方 | 贷方 | 借方 | 贷方 | 借方 | 贷方 |
| | | | | | | |
| | | | | | | |
| | | | | | | |
| | | | | | | |
| | | | | | | |
| | | | | | | |
| | | | | | | |
| | | | | | | |
| | | | | | | |
| | | | | | | |
| | | | | | | |
| | | | | | | |
| | | | | | | |
| | | | | | | |
| | | | | | | |
| | | | | | | |
| | | | | | | |
| | | | | | | |
| | | | | | | |
| | | | | | | |
| | | | | | | |
| | | | | | | |
| | | | | | | |
| | | | | | | |
| | | | | | | |
| | | | | | | |

32. 编制资产负债表和利润表。

**资产负债表**　　　　　　　　　　　　会企 01

编制单位：　　　　　　　　　年　月　日　　　　　　　　　　单位：元

| 资产 | 期末余额 | 年初余额 | 负债和所有者权益 | 期末余额 | 年初余额 |
|---|---|---|---|---|---|
| 流动资产： | | | 流动负债： | | |
| 货币资金 | | | 短期借款 | | |
| 交易性金融资产 | | | 应付票据 | | |
| 应收票据 | | | 应付账款 | | |
| 应收账款 | | | 预收账款 | | |
| 预付账款 | | | 应付职工薪酬 | | |
| 应收利息 | | | 应交税费 | | |
| 应收股利 | | | 应付利息 | | |
| 其他应收款 | | | 应付股利 | | |
| 存货 | | | 其他应付款 | | |
| 一年内到期的非流动资产 | | | 一年内到期的非流动负债 | | |
| 流动资产合计 | | | 流动负债合计 | | |
| 非流动资产： | | | 非流动负债： | | |
| 长期股权投资 | | | 长期借款 | | |
| 固定资产 | | | 应付债券 | | |
| 在建工程 | | | 长期应付款 | | |
| 无形资产 | | | 递延所得税负债 | | |
| 长期待摊费用 | | | 其他非流动负债 | | |
| 其他非流动资产 | | | | | |
| 非流动资产合计 | | | 非流动负债合计 | | |
| | | | 负债合计 | | |
| | | | 所有者权益： | | |
| | | | 实收资本 | | |
| | | | 资本公积 | | |
| | | | 盈余公积 | | |
| | | | 未分配利润 | | |
| | | | 所有者权益合计 | | |
| 资产合计 | | | 负债和所有者权益合计 | | |

利 润 表

编制单位：　　　　　　　　　　　　　　年　月　　　　　　　　　　　　　　单位：元

| 项　　目 | 行次 | 上期数 | 本期数 |
|---|---|---|---|
| 一、营业收入 |  |  |  |
| 　　减：营业成本 |  |  |  |
| 　　　　税金及附加 |  |  |  |
| 　　　　管理费用 |  |  |  |
| 　　　　销售费用 |  |  |  |
| 　　　　财务费用 |  |  |  |
| 　　加：投资收益（亏损以"－"号填列） |  |  |  |
| 二、营业利润（亏损以"－"号填列） |  |  |  |
| 　　加：营业外收入 |  |  |  |
| 　　减：营业外支出 |  |  |  |
| 三、利润总额（亏损总额以"－"号填列） |  |  |  |
| 　　减：所得税费用 |  |  |  |
| 四、净利润 |  |  |  |

## 五、实训要求

根据实训资料，完成以下实训任务：

1. 建账，包括日记账、总分类账和明细分类账，并登记各账户期初余额；
2. 填制各项经济业务的原始凭证和记账凭证；
3. 根据记账凭证登记现金日记账和银行存款日记账；
4. 登记明细分类账；
5. 根据记账凭证汇总各账户本期发生额（使用T形账），编制科目汇总表；
6. 根据科目汇总表的数据登记总分类账；
7. 期末对账，并编制总分类账户试算平衡表；
8. 期末结账，包括总分类账和明细分类账；
9. 编制资产负债表和利润表。

## 六、实训用具

记账凭证1本，凭证封面、封底各1张，总账20页；日记账页2页；数量金额式明细账2页，多栏式明细账2页。

# 参 考 文 献

[1] 李占国. 基础会计学 [M]. 北京：高等教育出版社，2015
[2] 侯晓华，胡光义. 会计基础实务（第三版）[M]. 北京：清华大学出版社，2017.
[3] 中华会计网校. 会计基础 [M]. 北京：人民出版社，2018.
[4] 马艳华. 会计基础项目化教程 [M]. 北京：冶金工业出版社，2010.
[5] 姜山，郭贤. 基础会计 [M]. 北京：清华大学出版社，2015.
[6] 李端生. 会计制度设计 [M]. 大连：东北财经大学出版社，2014.